教育心理学理论与发展研究

刘亨荣 ◎ 著

吉林出版集团股份有限公司

图书在版编目（CIP）数据

教育心理学理论与发展研究 / 刘亨荣著. — 长春：
吉林出版集团股份有限公司，2023.6
ISBN 978-7-5731-3531-5

Ⅰ．①教… Ⅱ．①刘… Ⅲ．①教育心理学—研究
Ⅳ．①G44

中国国家版本馆 CIP 数据核字（2023）第 112022 号

教育心理学理论与发展研究

JIAOYU XINLIXUE LILUN YU FAZHAN YANJIU

著　　者	刘亨荣	
出版策划	崔文辉	
责任编辑	孙骏骅	
封面设计	文　一	
出　　版	吉林出版集团股份有限公司	
	（长春市福祉大路 5788 号，邮政编码：130118）	
发　　行	吉林出版集团译文图书经营有限公司	
	（http：//shop34896900.taobao.com）	
电　　话	总编办：0431-81629909　营销部：0431-81629880/81629900	
印　　刷	廊坊市广阳区九洲印刷厂	
开　　本	710mm×1000mm　　1/16	
字　　数	260 千字	
印　　张	14.5	
版　　次	2023 年 6 月第 1 版	
印　　次	2023 年 6 月第 1 次印刷	
书　　号	ISBN 978-7-5731-3531-5	
定　　价	78.00 元	

如发现印装质量问题，影响阅读，请与印刷厂联系调换。电话 0316-2803040

前　言

　　教育心理学的理论价值在于它对学校情境中学与教的基本心理规律探究，以及对教育学研究的指导作用。首先，教育心理学从教育过程对一些心理规律进行探索，进而揭示心理学规律，不仅充实了普通心理学的一般理论，而且为整个心理学的理论发展做出了贡献；其次，教育心理学的研究也对教育学的理论发展起到了重要作用。教育学科离开了教育心理学的支持，将会变得泛而不实，难以解决实际问题。

　　本书首先对教育心理学做了概述，其次讨论了学习理论、学习动机、学习策略以及学习迁移，进而分析了教学设计与教学模式，最后对教师心理与学生心理健康维护做了探讨。本书在介绍教育心理学理论的基础上，强调了教育心理学的实践性，使读者在把握教育心理学基本原理的同时，能够在实践中找到契合点。本书可供相关教育工作者阅读和参考。

　　本书在编写过程中，借鉴了一些专家学者的研究成果，在此，向他们表示由衷的感谢！由于编写时间仓促，加之笔者写作水平有限，疏漏之处在所难免，恳请广大读者批评指正，以便改进。

目 录

第一章　教育心理学概论

第一节　教育心理学的研究对象与内容

随着社会的不断发展和进步，人们的社会分工也日益完善和精细。人们越来越多地认识到教师作为一种专业人才，必须经过专业的培养和训练。作为一名教师，除了要具备各自学科领域的专业知识外，在其知识结构中还必须具备有关教育学、心理学的知识，形成现代教育理念和教育、教学技能。教育心理学是教育活动与心理学相结合的产物，是探讨教育过程中学与教的心理规律的学科。迄今为止，教育心理学作为一门科学，仅有 100 年的历史，还是一门年轻的学科。然而，在教育心理学百年的科学研究过程中，围绕着学习与教学已经提出了一系列的理论，揭示了学习与教学过程中的心理现象的基本规律，这些理论和规律在教育实践中已经显示出越来越广泛的应用价值。因此，无论是教育管理工作者，还是普通的教师，学习教育心理学都是十分必要的。了解和掌握教育心理学的知识，不仅能促进学生的学习，提高教育、教学活动的效率，实现教育的最终目的，而且必将使教育、教学活动成为科学与艺术的一种结合，达到日益完善的境界。通过对本章内容的学习，你将概要地了解教育心理学是怎样的一门学问，以及这门学问的形成和发展，初步掌握教育心理学的有关知识。

一、教育心理学的对象

任何一门学科都有其特定的研究对象,那么,教育心理学是研究什么的呢?有人会认为教育心理学就是研究心理学的一般原理如何在教育活动中加以应用的学科。这种观点是将教育心理学看成是普通心理学的附属学科，忽视了教育心理学本身的独立性和特殊性。事实上，教育心理学并不是将普通心理学的一般原理和方法拿过来简单地在教育领域中加以应用的学科。学习过普通心理学的人会知道，普通心理学研究人的感觉、知觉、记忆、想象、思维、情绪、情感、意志等心理过程以及人的需要、兴趣、动机等个性倾向和能力、气质、性格等个性特征的一般特点和规律。在某种意义上说，普通心理学的知识在教育领域中也具有一定的应用价值，但是，这与作为一门独立学科的教育心理学并不是一回事。

尽管教育心理学家对教育心理学的研究对象的表述并不完全一致，但是，绝大多数教育心理学家会同意将教育心理学看成是研究人在教育过程中的心理现象及其发展变化规律的学科。

教育既包括学校教育，也包括家庭教育和社会教育。然而，一个人系统的科学文化知识的获得和道德品质的形成，主要是通过学校教育实现的。因此，通常所说的教育心理学主要是研究学生及教师在学校教育过程中的心理现象及其规律的。

学校教育过程中心理现象的规律，主要是指学生如何学习和教师如何教学的基本心理学规律。传统的教育心理学主要是以学生的学习心理为中心展开的，着重探讨学生在学习过程中的心理规律和影响学生学习的各种因素。学习心理规律包括诸如学习理论、学生知识获得过程中的心理规律、学生技能形成过程中的心理规律、学生道德品质形成过程中的心理规律等。这些规律都是客观存在的。教育心理学研究的重要任务是揭示学习规律并运用规律有效地促进学生的学习。学习理论是学习心理中最有代表性的研究。教育心理学家通过对学习问题的研究，提出了一系列的学习理论，揭示了学习的实质、学习的过程、学习的条件等学习心理的规律。比如，行为派的心理学家斯金纳提出了操作性条件反射的学习理论，揭示了操作学习的强化规律。根据强化规律，斯金纳又提出了一种既适应学习者个别差异，又能有效地促进学生学习的教学模式——程序教学。程序教学的思想在当今的计算机辅助教学（CAI）中得到了进一步的发展并显示出其优越性。强化规律在学生的学习动机的激发和学生的行为塑造、行为矫正等方面也有重要的应用价值。在 20 世纪 60 年代以前，行为派的学习理论是教育心理学中占统治地位的理论观点。在此之后，行为派学习理论的优势地位逐渐被认知派学习理论所取代。然而，直至今天，行为派学习理论所揭示的学习的强化规律及其应用仍然有其存在的意义和价值。20 世纪 60 年代以来，布鲁纳的认知—发现学习理论、奥苏伯尔的意义—接受学习理论、加涅的信息加工学习理论以及建构主义的学习理论是最具代表性的认知学习理论，这些理论从不同的角度揭示了学习的认知过程的心理机制和规律。作为教育工作者，掌握这些理论和规律，对于有效地指导学生的学习和教学、对于进一步推进和完善我国的素质教育改革实践，都具有十分重要的意义。学生的学习既受到学生的学习能力、学习动机、学习策略等学习者自身内部心理因素的制约，还受到诸如家庭、学校、教材、教师的教学等各种外部因素的制约。教育心理学要研究的是这些因素对学习产生影响的心理机制和规律。比如，学生的智力水平是影响其学习的重要因素，它构成学生学习的一般能力并决定一个学生能否顺利地完成学习任务。但是，即便是一个具有正常智力的学生，如果不努力学习，缺乏适当的学习动机，仍然不会取得好的学习成绩，这是因为学习动机是影响学习的一个非常重要的非智力心理因素。教育心理学家已经研究并提出了一系列的学习动机理论，揭示了影响学生学习动机的各种不同的因素及其动机作用的特点和规律，这为教育工作者在教育、教学实践中培养和激发学生的学习动机，解决学生学习积极性不高、厌学等实际问题提供了各种有效的途径和具体措施。再如，一个具有正常智力且学习也很努力的学生，如果缺乏正确的学习方法，可能还是难以取得理想的学习成绩，这便涉及学习策略的问题。教育心理学家通过对学生学习的一般策略、各种不同类型的知识学习的特殊策略、在学习过程的不同阶段的策略进行深入研究，揭示了学习策略影响学生学习的机制和规律，这有利于教师对学生进行学习方法的指导、开展学习策略的教学与训练，不仅使学生学会知识，而且使学生学会学习、学会求知、学会如何获得知识。最近二三十年，教育心理学家对教学心理的研究越来越重视，研究也日益深入，揭示了教师教学过程中决定教学目标、了解学生的学习准备、选择适当的教学方法和策略实施教学、教学效果的测量与评价等各个阶段的一般特点和规律，这为教师在教学过程中学会了解和认识学生的学习水平，学会科学地设计教学目标、教学方法和教学评价，提高教学设计的水平，实施有效的教学提供了理论依据和具体的方法、途径。

可见，从学生和教师两个不同的侧面来看，学与教是不尽相同的，然而，学与教又总是密不可分的，是一对矛盾的统一体，学是教的前提，教师的教又完全是为了学生的学。教育心理学的研究是围绕着学与教这样一个主线展开的，其研究的基本任务就是要揭示学与教的心理规律。所以，教育心理学的研究对象是学校教育情境中学生学习和教师教学的基本心理规律。教育心理学是研究学校教育情景中学生的学习和教师的教学的基本心理学规律的科学。

二、教育心理学的性质

对于"性质"一词可有两种理解：一是科学性质，如数学、物理学、化学等属于自然科学，社会学、政治学、历史学等属于社会科学。就心理学而言，有人把它当作自然科学，因为心理现象是人脑的机能，心理学的研究离不开人脑这样一个自然的生理基础，因此，心理学有时被看作是生物学的一部分，隶属于生命科学；也有人把它当作社会科学，因为心理学是把人作为研究对象的，而人的一个基本属性是社会性，心理学的研究离不开人的社会实践和社会生活。目前，多数人倾向于认为心理学是一门兼有自然科学和社会科学性质的中间学科。教育心理学作为心理学的一门分支学科，也是一门兼有自然科学和社会科学性质的中间学科。教育心理学是研究学校教育情境中学生学习与教师教学的心理规律的学科，其研究对象的特殊性决定了它与教育领域中人们的教育实践活动密不可分，教育心理学被看作教育科学体系的一部分。在这个意义上，教育心理学更偏重于社会科学的性质。

另一种理解是指学科性质，即一门学科是基础理论学科，或是应用学科。如物理学、生理学属于基础理论学科，而工程学、治疗学则属于应用学科。就教育心理学而言，它首先是一门独立的学科。教育心理学研究对象的特殊性，决定了它要紧密联系教育、教学实践，因而它具有很强的应用性，也有人因此认为它是一门应用学科。另一方面，教育心理学在服务教育和教学实践的过程中，也不断地进行自身的理论研究和建设，提炼出学习、教学的各种理论，并形成了比较完整的学科理论体系，因此，它又是一门理论性很强的学科。教育心理学既具有理论性，又具有应用性，是一门基础理论与应用学科。

三、教育心理学的主要内容

根据教育心理学研究对象的特点、教育心理学形成和发展过程中的有关研究以及教育心理学学科和教材建设的有关经验，我们将教育心理学的主要内容概括为以下六个方面。

（一）教育心理学概述

教育心理学概述主要涉及教育心理学研究什么、怎样研究以及教育心理学作为一门科学产生和发展的历史。通过对教育心理学的研究对象、性质、研究内容以及与邻近学科的关系的阐述，概要介绍教育心理学研究什么；在概述早期的教育心理学思想的基础上，分析教育心理学的诞生以及诞生以后逐步发展的简要历程。

（二）教育心理学的基本理论

心理发展理论与学习理论是教育心理学的基本理论。心理发展理论包括个体心理发展的实质、心理发展与教育的关系、认知和社会性发展的各种理论以及心理发展的个体差异等问题。学习理论及其应用的研究是教育心理学的中心研究领域。学习理论涉及学习的实质、学习的过程和规律、制约学习的条件等方面的基本观点。由于不同的心理学家对学习问题的研究和所提出的学习理论的观点并不相同，所以在学习理论上充满了争论，并形成了行为派学习理论、认知派学习理论和人本主义学习理论等几个主要的学习理论派别。

（三）学习心理

学习心理是教育心理学的传统研究领域，也是教育心理学研究得最多、研究成果最丰富的领域。具体包括知识的学习、技能的学习、品德的学习、问题解决与创造力的培养、学习的迁移、学习策略、学习动机等。

知识是学生学习的重要内容，知识的获得是学习心理的重点内容之一。现代认知心理学从信息加工的角度，对于什么是知识、知识的类型、知识的表征、不同类型的知识的学习过程以及制约学习的条件等都做了具体的阐述。

技能也是学生学习的重要内容之一。技能的形成是学习心理中传统的研究领域。由于技能主要分为动作技能和智力技能两部分，因此，技能的形成研究包括理解动作技能和智力技能的概念、动作技能和智力技能形成的理论以及这两种技能培养的途径和方法。

学生不仅要获得知识、形成技能，还要形成良好的品德。品德心理是教育心理学的传统研究领域，该领域的研究包括品德及其心理结构、品德的形成过程分析、影响品德发展的因素、关于品德形成的各种理论、品德的发展与培养的途径与方法等。

解决问题的能力和创造力是学生应该具备的重要素质，问题解决和创造力亦是教育心理学研究的领域之一。该部分内容涉及问题的心理学描述与问题解决的一般过程、影响问题解决的因素与问题解决能力的培养、创造力的概念及创造力的培养途径和方法等。

学习迁移是学习心理中的重要内容。该领域的研究包括学习迁移的概念和类型、学习迁移的测量、有关学习迁移的各种传统的和现代的理论、学习迁移的影响因素和教学原则等。

学习动机是影响学生学习的最重要的因素之一，学习动机的研究一直是学习心理研究的重要内容。该领域的研究包括学习动机的概念和类型、学习动机对学习的影响、学习动机的各种理论、培养与激发学生的学习动机的有效途径与具体方法等。

（四）教学心理

教学心理是教育心理学中新近发展起来的一个研究领域，并逐渐成为教育心理学研究的重点。该领域的研究围绕教学的一般过程与教学设计中的心理学问题展开，包括教学目标的陈述和设计方法、学习准备及其主要内容、学习的最佳时期、最近发展区、教学能力倾向与教学的相互作用、课堂教学的一般方法和可供选择的教学策略等。

（五）教师心理

教师心理是教育心理学研究的内容之一，该领域的研究包括教师的主要角色、教师威信的概念与作用、影响教师威信形成的因素与建立教师威信的途径、教师的教育能力、教师的个性品质、教师的心理素质与心理健康等。

（六）学校管理心理

学校管理心理是教育心理学的研究内容之一，该部分内容包括学校管理心理概述、创造良好的课堂学习气氛、维持课堂学习纪律的基本策略等。

第二节　教育心理学发展概况

教育心理学的历史就是心理学与教育相结合并逐步形成一个独立的心理学分支的历史。

一、心理学思想与教育的早期结合

在教育心理学作为一门独立的学科产生之前，历史上的一些哲学家、思想家、教育家就曾运用心理学的观点，对教育问题进行过论述。这便是早期的教育心理学思想。

我国古代的教育家、思想家，如孔子、孟子、荀子等人的教育思想中都具有一定的心理学观点。例如，"吾尝终日不食，终夜不寝，以思，无益，不如学也"（《论语·卫灵公》）——论述了学习的重要性；"博学之，审问之，慎思之，明辨之，笃行之"（《中庸》）——论述了学习的过程；"学而不思则罔，思而不学则殆"（《论语·为政》）——论述了学与思的辩证关系；"不愤不启，不悱不发。举一隅不以三隅反，则不复也"（《论语·述而》）——论述了启发式教学问题；"知之者不如好之者，好之者不如乐之者"（《论语·雍也》）、"不积跬步，无以致千里；不积小流，无以成江海""锲而舍之，朽木不折；锲而不舍，金石可镂"（《荀子·劝学》）——论述了学习中非智力因素的作用。

古希腊哲学家亚里士多德强调教育与灵魂的联系。他把灵魂分为植物灵魂、动物灵魂和理性灵魂三类。植物灵魂表现在营养繁殖上，动物灵魂表现在感觉和愿望上，理性灵魂表现在思维和认识上。他又把教育分为体育、德育、智育三个方面，并与三类灵魂相对应。体育顺应植物灵魂，发展体质；德育顺应动物灵魂，发展意志；智育顺应理性灵魂，发展智能。

17世纪捷克教育家夸美纽斯提出"人只有凭借教育才能成其为人"的著名论断。他强调在教育过程中，要注意儿童的年龄和个性特征，有目的地去发展儿童的才能。他提出了实物教学、渐进、模仿和练习四个教学法原则。

7

19 世纪瑞士的教育家裴斯泰洛齐主张"教育心理学化"。他倡导将学生的学习与生产劳动结合起来，发展学生的人格和道德品质；运用心理学与教育学紧密结合的方法训练教师等。

19 世纪德国的教育家赫尔巴特受到裴斯泰洛齐思想的影响，认为教育方法应以心理学为基础。他把教学过程分为四个阶段，即明了、联想、系统和方法。明了就是向学生明确地介绍新知识，联想是使新知识与学生已有知识联系起来，系统是对知识做出概括并得出结论，方法是指（通过练习）将已掌握的知识应用于实际。由此发展为后来广为流传的五段教学法，即预备、提示（介绍新知识）、比较（比较新旧知识的联系与区别）、总结（归纳与系统化）和应用（把新知识应用于实际）。

二、教育心理学的诞生与发展

（一）教育心理学的诞生

教育心理学作为心理学的一个分支学科，其诞生需要满足三方面的条件，即科学的心理学体系、科学的方法和适当的人才。这些条件到了 19 世纪末 20 世纪初已基本具备了。

1. 冯特的重要贡献

德国心理学家冯特于 1879 年在德国的莱比锡大学创立了世界上第一个心理学实验室，将实验法引入心理学研究，形成完整的心理学体系，并培养了一批心理学人才。其中冯特的学生梅依曼、霍尔、卡特尔等都曾为教育心理学做出了自己的贡献。如他的德国学生梅依曼在 1907 年著的《实验教育学导论讲义》，列出了教育心理学应该研究的七个领域：儿童的身体发展，儿童的各个心理机能的发展，儿童的个性，个别差异，儿童的学校生活，各科的学习，教师的活动、教学、学校制度。其美国学生霍尔于 1904 年发表他的博士论文，题目是《青少年：他的心理学及其与生理学、人类学、社会学、性、犯罪、宗教和教育的关系》。另一位美国学生卡特尔对个别差异和心理测验的研究做出了重要贡献。

2. 桑代克——教育心理学的奠基人

桑代克是致力于人类学习和动物学习领域研究的先驱。他创立了第一个完整的学习理论，使学习成为教育心理学的中心领域。他在 1903 年出版了《教育心理学》，1911—1913 年，他又将此书扩展为三卷，即《人类的本性》《学习心理》《个别差异及其原因》。西方教育心理学的名称和体系由此开始确立。在研究方法上，他摆脱单纯内省和思辨方法，采用严格的自然科学方法进行研究，科学的教育心理学从此开端。桑代克也因此成为教育心理学的开山鼻祖，并被誉为"教育心理学之父"。

（二）西方教育心理学的发展

西方教育心理学的发展大致可分为以下三个时期。

1. 初创时期（19 世纪末至 20 世纪初）

19 世纪末期，在美国出现了一批与教育心理学有关的著作。1886 年，霍普金斯的《教育心理学》出版。随后，1887 年鲍尔文出版了《心理学初步与教育》；1892 年，鲍尔文又出版了《在教育中的应用心理学》。1897 年亚当斯出版了《在教育上应用的赫尔巴特的心理学》。1898 年赫黎斯出版了《教育心理学的基础》。1899 年，詹姆斯出版了《对教师的讲话》。在日本，1886 年贺长雄出版了《实用教育心理学》；1899 年汤原久一出版了《教育心理学》。在教育心理学著作纷纷问世的同时，与学习心理有关的研究也在进行中。德国心理学家艾宾浩斯率先进行了学习和记忆的实验研究，并于 1885 年出版了《记忆》一书。在美国，卡特尔开展了心理测验方面的研究，并于 1890 年发表了《心理测验及其测量》。桑代克从 1896 年开始用小鸡进行了动物学习的实验。随后他又用猫和狗做了一系列的实验，并于 1898 年发表了《动物的智慧：动物联想过程的实验研究》。1903 年，桑代克出版了他的第一本《教育心理学》；1905 年，他出版了《双生子的测量》；1906 年，他又出版了《教育原理》。1911—1913 年，他又把最初的《教育心理学》扩展为三大卷出版。1914 年，桑代克又出版了《教育心理学概论》。在这一时期，随着心理学体系的建立，实验法的引入，运用科学的心理学观点和方法解决教育实践中的问题成为可能，桑代克的研究及对教育心理学体系的看法为这一时期的代表。

2. 发展时期（20 世纪 20 年代至 50 年代末）

在这一时期，教育心理学汲取心理学各分支中与教育有关的内容，研究范围不断扩大。自法国心理学家比内和精神科医生西蒙首创智力测验之后，各种类型的测验，如成就测验、能力倾向测验、人格测验等都先后开展起来，并广泛运用于教育教学之中。教育心理学汲取了心理测验和儿童心理研究的成果，扩大了自身的内容。

20世纪20年代以后，对动物和人类学习的研究取得许多重要成果，并形成了各个学派。在学习理论上的派别之争对教育心理学的发展起到了促进作用。20世纪30年代以后，学科心理学的发展很快。20世纪40年代，随着精神分析理论的发展，有关儿童个性和社会适应以及生理卫生问题也进入教育心理学领域。20世纪50年代兴起的程序教学和机器教学等，也影响和改变着教育心理学的内容。

尽管内容范围在扩大，但这一时期的教育心理学还有不少缺陷。

第一，内容庞杂，不系统，未形成独立的理论体系。教育心理学的主要内容取自普通心理学、儿童心理学、动物学习理论、人格心理学、心理卫生、心理统计与测量及学科心理学等分支学科，并与这些学科相互重复。

第二，教育心理学的研究对教育实践的指导作用不大。这一时期，行为主义心理学占优势，对动物的学习行为研究较多，并倾向于用动物的学习行为去推测人类的高级学习过程，对人类在课堂教学中的学习研究较少。

3. 成熟与完善时期（20世纪60年代至今）

在这一时期，教育心理学的理论建设进一步加强，并实现了理论成果的实际应用。具体表现为以下两点：

第一，内容日趋集中。教育心理学教科书的体系和内容是围绕有效地教和有效地学而组织的。不同的著作中，对教与学的阐述各有侧重，但作为一门具有独特理论体系的学科——教育心理学已初步形成。

第二，注意为学校教育实践服务。学习理论的研究与教学实践密切结合，提出了诸如"发现学习""学习层次论""有意义学习""掌握学习"等学习和教学模式。这些研究对实际的学校学习和教学过程中复杂多变的特点给予了应有的关注。另外，师生关系、班集体等学校中的教育社会心理因素也日益受到重视。随着信息技术特别是计算机科学的发展，计算机辅助教学的研究也达到了一个新的水平。

（三）苏联教育心理学的发展

1868年，俄国著名教育家乌申斯基出版《人是教育的对象》一书，对当时心理学的发展成果进行了系统的总结，由此，他被称为"俄罗斯教育心理学的奠基人"。

1877 年，俄国教育家与心理学家卡普杰列夫出版《教育心理学》一书，这是最早"以教育心理学"命名的书。

1917 年十月革命后，尝试以马克思主义的基本观点发展教育心理学。

20 世纪 30 年代以后，以理论探索为主，贡献较大的是维果茨基、布隆斯基和鲁宾斯坦。

20 世纪 40 年代到 50 年代末，苏联教育心理学重视结合教学与教育实际进行研究，广泛采用自然实验法，综合性研究的科学性提高。这一时期存在的问题是：①忽视理论研究。②对西方全盘否定。③创造性运用马列主义理论不够，一般是机械照搬。

20 世纪 60 年代以来，苏联教育心理学出现了一些重大变化：①理论思想活跃。对学习问题的理论探讨加强了。在智力活动和教学方面出现了加里培林的"智力活动按阶段形成的理论"和达维多夫的"教学中的概括类型"理论。②加强了同学校教育工作的联系，其中比较著名的是赞科夫的改革传统小学教学体制的实验教学研究，提出了三条教学论的"新原则"，即以高难度进行教学的原则、以高速度进行教学的原则、理论知识起主导作用的原则。③对西方教育心理学的态度明显变化，吸取了心理测验等方面的研究成果。

苏联的教育心理学与儿童发展心理学相结合，由此出现了所谓的"年龄与教育心理学"并出版了有关的著作。

（四）我国教育心理学的发展

1908 年，由日本小原又一著、房东岳译的《教育实用心理学》是我国出现的第一本有关教育心理学的著作。

1924 年，廖世承编写了我国第一本《教育心理学》教科书。此后，潘菽等人也陆续编写过一些与教育心理学相关的教科书。但 1949 年以前，国内教育心理学相关的著作多数是译述西方的，少有创见。

中华人民共和国成立初期，受苏联心理学影响较大，全面学习苏联教育心理学方面的经验，批判桑代克的理论及心理测验技术。

20 世纪 60 年代初，结合教育实际进行研究，研究范围包括学习心理、德育心理、智育心理、学科心理、学生的个别差异等方面，并于 1963 年出版了潘菽主编的《教育心理学》（讨论稿）。

"文化大革命"期间，我国的教育心理学研究一度中断。"文化大革命"后，教育心理学的研究机构、研究人员不断增多，研究领域不断扩展。1980 年出版的潘菽主编的《教育心理学》反映了现代教育心理学的某些新成就，也反映了我国教育心理学界的一般观点和研究成果。此后相继出版了许多有关教育心理学方面的教材和著作，同时许多专家、学者结合我国教育实际开展了大量的实验研究，教育心理学空前繁荣。

目前，我国的教育心理学发展较快，新的研究成果不断涌现，并正在逐渐形成自己的特色。

第三节　教育心理学的研究方法

一、教育心理学研究的基本原则

任何研究方法都要受到哲学方法论的指导。科学心理学的方法论是唯物辩证法。为了贯彻唯物辩证法，在教育心理学研究中要坚持客观性原则、系统性原则和理论联系实际的原则。

（一）客观性原则

所谓客观性原则，就是根据教育心理现象的本来面貌研究其本质、规律、机制和事实。这是教育心理学研究的根本指导原则。坚持这一原则，就是坚持实事求是的态度，从人的外部活动的客观事实出发，如实地反映心理现象的本来面目，并以实践作为检验的标准。

为什么要坚持客观性原则呢？这是因为教育过程中的心理现象及其规律是客观存在的，是对客观现实的反映。无论是学生的学习心理，还是教师的教学心理，都是在实际的学习和教学活动中产生和发展的，并表现在学与教的具体实践活动中。学习与教学的心理规律也是客观的，教育心理学研究的任务并不是要创造这样或那样的规律，而是要客观地去认识和发现学与教的心理规律，只有这样才能有效地运用规律去指导学与教的实践活动,提高实践活动的效率。

为了更好地贯彻客观性原则，在研究中要做到以下几点：第一，研究设计要从客观实际出发，坚持实事求是的态度；第二，收集资料要如实地记录被试者的外部刺激、机体反应、行为表现及口头报告，不能用推断、臆测代替客观事实；第三，要对所获得的全部资料，包括相互矛盾的事实，进行全面的分析，在此基础上，才能做出最后结论。

（二）系统性原则

所谓系统性原则，就是用系统论的基本原则来考察心理现象，把人的心理作为一个整体的、动态的系统加以考察。系统性原则主要体现在整体性、层次结构性、动态性、环境适应性和自组织性上。

为什么要坚持系统性原则呢？这是因为从系统论的观点出发，人的各种心理现象并非是孤立存在的，而是具有相互联系、相互制约关系的整体的、动态发展的系统。教育是整个社会大系统中的子系统，而教育心理学所要研究的学习心理和教学心理是教育系统中的两个相互联系、彼此制约、不断发展的子系统。

贯彻系统性原则，在研究中要做到：第一，研究设计要考虑心理的发展、变化，要考虑被研究者的心理现象与其他心理现象之间的关系；第二，在研究过程中，要善于发现处于萌芽状态的心理特点，切忌用固定的眼光看待被研究者。

（三）理论联系实际的原则

所谓理论联系实际的原则，就是教育心理学的研究从选题到具体研究过程，都应该以教育心理学的基本理论为指导，并从教育实际的需要出发，最终解决教育教学实际中的问题。

为什么要坚持理论联系实际的原则呢？这是由教育心理学的研究对象和学科性质所决定的。教育心理学要研究学校教育情境中学与教的心理规律，其所揭示的规律本身既是理论性的，同时在教育实践中又具有很强的应用性。因此，教育心理学是一门理论与实际相结合的基础理论和应用学科。

贯彻理论联系实际的原则，在研究中要做到：第一，在教育心理学研究课题的选择上，要考虑教育意义，使其结果有助于教育、教学质量的提高；在研究方案的设计和实际进行的过程中，均应考虑对学生有良好的教育影响，注意不要损害学生的身心健康。第二，所有的教育心理学研究不仅要具有实际意义和应用价值，同时还必须具有理论意义和一定的学术价值。

二、教育心理学的主要研究方法

教育心理学常用的研究方法主要有实验法、测验法、调查法、观察法、个案研究法、深入访谈法、教育经验总结法、教育行动研究法以及文件分析法等。这些研究方法又可以分为两大类：一类为量的研究方法，另一类为质的研究方法。下面对这两大类研究方法进行简单介绍。

（一）量的研究方法

自科学心理学诞生以来，采用量的研究方法是其一贯的传统，也是其科学性的一个重要标志。所谓量的研究，是指研究结果以数量的方式加以表示的研究。量的研究具有如下特点：第一，在对问题的看法上，采取逻辑实证主义的观点，即认为无论自然或社会现象，其背后的原理均可简化为单一的客观现实，不因个人的情感或信念而有所不同。此种单一的客观现实通过研究所得的数据即可加以证实。第二，在研究的目的上，旨在探讨影响被研究者行为与有关变量之间的必然的因果关系（实验法）或固定的相关关系（相关法）。第三，在研究取向上，一般采取假设演绎的观点，即根据某种普遍的原理先形成假设，然后演绎推论到某种特殊的情境中加以验证。在研究过程中必须遵循预先设定的程序进行。第四，在研究者的角色方面，研究者要保持客观和中立，主要靠仪器、测验和问卷等测量工具搜集研究资料。第五，在研究结果的推论方面，不考虑研究结果所代表的被试者的心理反应是否受其生活环境因素的影响，将所得的研究结果应用于对同类问题做广泛推论。这种推论方式被称为不受情境限制的普遍推论。

量的研究方法具体可以分为两大类：一类为实验研究，另一类为相关研究（或叫非实验研究）。两类研究的区别在于：实验研究的目的是要揭示变量之间的因果关系，而相关研究的目的是要探求变量之间的相关关系。其中，相关研究又包括测验法和调查法两种最常用的方法。下面将对这几种方法分别加以阐述。

1. 实验法

实验法是创设并控制一定的条件，并对其引起的某种心理及行为现象进行研究的方法。根据实验情境的不同，实验法可分为实验室实验法和自然实验法两种。实验室实验法是在实验室情境中，采用一定的实验设备或仪器，严格控制实验条件以探索心理活动规律的方法。教育心理学的许多实验都属于实验室实验，如行为派的心理学家有关动物学习的实验，认知派的心理学家有关学习和记忆的内部认知过程的实验等，都是在实验室中进行的。实验室实验的优点是采用精密的实验仪器；缺点是实验室的环境与真实生活环境存在一定的差距，因而实验结果的可推广性存在一定问题。自然实验法是指在实际的教育情境中，根据研究的目的，控制某些条件，观察教师或学生的心理活动变化的方法。自然实验法的优点是将真实的自然环境与实验条件的控制相结合，因而既具有真实自然的优点，同时又具有使实验结果精确地数量化的优点。自然实验法的缺点是在自然条件下难以严格控制某些实验条件。教育心理学在运用实验法时更多地采用自然实验法。例如，"集中识字与分散识字的不同教学方法对小学生识字成绩影响的对比研究""画图表征数学应用题与语义表征数学应用题的不同训练方式对小学生解题成绩影响的研究"等都可以在自然教学条件下进行，由学科的任课教师担任实验教师，经过培训后按实验设计者的要求完成实验教学并通过考试等方式检验实验效果。在自然实验法中，通过对变量的控制，要尽可能使参加实验的被试者不知道自己正在参加实验。

根据实验设计时被试者分组方式的不同，实验研究又可以分为真实验研究和准实验研究。在实验设计中，通常将参加实验的被试者分为实验组和控制组。真实验研究是指采取随机化的方式选择和分派被试者，通过这种方式使每一个被试者被分派到实验组与控制组的机会相等。以这种方式得到的实验组和控制组是真正意义上的可以进行实验效果比较的两个等组，使可能影响实验效果的各种无关变量被排除掉，进而探讨实验的自变量（指引起行为变化的因素，如教师采用的某种新的教学方法）与实验的因变量（指行为表现，如学生的学习成绩的提高）之间的因果关系。在实验室情境中，较多采用真实验研究。准实验研究是指无法以随机化的方式选择与分派被试者，只能以学校中同年级的两个自然班作为实验对象，其中一个班为实验班，另一个班为控制班。可见，在自然的学校情境中进行真实验研究是不太容易的。自然实验通常采取准实验研究。

无论是实验室实验法还是自然实验法，也无论是真实验研究还是准实验研究，实验法的优点表现为以下三方面：第一，研究者在运用实验法时可以主动创设情境、控制条件，引起某种心理现象，而不是像观察法那样只能被动地等待要研究的某种心理现象自然出现；第二，实验结果在同样条件下具有可重复验证性；第三，可以确定变量之间的因果关系，这一点是最重要的优点。正是由于实验法具有上述优点，它才成为科学心理学研究最主要的方法，当然也是教育心理学研究最主要的方法。

要想正确运用实验法，必须满足以下基本要求：第一，实验前，要进行严格的实验设计，包括如何操纵自变量（在自然实验中，教师作为实验者，常需进行系统培训）、如何收集因变量、如何选择被试者、设立等组、控制无关变量，并对可能出现的实验结果形成一定的假设。第二，正式实验前，可进行小样本初试，如有不妥，可进一步修改实验设计；正式实验开始后，就要严格执行实验设计的各项措施。第三，实验结束后，要对实验结果进行统计分析和显著性检验，并形成实验报告。

2. 测验法

测验法是指运用某种测验测量人的某种心理现象，使之数量化并加以研究的方法。测验是进行心理测量的工具，包括智力测验、人格测验、认知方式测验、心理健康水平测验、学科学业成就测验等。其中，有些测验是标准化的心理测量工具，由专业的心理学工作者编制，并经过大样本的测试后，建立常模，有较好的测验信度和效度。这样的测验也被称作量表，如用来测量儿童智力的比内-西蒙量表，用来测量人格的艾森克人格量表，用来测量心理健康水平的临床症状自评量表（SCL-90）等。有些是非标准化的心理测量工具，通常是由研究者根据研究的需要，自己临时编制的，经小样本测试后，建立适当的信度和效度，如由教师或研究者自行编制的学科学业成就测验等。

测验法的主要特征是：对同一群被试者的两个或多个变量进行测量，然后用统计学的方法计算出相关系数，进而研究变量之间的相关程度。教育心理学经常采用测验法进行研究。例如，我们可以用测验法研究"智力、成就动机与学生的学业成就之间的关系"。在确定被试者后，选择现成的量表或自编的测验对被试者的智力、成就动机、学科学习成绩分别进行测量，然后对测量的结果进行统计分析，分别计算出智力与学业成绩、成就动机与学业成绩的相关系数，以确定其相关的显著性程度。

测验法的优点是：第一，施测简便；第二，所得资料比较真实可靠；第三，资料易于整理和统计分析；第四，适用范围比较广泛。测验法除了用于相关研究，还经常用于实验研究中收集因变量的各项指标。测验法的缺点是：第一，对测验的编制和选用要求较高。无论是自编测验还是选用现成的测验，都要求测验本身具有较高的信度和效度。自编测验的过程比较烦琐，而且使自编测验达到理想的信度和效度，常常并不容易。这就使测验法的使用受到一定的限制。第二，测验结果的客观真实性会受到被试者回答问题的主观性影响。被试者在完成测验的过程中不适当的情绪、态度和动机会干扰被试者客观、真实地回答测验中的问题。

要想正确使用测验法，还要满足以下基本要求：第一，选择和编制符合要求的测验。在选择和编制测验时，首先要保证所用的测验要有适当的信度和效度，否则该测验就不能用。另外，还要考虑所用测验是否符合研究内容和研究对象的特点和要求。例如，我们要研究高中生的智力与学业成绩的关系，用"中国比内测验"测量高中生的智力就不合适，因为它适用的测试范围是 3 ~ 16 岁的儿童和少年，这时就要考虑其他可供选择的智力测验。第二，测验的施测要规范。许多测验要求严格的操作程序，通常要由经过训练的专业人员按严格的规范实施测验。第三，对测验结果的评估要客观。对测验结果的统计处理要准确、客观，对测验结果的解释也要客观和科学。另外，还要遵守测验所应遵循的职业道德，测量的结果要为被试者保密，只能用于科学研究，不能滥用。

3. 调查法

调查法是根据某一特定的要求，向被试者提出有关问题，让其回答，了解某一心理活动的发生及其条件，从而了解这一心理活动的方法。

调查法包括结构访谈法和问卷调查法两种主要的类型。结构访谈法是指与被试者面对面地以口头语言的方式就某些特定问题进行交谈，从而获得资料的方法。这种方法适合对单个被试者进行调查，尤其适合无法进行问卷调查的情形。结构访谈中所提的各种问题都是事先精心设计好的，被试者对问题的回答也是从预先拟定的答案中做出选择，由调查者对被试者的回答做好准确记录。问卷调查法是以书面语言的形式让被试者回答问题，从而获得资料的方法。问卷调查法是教育心理学研究中经常使用的方法。

调查法的优点是：可根据研究者的实际需要灵活地设计问题，从而在短时间内获得大量资料；调查的结果既可进行定性分析，也可进行定量分析。调查法的缺点是：调查结果依据的是被试者的主观回答，与实际情况难免存在一定偏差，为弥补这一缺陷，常常需要做大样本调查。

运用问卷调查法进行研究时，首先要设计一份调查问卷。一份完整的调查问卷，一般由以下四个部分构成：一是调查题目。调查题目有时不宜太具体，特别是对学生比较敏感的问题进行调查时，不可从题目中泄露调查目的。可以写成"学生情况调查"或"教师情况调查"等。二是被试者的自然状况。在题目下要设计若干项目，让被试者将性别、年龄、身份、学历、父母的职业和文化程度等自然状况填上。这些资料对于分析调查结果常常是很有用的。需要指出的是，姓名一栏在这里常常省略，即采取不记名的方式，目的是消除被试者的某些不必要的顾虑，使调查结果更加真实可靠。三是指导语。指导语要对调查的目的、意义做简要的说明，措辞要尽力消除被试者的某些不必要的顾虑，取得被试者的信任与合作。同时，要详细说明回答问题的方法和要求，必要时可适当举例示范。四是呈现要回答的问题。问题是调查问卷的主体。经过精心设计的问题在问卷中按照先易后难、先封闭后开放的原则，一一呈现，供被试者回答。

运用问卷调查法进行研究时，要注意以下基本要求：

第一，调查前，要围绕需要调查的问题，搜集有关的文献资料，做好充分的资料准备；要在问卷的设计和编制上下功夫，这是保证调查效果的关键。第二，编制好问卷后，根据研究需要选择被试者样本（一般来说样本年龄不宜过小）进行施测。施测时多采取团体施测，对一些无法直接接触的调查对象，可采取邮寄方式进行调查。第三，调查后，选出有效问卷进行统计处理。在整理资料时，对于开放式问题和封闭式问题要运用不同的方法。对于开放式问题的回答资料，在整理时，首先将所有被试者对同一问题的回答都集中起来；其次将回答按一定标准进行分类，分类要细，要有不同的层次，要将每一个回答分到某一个具体的类别中；最后可计算各类别中相同回答的次数和比例，其结果可作为定性分析时的参考。对于封闭式问题的回答资料，在整理时，首先要将被试者对某一问题的回答换算成数值；其次运用一定的统计方法进行统计检验，并对结果进行定量分析。

（二）质的研究方法

自20世纪60年代以来，受人本主义心理学、认知论等心理学研究取向多元化倾向以及人类学、社会学等心理学相关学科的研究方法的影响，心理学重视量化研究的传统受到以下质疑：依靠量化的数字就能揭示人的心理现象的全部本质及其发展变化的规律吗？量化的结果是否能够说明心理变化的真相？这使得心理学界不得不承认传统的量化研究方法的不足，并在量的研究方法之外开始采用质的研究方法。所谓质的研究是指研究的结果以文字陈述的方式加以表示的研究。质的研究具有以下特点：第一，在对问题的看法上，采取自然现象主义的观点，即认为自然或社会现象的本质是多元的现实，而这又与个体的不同特征及其生存环境的差异有密切的关系。第二，在研究的目的上，旨在了解被试者的行为与其生活环境之间存在的多变性的交互关系。第三，在研究取向上，一般采取经验归纳的观点，即研究者根据个人的经验，在研究过程中，针对被试者的反应随时调整研究的方法，以期获得更加真实和详尽的资料，通过对资料的归纳形成暂时性的结论。在研究过程中不必遵循固定的程序。第四，在研究者的角色方面，研究者是参与性的，要通过与被试者的交感互动搜集研究资料，并对所得资料做出合理的判断与解释。这要求研究者必须具备较高的研究技巧和能力。第五，在研究结果的推论方面，重视随机因素，不企图对同类问题做广泛推论。这种推论方式被称为情境限制推论。

质的研究包括多种具体方法，其中比较常用的方法有观察法、个案研究法、深入访谈法、教育经验总结法和文件分析法。下面将对这几种方法分别加以简要介绍。

1. 观察法

观察法是在日常生活条件下，通过被观察者的外部行为表现，了解其心理现象的规律和特征的一种研究方法。

观察法的优点是在自然条件下进行，被观察者的活动表现是真实的、自然的，因而所得到的材料也是真实的、符合实际的；观察法的缺点是观察者常处于被动地位，一些观察到的现象不具有可重复验证性，观察的结果也难以确定因果关系。

观察法并不等同于一般的观察。作为一种研究方法，在运用观察法时，要达到以下基本要求：第一，观察之前，要有明确的观察目的、计划并确定具体方法，即要有观察设计；第二，要在自然条件下进行，被观察者的日常生活条件并未受到干扰，被观察者并不知道自己被观察；第三，要有详细的记录，记写观察日记，将被观察者的活动环境、言语动作、表情等均详细、准确地记载下来。有条件的可使用录音、录像等设备。

2. 个案研究法

个案研究法是对一个人或一组人的问题进行专门研究的方法。个案研究法比较适合进行特例研究，如对智力落后儿童、智力超常儿童、学习困难儿童、品德不良儿童等进行研究。个案研究法有时也与纵向的追踪研究相结合，如对智力超常儿童的心理发展的特点以及相对应的教育措施进行研究。

个案研究法的优点是可以使研究者充分考虑每个被研究个案的特点，并能提供这些个案心理发展的具体资料；缺点是研究结果所依据的样本较小，因而代表性较差。

在运用个案研究法进行实际研究时，要注重以下几点：第一，个案研究法是针对个别学生的心理或行为问题进行直接的、深入的研究，因而必须搜集有关个案的一切资料；第二，研究者要与被研究者建立良好的关系，取得被研究者的充分信任；第三，个案研究的目的不只是对个案本身的心理或行为问题求得了解，更重要的是通过这种了解，进一步寻求解决有关问题的方法。

3. 深入访谈法

深入访谈法是一种非结构式访谈，在访谈的过程中调查者无须按照预定的访谈结构和问题机械地提问，被调查者也无须按备选答案对问题做出回答，而是就某一主题与被调查者进行自由、深入的交谈。教师可以运用深入访谈法了解学生的学习态度、学习兴趣、学习动机、学习方法等方面的问题。

深入访谈法的优点是：第一，提问的方式比较灵活，访谈的内容比较深入。调查者可以根据访谈的进程和交谈的内容灵活地提出问题；被调查者可以按自己的意愿对问题做出自由的回答，充分表达自己的态度和意见，通过这种方式使访谈的内容逐渐深入。第二，教师通过与学生面对面的深入访谈，除了可以获得对学生学业问题的深入了解外，还可以经由沟通增进师生之间的感情，使学生感受到教师的关心和支持，进而有助于学生自行解决或改进与学业有关的其他问题。这种方法的缺点是：对访谈过程和谈话内容进行准确而详细的记录比较困难，比较费时。

在运用深入访谈法进行研究时，要注意以下几个问题：第一，在访谈前，要明确访谈的目的。虽然这种访谈方式没有预定的结构和问题，但绝不是没有目的的漫谈。研究者要根据研究的目的，事先确定一些原则性的访谈内容和访谈方式。第二，在访谈的过程中，要注意谈话技巧，把握访谈的方向与主题。研究者在访谈的过程中要创设一种轻松、愉快的气氛，激发访谈对象的谈话兴趣。要使访谈围绕着研究目的进行，谈话内容要紧扣主题，尽量避免题外话。第三，要对访谈内容做适当的记录，必要时可采用录音、录像设备将访谈的全程及其内容都录下来，以便访谈之后详尽地整理资料。

4. 教育经验总结法

教育经验总结法是指教育工作者对自己日常工作中获得的教育心理现象进行整合性认识和总结，并寻找其中规律的方法。

教育经验总结法的优点是教育工作者可以结合自己平时的教育、教学工作，随时对一些典型经验加以总结，所获得的资料比较真实可靠；缺点是成果的质量受到教育工作者自身素质和理论修养水平的限制，难以上升到具有普遍性的高度。

运用教育经验总结法时，要注意以下三点：第一，选择的研究对象要具有典型意义；第二，要通过对教育现象的总结得出某些规律性的结论，要有创新；第三，要把定量分析与定性分析相结合。

5. 文件分析法

文件分析法是指通过对学生在学习生活过程中积累的有关文件进行分析，以了解当前问题形成的原因。所谓的文件包括学生的信件、日记、周记、平时的作业、作文、考试成绩以及以往在校的行为记录等。

文件分析法的优点是教师可以针对学生在日常学习和生活中出现的问题，随时随地地运用该方法进行研究，以解决问题；缺点是对于有关学生学习的一些文件如日记和信件等，教师平时难以收集，一旦需要时又不易获得。

在运用文件分析法时要注意以下两点：第一，教师在平时的教育教学工作中要有意识地收集学生学习和生活的各种文件。第二，通过文件分析，教师可以把发现的学生的问题分为两种：一种是长期积累下来的问题，如一贯成绩不良；另一种是学生新近发生的问题，如突然出现成绩下滑。教师要学会区分学生的两种不同类型的问题，并采用不同的方式加以解决，尤其是对后一类问题要及时发现、及时解决。

第二章 学习理论

学习与学习理论是教育心理学的核心研究课题。什么是学习？大部分人首先会想到学校里的各种学习活动，实际上，无论是低级动物，还是高级动物，乃至人类，学习都贯穿在其整个生活中，如狮子学习捕猎、小孩学习说话。随着科技的高速发展，机器学习也成为新的研究热点。本章首先对学习的实质与类型以及学校学习的具体内容（知识、技能）进行概述，然后介绍各理论学派对学习实质、学习的过程和学习的条件等问题的不同看法。通过对这些内容的学习，帮助学生建立起对学习和学习过程的整体印象，促进学生对学习实质的思考。

第一节 学习概述

一、学习的实质

（一）广义的学习

长期以来，心理学中对学习的定义有不同的理解。行为主义心理学家往往把学习定义为有机体由于经验的结果而发生的行为比较稳定的变化。认知学派认为学习是形成和改变认知结构的过程。但学界普遍认为，学习是一个复杂的概念，有广义和狭义之分。广义学习是人和动物共有的活动，是指人和动物由练习或反复经验引起的相对持久的行为或行为潜能的变化。我们可以从三个方面来理解广义学习的含义：

首先，学习者身上必须产生某种行为或者行为潜能的变化。如儿童从不会叫妈妈到学会叫妈妈，这个过程中有学习。有时候，人们通过学习获得的内在倾向性或能力的变化，不一定在当前行为中表现出来，但它们却影响着个体未来的行为。

其次，学习引发的行为或者行为潜能的变化是相对持久的。有些主体的变化，如适应、疲劳、疾病等因素引发的行为或行为潜能的变化不能称为学习，因为这些变化是暂时的。如学生因疲劳而暂时影响学习行为，经适当休息，这些暂时性变化就会迅速消失。

最后，学习是由个体与后天环境相互作用而产生的，即后天习得的，应该排除由成熟或先天反应倾向所导致的变化。如青春期的少年嗓音变化就是由生理成熟引发的，因此不能称之为学习。

（二）狭义的学习

狭义的学习则特指人类的学习，这种学习和动物的学习相比存在着巨大的质和量的区别。

第一，从内容上看，人类的学习比动物广阔得多。动物的学习，仅仅是掌握个体经验，而人类的学习，不仅是掌握个体经验，更重要的是掌握社会历史的经验和科学文化知识。人类对社会历史经验的学习在人类的学习中占据着重要的地位，个体经验与历史经验相比，只是占很小的一部分。

第二，从方式上看，动物的学习主要是一个自发的过程，而人类的学习是在社会的传递下，以语言为中介而实现的。人类对语言的掌握，扩大了个体学习，使掌握社会历史经验成为可能。借助语言的工具，个体能通过学习把别人的经验转化为自己的经验，把人类历史经验转化为个体的精神财富。

第三，从性质上看，人类的学习是自觉的、有目的的、积极主动的过程。动物的生活方式是以其对外界自然条件的适应为特征的，其学习是不自觉的，只是消极被动地适应其生存的环境。而人是有意识的，人的意识在人类的学习过程中起着支配和调节作用。因此，人类的学习是在社会生活实践中，以语言为中介，自觉地、积极主动地掌握社会的和个体的经验的过程。

（三）学生的学习

学生的学习是人类学习中的一种特殊形式，它具体指的是在教师的指导下，有目的、有计划、有组织、有系统地进行的，在较短时间内接受前人所积累的文化科学知识，并以此充实自己的过程。学生的学习具有三个明显的特征：（1）学生的学习以掌握间接经验为主，因此，它与人类认识客观世界的过程有所不同。（2）学生的学习是在教师的指导下，有计划、有目的、有组织地进行的。（3）学生的学习具有一定程度的被动性。

学生的学习不仅包括了知识、技能和学习策略的掌握，还包括了问题解决能力和创造性的发展，以及道德品质和健康心理的培养。

二、学习的分类

学习是一种复杂的现象，有着广泛的表现形式。研究者根据不同的标准和角度把学习划分成不同的类型。

（一）加涅根据学习层次对学习进行分类

教育心理学家加涅在《学习条件》一书中认为，学习按照水平由低级到高级的顺序，可分成八类，构成了一个完整的学习层级结构。

1. 信号学习

信号学习即经典性条件作用，指学习对某种信号做出一般性或弥散性的反应。这类学习属于巴甫洛夫的经典条件反射。例如，小孩看到穿白大褂的医生就会哭。

2. 刺激-反应学习

刺激-反应学习指学习使某一情景下的反应与强化刺激相关联，学会以某种反应去获得某种强化刺激。此类学习属于操作性条件作用。其过程是反应—强化—反应，即在某种情景中自发产生某种反应动作，然后这种反应动作得到强化，多次之后学会在该情景下通过这种反应动作以获取强化的过程。例如，小孩由于正确回答问题受到表扬，多次以后增加了回答问题的行为。

3. 连锁学习

连锁学习是学习联合两个或两个以上的刺激反应动作，并对每种刺激做出恰当的反应。各种动作技能的形成，都离不开此类学习。例如学习打篮球，学会了接球、运球、过人和上篮等一系列动作。

4. 言语联想学习

言语联想学习是一系列言语刺激-反应的联合，但它是由言语单位所联结的连锁化。例如，阅读时一眼就能认出整个的词或词组。

5. 多重辨别学习

多重辨别学习即学会识别多种刺激的异同并对之做出不同的反应。比如，小朋友学会根据红绿灯的变化，做出相应的停或行的反应。

6. 概念学习

概念学习是指对刺激进行分类时，学会对一类刺激做出同样的反应，也就是对事物的抽象特征的反应。例如在学习三角形之后，能够将钝角三角形、锐角三角形和直角三角形概括为三角形。

7. 规则学习

规则是指两个或两个以上概念的联合，规则学习即了解两个或两个以上概念之间的关系。例如，学习"三角形的面积等于底乘以高的一半"这个规则，就需要先掌握底和高的概念以及它们与三角形面积的关系。

8. 解决问题学习

解决问题学习即在各种情况下，使用所学规则去解决问题。因此又叫作高级规则学习，它是建立在规则学习的基础之上的。例如，利用三角形面积公式去计算相关应用题。

（二）加涅根据学习结果对学习进行分类

为了更好地与教学实际相结合，加涅进一步提出了按照学习结果把学习分成五类的主张，它们分别是：

1. 言语信息

言语信息指能用言语（或语言）表达的知识，包括事物的名称、时间、地点、定义，以及特征等方面的事实性信息。例如，知道"中国的首都是北京"。

2. 智慧技能

智慧技能主要指运用概念和规则办事的能力，表现为运用符号与环境相互作用的能力。例如，圆的面积（S）等于圆的半径（r）的平方乘以 π，即 $S=\pi r^2$，学生运用这个定律（公式）解答应用题则为智慧技能。

3. 认知策略

认知策略指运用有关人们如何学习、记忆、思维的规则支配人的学习、记忆、认知行为，并提高其学习、记忆、认知效率的能力。我们常常采用一些歌谣口诀来帮助记忆。例如，《辛丑条约》的主要内容为：①要清政府赔款；②要清政府保证禁止人民反抗；③允许外国在中国驻兵；④划使馆界，建领事馆。可用"钱禁兵馆"（谐音"前进宾馆"）来帮助记忆。

4. 动作技能

动作技能指通过练习获得的、按一定规则协调自身肌肉运动的能力，表现为平稳而流畅、精准而适时的动作操作能力，如学习骑自行车、游泳等。

5. 态度

态度指习得的对人、对事、对物、对己的反应倾向。可以表现为儿童对家庭和社会关系的认识、对某种活动表现出来的喜爱，以及个人的品德方面。例如，小朋友原来很怕生人，上幼儿园后这种倾向消失了。

（三）奥苏贝尔根据学习性质与形式对学习进行分类

奥苏贝尔根据两个维度对认知领域的学习进行了分类。其中一个维度是学习进行的方式，可分为接受学习和发现学习；另一个维度是学习材料与学习者已有知识的关系，可分为机械学习和有意义学习。这两个维度彼此独立，互不依赖。每个维度都存在许多过渡形式，其具体组合如图 2-1：

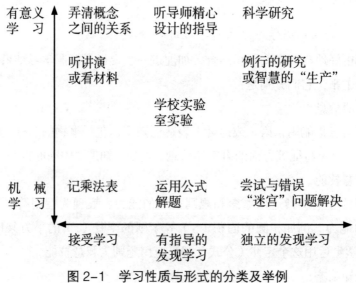

图 2-1　学习性质与形式的分类及举例

（四）冯忠良的学习分类

我国教育心理学家冯忠良依据教育系统中传递的经验内容的不同，将学生的学习分为三类：

1. 知识学习

知识是客观事物的特征和联系在人脑中的主观映象，它是来自反映的对象本身的认知经验。这种经验既包括关于事物是什么、为什么和怎么样的描述性经验，也包括关于做什么和怎么做的操作性经验。学生有了这种认知经验后，可以解决的是知与不知、知之深浅的问题，从而可以在实际生活中更好地确定个体活动的方向。

2. 技能学习

技能学习是通过学习或练习而形成的符合法则要求的活动方式，其中包括心智技能和操作技能两种。心智技能是在人脑内部，借助内部语言，以简缩方式对事物的主观表征进行加工改造的技能；动作技能是借助人的肢体或一定器械，以展开的方式作用于客观对象的动作技能。技能的学习比知识的学习更复杂，不仅包括对活动的认知，还包括活动或动作的实际执行问题。学生有了这种动作经验，就可以解决会与不会、做得熟不熟练的问题，从而在实际生活中更好地控制个体活动的执行。

3. 社会规范的学习

社会规范的学习又称行为规范的学习或接受，是把外在于主体的行为要求转化为主体内在的行为需要的内化过程。其学习既包括社会规范的认识问题，又包括规范执行及情感体验的问题，因此比知识、技能的学习更复杂。

三、知识及其分类

人类通过学习将获得许多知识，究竟什么是知识？如何将这些知识划分为不同的类别来简化人类对知识这一概念的认识呢？

哲学中的认识论将知识定义为人对事物属性及其联系的能动反映，是客观事物的主观表征。事物的特征有本质的，也有非本质的。本质特征一般蕴含在事物的内部，而事物的非本质特征是事物的外表特征。事物不仅具有一定的属性，而且事物之间还是普遍联系的，事物之间的联系类似于事物的属性也有外在和内在之分。根据人们对事物的属性及其联系的反映活动深度的差异，可将知识分为感性知识和理性知识。

感性知识是对事物的外部特征和外部联系的反映，在心理形式上表现为感知与表象两种水平。感知是人脑对当前所从事的活动的反映。当活动对象离开人的感官时，人脑对它的感知活动就停止了，但是它的形象却能保存在人的大脑中，表现为表象。例如，教师上课时，学生对他的身高、外貌等进行感知，察觉到他是高还是矮，是胖还是瘦，是为感知。当教师下课后，学生谈论起老师的长相时，老师的形象马上浮现出来，这种形象在心理学上称作表象。而老师的长相就是他的外部特征。

我们不仅能对老师的外部特征进行感知，形成各种表象，而且可以对感知和表象进行抽象与概括，去伪存真，去粗取精，得出老师的本质特征，如"教书育人"。获得的对老师本质特征的认识即为理性知识。因此，理性知识是对事物的本质特征与内在联系的反映，其中包括概念和命题两种形式。概念代表同类活动对象的本质属性及其各属性之间的本质联系。例如，"眼镜"这个概念就包含了一些基本特征：有两个镜片，有两条眼镜腿，用来矫正视力等。命题反映的是不同对象之间的本质联系和内在规律，即表示概念之间的关系。一个命题由一个关系和一个以上的论题组成。关系由动词、副词或形容词表达，有时也用介词表达；论题一般是指概念，由名词和代词表达。例如："北京是中国的首都"这个命题里包括了"北京""首都"两个概念，这两个概念通过"是"这个关系动词构成了一个命题。

认知心理学认为，知识是个体通过与环境相互作用后获得的信息及其组织。当它贮存于个体内时，即为个体的知识；贮存于个体外时，即为人类的知识。认知心理学从知识的状态与表现方式将知识分为陈述性知识与程序性知识。陈述性知识主要反映事物的状态及事物变化发展的原因，说明事物是什么、为什么、怎么样的问题。例如，"中国的首都是北京""生命在于运动"。目前学校教学主要传授这类知识。程序性知识主要反映活动的具体过程和操作步骤，是关于"怎么做"的知识。程序性知识主要体现在实际活动中，如儿童能够计算出"1/3+3/4=？"，说明他具有这方面的程序性知识；如果儿童只能背出分数加法的规则，不知道如何计算上述公式，只能说明他掌握了这方面的陈述性知识。从这些例子中可以看出，陈述性知识是程序性知识的基础，但不一定转化为程序性知识。

四、技能及其分类

学生的学习，不能仅限于对知识的掌握，还需要将学习的知识转化为相应的技能，因此学生的技能形成同样是学校教育的一个重要任务。什么是技能？技能又有哪些分类呢？

日常生活中，人们经常使用"技能"这一术语，如阅读技能、动作技能等。心理学对技能的早期研究，主要集中在相对简单的动作技能上，如打字、发电报等。现在更加重视对复杂的心智技能，如阅读技能、写作技能进行研究。一般认为，技能是指通过练习而形成的合乎规则的认知活动和身体活动的动作方式。这反映了技能的以下特点：

（1）技能是通过学习或练习而形成的，不同于本能行为。技能都是后天学习的，经历了一个由不会到会，由会到熟练的逐步发展完善的过程。练习是技能学习或形成的基本途径，它对技能学习有非常明显的促进作用。随着不断的练习，进步速度会逐渐减慢，甚至倒退，这种现象称为高原现象。当个体克服高原现象之后，技能学习能继续取得进步。技能一旦形成，特别是发展成为自如的技巧后，就相对巩固了。若是长时间不巩固，就会逐渐减弱并消退。

（2）技能是一种活动方式，不同于认知经验的知识。知识解决的是知与不知的问题，对活动起定向作用。技能是控制动作执行的工具，要解决的是动作能否做出来、会不会做、熟不熟练等问题。技能的学习要以程序性知识的掌握为前提。

（3）技能的各动作要素及其执行要体现活动本身的客观法则的要求，不是一般的习惯动作。习惯是自然习得的，既可能符合规律，也可能不符合法则，而技能是通过系统的学习与教学形成的，是在主客体相互作用的基础上，通过动作经验的不断内化而形成的。高手打太极时其一招一式看似随意，各个动作之间却是一气呵成，其实每个动作都是合乎要求的。

技能按照其本身的性质与特点可分为动作技能与心智技能。

1. 动作技能

动作技能也叫运动技能、操作技能，是通过学习而形成的合乎法则的操作活动方式，如书写、体操、骑自行车等。动作技能可分为不同的类型：

（1）精细的和粗大的动作技能：精细的动作技能是在较狭窄的空间内进行并要求较精巧的协调动作，主要表现为腕关节和手指运动，如雕刻、绣花等。它一般由小肌肉的运动来实现。粗大的动作技能是运用大肌肉而且经常要涉及整个身体，如游泳、打球、跑步等。

（2）连贯的和不连贯的动作技能：连贯的动作技能是指以连续、不间断的方式完成一系列动作，动作之间没有明显的可以直接感受出来的开端和终点，一般持续时间较长，当然这种连续性也会对任务进行不断的调整，如唱歌、打字、弹琴等。不连贯的动作技能具有可以直接感知到的开端和终点，完成这种技能时间相对短暂（少于5秒），一般由突然爆发的动作组成，如投掷标枪、射击、射箭等。

（3）封闭的和开放的动作技能：封闭的动作技能，是一种完全依赖内部肌肉反馈作为刺激指导的技能。这种任务闭着眼睛也能完成，如体操、跳水，且这种技能一般都具有相当固定的动作模式。学习这种技能的关键在于通过反复练习，使动作达到标准的模式。开放的动作技能，主要依赖于周围环境提供的信息，正确地感知周围环境成为调节的重要因素，如打乒乓球、篮球、排球等。开放的动作技能要求人们具有处理外界信息变化的能力和对事件发生的预见能力。

（4）徒手型和器械型动作技能：徒手型动作技能的操作对象主要是机体自身，即通过身体的协调运动来完成，如自由体操、太极拳。器械型动作技能通过操作一定的器械来进行，如打字、驾驶。

2. 心智技能

心智技能又称为智慧技能或智力技能，是通过学习而形成的合乎法则的心智活动或智力活动方式，如心算、写作、观察等。根据使用范围，可分成专门的心智技能和一般的心智技能。专门的心智技能是某种专门的认知活动所必需的，也是在相应的专门的智力活动中形成、发展和体现出来的，如默读、心算、打腹稿等技能便是学生在学习活动中必须掌握的最基本的专门心智技能。一般的心智技能是指可以广泛应用于许多领域的心智技能，它是在多种专门心智技能的基础上，经过概括化形成和发展起来的，如观察技能、分析技能、综合技能、比较技能、思维技能、记忆技能、想象技能等。

第二节　行为主义学习理论

行为主义学习理论的代表人物为桑代克、巴甫洛夫、华生、斯金纳等。他们的核心观点是：一切学习都是条件作用，是在刺激 S 和反应 R 之间建立直接联结的过程。强化在刺激与反应联结的建立中起着重要的作用。由于行为主义强调刺激-反应的联结，故也称为联结理论。后期，班杜拉提出社会学习理论，他认为早期行为主义的观点认为学习是通过直接经验获得的刺激与反应的联结，但是人类还可以通过他人的行为以及行为的结果间接获得联结，对早期行为主义学习理论的观点进行了完善。

一、桑代克的尝试错误–联结学习理论

（一）桑代克的经典实验

桑代克（E.L.Thorndike，1874—1949）是美国著名心理学家，联结主义学习理论的创始人，一生著作颇丰，研究领域十分广泛。桑代克做了许多动物学习实验，如让饿猫学习逃出迷箱。通过实验，他提出学习是刺激与反应之间的联结，知识和技能的获得必须通过尝试错误的过程。

一只饿猫被关在桑代克专门设计的实验迷箱内，箱门紧闭，箱子附近放着一条鲜鱼。箱内有一个开门的旋钮，碰到这个旋钮，门才会开启。开始饿猫无法走出箱子，只是在里面乱碰乱撞，有一次碰巧碰到了开门的旋钮，门便开启，猫得以逃出并吃到了箱子附近放置的鱼。经过多次错误尝试，猫学会了开门的行为。

桑代克认为，在猫学习打开迷箱的情境中，猫通过多次尝试与错误，终于在复杂的刺激情境中辨识出一个开门设施（S），并做出正确的开门动作（R）。这就是说，学习的实质是经过试误在刺激与反应之间形成联结。这种学习过程是渐进的尝试与错误直至最后成功的过程，又称尝试-错误理论。

桑代克进一步将动物的学习推广到人类的学习。他指出："下至26个字母，上至科学或哲学，其本身都是联结造成的。人之所以善于学习，就是因为他养成了这许多联结。"在他看来，"理智、性格或技能的任何事实，都意味着按照一定的方式对一定的情境发生的反应倾向"。教育的目的就是把其中的某些联结加以永久地保留，把某些联结加以清除，并且把另一些联结加以改变或利导。

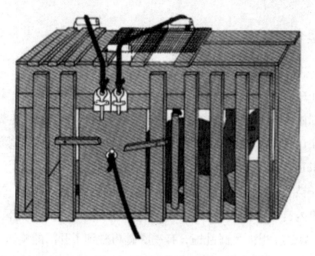

图 2-2　桑代克迷箱

（二）尝试-错误学习的基本规律

桑代克在动物实验的基础上，提出了三条尝试-错误学习的基本规律：效果律、准备律和练习律。

1. 效果律

桑代克认为在试误学习的过程中，如果其他条件相等，在学习者对刺激情境做出特定的反应之后产生了满意的效果，那么这种联结就会增强，下次在相似的情境中就易于出现；而如果刺激和反应之间的联结带来了烦恼或痛苦的结果，那么这种联结就会削弱，以后在同样的情况中出现的可能性也将减少。

假设，小猫从迷箱中逃出来之后，迎接它的不是美味的食物，而是一条凶恶的大狼狗，那么，下次将小猫放入迷箱后，它还会尽力跑出来吗？

2. 准备律

桑代克观察到，在他的实验过程中，为了保证学习的产生，必须使小猫处在饥饿的状态。如果让小猫吃饱了再进迷箱，它很可能只会睡觉，而不会表现出想要逃出迷箱的行为。这样，对学习的解释必须包括某种动机原则，这就是桑代克的准备律：学习者是否对某种刺激做出反应，与他或她是否已做好准备有密切关系。即在试误学习的过程中，当刺激与反应之间的联结，事前有一种准备状态时，实现则感到满意，否则感到烦恼；反之，当此联结不准备实现时，实现则感到烦恼。这里所说的准备状态主要是指一种动机状态。

3. 练习律

桑代克认为，学习就是刺激和反应的联结。这种联结需要重复练习，因为练习可导致联结的加强。练习律又可分为应用律和失用律。应用律是指如果刺激与反应的联结经常使用，那么其联结的力量就会得到加强。失用律是指如果刺激与反应的联结经常不被使用，那么其联结的力量就会减弱。

后来经过实验，桑代克发现，简单的重复练习并不能增强刺激和反应的联结以及反应的力量，要想提高练习的作用，练习者必须得到练习结果的反馈信息。桑代克曾经做过这样一个实验，他让一名蒙上双眼的被试者练习画一条长 4 英寸的线，结果尽管连续几日每日练习数百次，但由于没有得到相应的反馈信息，被试者画线的精确度并没有提高。

在实际教学中，有些老师给学生布置了大量的作业，等到学生将辛辛苦苦做完的作业交上来之后，老师却看也不看或者不批改，不向学生指出对在哪里与错在哪里。这样做，除了增加学生的课业负担，并由此让学生产生厌学的情绪外，并不会对学习产生任何的积极意义。

应该说明的是，虽然尝试-错误学习规律是从动物实验中推导出来的，但它对人类学习，尤其是学生学习来说，仍有很大的借鉴意义。科学发展史上的许多发明创造和技术革新都是通过尝试错误的过程而获得的。

桑代克的学习理论指导了大量的教育实践。教育过程中要强调"做中学"，即在实际的操作过程中学习有关的概念、原理、技能和策略。在这一过程中，教师应该允许学生犯错误，并鼓励学生从错误中进行学习，这样获得的知识才会是终生不忘的。同时，在实际的教育过程中，教师应努力使学生的学习得到自我满意的积极结果，防止一无所获或得到消极结果。同时，应注意在学习过程中加强合理的练习，并注意在学习结束后不时地进行练习。此外，任何学习都应该在学生有准备的状态下进行，而不能经常搞"突然袭击"。

桑代克的理论是教育心理学史上第一个较为完整的学习理论，虽然有些简单和粗糙，但对于教育心理学从普通心理学、儿童心理学与教育学中分离出来成为一门独立学科具有促进意义。桑代克认为情境与反应之间根本不存在什么中介，这是一种简单化的机械主义的观点。另外，他认为人和动物的学习方式是基本一致的，都是通过尝试错误学习，只是复杂程度不同，这种观点抹杀了人类学习的主动性。

二、巴甫洛夫经典条件作用论

（一）巴甫洛夫的经典实验

巴甫洛夫（1849—1936）是苏联著名的生理学家，是高级神经活动学说的创始人。在他的经典实验中，他将狗置于经过严格控制的隔音实验室内，食物可以通过遥控装置送到狗面前的食物盘中。狗的唾液分泌量通过仪器可以随时测量并记录。

实验开始后，首先向狗呈现铃声刺激，铃响半分钟后便给予食物，随后观察并记录到狗的唾液分泌反应。当铃声与食物反复配对呈现多次以后，仅呈现铃声而不出现食物时，狗也会做出唾液分泌反应。

在这个实验开始时，食物可以诱发狗的唾液分泌反应，而铃声不能诱发狗的唾液分泌，这时食物叫无条件刺激，铃声叫中性刺激，诱发的唾液分泌反应称为无条件反应。在铃声与食物经过多次匹配之后，单独呈现铃声而没有食物时，狗也会分泌唾液。此时，中性刺激铃声具有诱发原来仅受食物制约的唾液分泌反应的某些力量而变成了条件刺激，单独呈现条件刺激即能引起的反应则叫作条件反应。这就是经典性条件反射的形成过程。

图 2-3　经典性条件反射实验

（二）经典性条件反射的基本规律

1.获得与消退

在条件作用的获得过程中，中性刺激和无条件刺激呈现的时间顺序以及它们之间的时间间隔十分重要。首先，中性刺激作为无条件刺激出现的信号，必须先于无条件刺激而呈现，否则将难以形成条件反射。在一次实验中，巴甫洛夫的一位助手先给狗喂食，隔5～10秒之后再按响铃声，这样操作374次之后，再单独按响铃声而没有给予食物，结果没有引发狗分泌唾液。其次，中性刺激和无条件刺激必须同时或近于同时呈现，间隔太久则难于建立联系。

消退是指刺激出现但反应不再出现或消失的过程。如果条件刺激重复出现多次而没有无条件刺激相伴随，则条件反应会变得越来越弱，并最终消失。然而，完全消除一个已经形成的条件反应比获得这个反应困难得多。

2. 刺激泛化与分化

人和动物一旦学会对某一特定的条件刺激做出条件反应，其他与该条件刺激相类似的刺激也能诱发其条件反应，这就是刺激泛化。例如，曾经被一条大狗咬过的人，看见非常小的狗也可能产生恐惧心理。借助于刺激泛化，我们可以把已有的学习经验扩展到新的学习情景，从而扩大学习范围。但是，泛化刺激所引起的泛化反应，有时是不准确或不精确的，这就需要刺激分化。

刺激分化，指的是通过选择性强化或消退使有机体学会对条件刺激和与条件刺激相类似的刺激做出不同的反应。例如，为了使狗能够区分开圆形和椭圆形光圈，如果只在圆形光圈出现时才给予食物强化，而在呈现椭圆形光圈时则不给予强化，那么狗便可以学会只对圆形光圈做出反应而不理会椭圆形光圈。在实际的教育和教学过程中，也经常需要对刺激进行分化，如引导学生分辨勇敢和鲁莽、谦让和退缩，要求学生区别重力和压力、质量和重量等。

刺激泛化和刺激分化是互补的过程，泛化是对事物的相似性的反应，分化则是对事物的差异的反应。泛化能使我们的学习从一种情境迁移到另一种情境，而分化则能使我们对不同的情境做出不同的恰当反应，从而避免盲目行动。

总之，经典条件作用能较有效地解释有机体是如何学会在两个刺激之间进行联系，从而使一个刺激取代另一个刺激并与条件反应建立起联结的。但是经典条件反射无法解释有机体为了得到某种结果而主动做出某种随意反应的学习现象，如中小学生为了报答父母的养育之恩、为了得到教师的表扬或同伴的认同而努力学习等。

三、华生的行为主义学习理论

华生（J.B.Waston，1878—1958）是美国心理学家行为主义的创始人。他十分推崇巴甫洛夫的经典条件作用，并将经典条件作用运用于学习领域。他认为有机体的学习实质就是通过建立条件作用，形成刺激与反应之间的联结的过程。条件刺激通过与无条件刺激在时空上的结合，代替无条件刺激与条件反应建立联系。华生根据经典条件反射原理做了一个著名的恐惧形成实验。

实验对象是一个叫阿尔伯特的小男孩，当他还只有9个月大的时候，研究者把一只白色的老鼠放在他身边，起初他一点都不害怕；可是，当用一把锤子在他脑后用力敲响一根钢轨时，他猛地一打战，躲闪着要离开，表现出害怕的神态。给他两个月的时间淡忘这次经历，然后，研究者又开始实验。当一只白鼠被放在阿尔伯特的面前，他好像看到了一个特别新奇有趣的玩具，伸出手去抓它；就在孩子的手刚碰到白鼠时，他的脑后又响起了敲钢轨的声音，他就猛地一跳，向前扑倒，把脸埋在床垫里面。再试的时候，阿尔伯特又想用手去抓白鼠，当他快要抓住的时候，钢轨又在身后震响。这时，阿尔伯特跳起来，向前扑倒，开始啜泣。此后，又进行了几次这样的实验，把老鼠放在阿尔伯特身边，钢轨在他脑后震响，阿尔伯特对老鼠形成了完全的恐惧条件反应，华生后来在实验报告中写道："老鼠一出现，婴儿就开始哭。他几乎立即向左侧猛地一转身，倒向左侧，四肢撑起身体快速地爬动，在他到达实验台的边缘前，我用了相当大的劲才抱住他。"更进一步的实验显示，阿尔伯特对其他毛乎乎的东西，如兔子、狗、皮大衣、绒毛玩具娃娃，还有华生装圣诞老人戴的面罩也产生了恐惧心理。

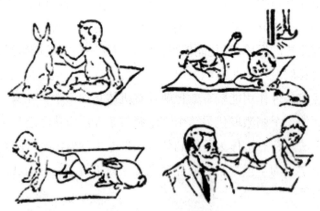

图 2-4 恐惧习得实验

在学习规律的方面，华生主张频因律和近因律。

（1）频因律是指在其他条件相等的情况下，某种行为练习得越多，习惯形成得就越迅速，即练习的次数在习惯中起重要作用。

（2）近因律是指当反应频繁发生时，最新近的反应比较早的反应更容易得到加强。

经典条件作用的原理对教学具有实践意义。个体可以获得对各种情景的情绪和态度，如果老师不断给予学生关心和鼓励，学生就会将这种关心与鼓励和学习联结起来，从而喜欢学习，热爱学校。但是如果老师经常在课堂上惩罚学生，造成学生紧张和焦虑的情绪，学生就会讨厌学习和学校。

华生的学习理论同桑代克的尝试-错误理论相比，不过是把尝试-错误说的机械性推向了极端，其无法解释复杂、高级的认知过程的学习，从而成为一种机械主义的学习理论。尽管这样，这一理论对西方教育心理学产生了重要的影响，至今其影响仍在继续。

四、斯金纳的操作性条件作用论

斯金纳（1904—1990）是新行为主义心理学的创始人之一。他发展了巴甫洛夫和桑代克的研究，揭示了操作性条件反射的规律。他设计的用来研究操作性条件反射的实验装置——斯金纳箱，被世界各国心理学家和生物学家广泛采用。他根据对操作性条件反射和强化作用的研究发明了"教学机器"并设计了"程序教学"方案，对美国教育产生了深刻影响，他也因而被誉为"教学机器之父"。

（一）斯金纳的经典实验

斯金纳的理论也是建立在动物学习实验的基础之上的。斯金纳在以白鼠等动物为被试进行的精密实验研究中，运用了一种特殊的实验装置——斯金纳箱。箱内有一个伸出的杠杆，下面有一个食物盘，只要箱内的动物按压杠杆，就会有一粒食丸滚到食物盘内，动物即可得到食物。

图 2-5　斯金纳箱

斯金纳将饥饿的白鼠关在箱内，白鼠便在箱内不安地乱跑，活动中偶然压到了杠杆，则一粒食丸滚到食物盘内，白鼠吃到了食丸。白鼠再次按压杠杆，又可得到食丸。由于食物强化了白鼠按压杠杆的行为，因此后来白鼠按压杠杆的速度明显加快。

由此斯金纳发现，有机体做出的反应与其随后出现的刺激条件之间的关系对行为起着控制作用，它能影响以后反应发生的概率。他认为，学习实质上是一种反应概率上的变化，而强化是增强反应概率的手段。如果一个操作（自发反应）出现以后，有强化刺激尾随，则该操作的概率就增加；已经通过条件作用强化了的操作，如果出现后不再有强化刺激尾随，则该操作的概率就减少，甚至消失。这就是操作性条件反射的基本过程。

（二）操作性条件作用的基本规律

斯金纳认为，人和动物的行为有两类：应答性行为和操作性行为。应答性行为是由特定刺激所引起的，是不随意的反射性反应，是经典条件作用的研究对象。而操作性行为则不与任何特定刺激相联系，是有机体自发做出的随意反应，是操作性条件作用的研究对象。在日常生活中，人的行为大部分都是操作性行为，操作性行为主要受强化规律的制约。

1.强化

斯金纳认为，行为之后给予奖赏能使个体感到满足（这是桑代克效果律的含义）是主观性的解释，主观的满足不能用科学上客观的方法予以测量。他用了一个客观、中性的概念——强化，并给强化下了一个定义：在条件作用中，凡能使个体操作性反应的频率增加的过程，都是强化。产生强化作用的刺激物，叫作强化物。

强化物分为两类：正强化物和负强化物。

正强化物是指在个体反应后出现的并且其出现有助于该反应的频率增加的刺激物。比如，当饥饿的小白鼠按下开关后得到了食物，这食物便是正强化物。由正强化物所形成的强化作用叫正强化（实施奖励）。

负强化物是指在个体反应后消失的并且其消失有助于该反应的频率增加的刺激物。比如，当处于电击状态下的小白鼠按下开关后电击就停止，这停止电击就是负强化物。由负强化物所形成的强化作用叫负强化（撤销惩罚）。

在日常生活中，人们常在自觉或不自觉地运用奖励对他人的行为进行积极强化。例如，教师对上课守纪律的学生进行表扬，家长对考试成绩好的孩子给予物质奖励等；也会运用撤销惩罚来对他人的行为进行负强化，如小孩子一旦从将房间弄得又脏又乱转变为将房间收拾得十分整洁，家长就取消不让他出去玩的禁令。

2. 逃避条件作用与回避条件作用

当厌恶刺激出现时，有机体做出某种反应，从而逃避了厌恶刺激，则该反应在以后的类似情境中发生的概率便增加。这类条件作用称为逃避条件作用，它揭示了有机体是如何学会摆脱痛苦的。在日常生活中，逃避条件作用也不乏其例。如看见路上的垃圾后绕道走开，感觉屋内人声嘈杂时暂时离屋等。

然而，当预示厌恶刺激即将出现的刺激信号呈现时，有机体也可以自发地做出某种反应，从而避免厌恶刺激的出现，则该反应在以后的类似情境中发生的概率便增加。这类条件作用称为回避条件作用，它是在逃避条件作用的基础上建立的，是个体在经历过厌恶刺激的痛苦之后，学会了对预示厌恶刺激的信号做出反应，从而免受痛苦。如过马路时听到汽车喇叭声后迅速躲避，违章骑车遇到警察时赶快下车等。回避条件作用与逃避条件作用都是负强化的条件作用类型。

3. 消退

有机体做出以前曾被强化过的反应，如果在这一反应之后不再有强化物相伴，那么，此类反应在将来发生的概率便降低，称为消退。在操作性条件作用中，无论是正强化的奖赏，还是负强化的逃避与回避条件作用，其作用都在于增加某种反应在将来发生的概率，以达到塑造行为的目的，而消退则不然。消退是一种无强化的过程，其作用在于降低某种反应在将来发生的概率，以达到消除某种行为的目的。因此，消退是减少不良行为、消除坏习惯的有效方法。

4. 惩罚

当有机体做出某种反应以后，呈现一个厌恶刺激，以消除或抑制此类反应的过程，称作惩罚。惩罚与负强化有所不同，负强化是通过厌恶刺激的排除来增加反应在将来发生的概率，而惩罚则是通过厌恶刺激的呈现或愉快刺激的排除来降低反应在将来发生的概率。但是，惩罚并不能使行为发生永久性的改变，它只能暂时抑制行为，不能根除行为。因此，惩罚的运用必须慎重，惩罚一种不良行为与强化一种良好行为结合起来，方能取得预期的效果。

总之，根据操作性条件学说，在教育过程中，教师应多用正强化的手段来塑造学生的良性行为，用不予强化的方法来消除消极行为，应慎重地对待惩罚，因为惩罚只能让学生明白什么不能做，并不能让学生知道什么能做和应该怎么做。

（三）教学机器与程序教学

斯金纳认为，学习是一种行为，当主体学习时反应概率就增强，不学习时反应概率则下降。因此，他把学习定义为反应概率的变化。他根据操作性条件反射和积极强化的理论，对教学进行改革，设计了一套教学机器和程序教学方案。

教学机器是一种外形像小盒子的装置，盒内装有精密的电子和机械仪器，它的构造包括输入、输出、贮存和控制四个部分。程序教学是通过教学机器呈现程序化教材而进行自学的一种方法。它将一门课程的学习总目标分成几个单元，再将每个单元分成许多小步骤，学生在学习完一个步骤的课程后，就会获得自己的学习结果的反馈，得到及时的强化。随后进入下一步的学习，直到学习完整个单元。学习过程中学生可以根据自己的步调进行学习，逐步达到总目标。程序教学问世以来对美国、西欧、日本有较大影响，被广泛用于英语、数学、统计、地理、科学等学科的教学中。但它在策略上过于刻板，注重对教材的分析，把教材分解得支离破碎，破坏了知识的连贯性和完整性。程序教学着重于灌输知识，缺乏师生间的交流和学生间的探讨，不利于创造思维能力的培养。因此，程序教学只能作为教学的一种辅助手段。

总之，斯金纳通过严格的实验对操作性条件作用进行了细致的研究，从新的高度拓展了联结派的观点，将联结理论推向了一个新的高度。对强化的细致研究加深了人们对行为习得机制的理解，为行为的塑造和矫正提高了可信的基础。他提出的程序教学对学校教育产生了深刻的影响，为计算机辅助教学提供了理论基础。但是，其理论的主要缺点在于他试图以操作条件作用原理来解释一切学习行为，显得过于狭窄。同时，他根据对动物的强化研究得出的结论被不加区分地运用到人的学习中，忽视了人与动物的本质区别，仅关注学习的外部条件（如奖励和惩罚），对学生学习的内部机制缺乏研究。

五、班杜拉的社会学习理论

班杜拉（A.Bandura，1925—2021）是美国心理学家，社会学习理论的奠基人。班杜拉的理论将行为主义强调的外部因素与认知主义强调的内在因素相结合，建立起比较综合的社会学习理论（Social Learning Theory）。

（一）社会认知理论

1. 三元交互作用理论

该理论认为，个体（表现为信念、期望、态度、知识等内在特征）、行为（个体行为选择和言语表述）和环境（资源、行为结果、他人和物理条件）三者之间构成动态的交互决定关系（如图 2-6 所示）。因此，人的行为的变化是由个人的内在因素和外在环境因素相互作用的结果所决定的。

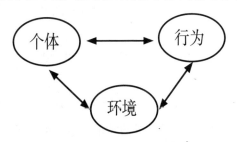

图 2-6　个体、行为与环境之间的交互决定关系

2. 参与性学习和替代性学习

社会学习理论把学习分为参与性学习和替代性学习。参与性学习是通过实际行动并体验行动后果而进行的学习，实际上就是做中学。尝试错误学习和条

件作用都属于这类学习。替代性学习是通过观察别人而进行学习。在学习过程中学习者没有外显的行为。人类的大部分学习是替代性学习，可以大大提高学习的速度，避免去经历负面影响的行为后果。例如，我们通过看教育片，了解地震的逃生办法。

（二）观察学习

班杜拉以儿童的社会行为的习得为研究对象，进行了一系列经典实验，从而提出结论——观察学习是人的学习中最重要的形式。

在经典实验中，他将被试儿童分为甲、乙两组，让两组儿童分别看一段录像，甲组儿童看到的录像内容是一个大孩子在打一个玩具娃娃，过一会儿来了一个成人，给大孩子一些糖果作为奖励。乙组儿童看的录像内容与甲组儿童不同，虽然一开始也是一个大孩子在打一个玩具娃娃，但成人出现后，打了大孩子一顿作为惩罚。看完录像后，两组儿童分别进入一间放着玩具娃娃的小屋里。结果发现，甲组儿童表现出了录像里大孩子打玩具娃娃的行为，而乙组儿童却没有表现出类似的攻击行为。

实验结果表明，奖励能使甲组儿童表现出录像中"大孩子"的行为，而惩罚则使乙组儿童避免录像中"大孩子"的行为。

实验二，班杜拉鼓励两组儿童学录像里大孩子的样子打玩具娃娃，谁学得像就给谁糖吃。结果两组儿童都争先恐后地使劲打玩具娃娃。

这说明通过看录像，两组儿童都已经学会了攻击行为。第一阶段乙组儿童之所以没有表现出攻击行为，是因为他们害怕打了以后会受到惩罚，从而暂时抑制了攻击行为，而当条件许可，他们也会像甲组儿童一样把学习到的攻击行为表现出来。

在此基础上，班杜拉详细描述了观察学习的过程，他认为观察学习包括注意、保持、动作再现和动机四个过程。

（1）注意过程。注意过程是观察学习的首要阶段，它调节着观察者对示范活动的探索和知觉。榜样和观察者的特征决定了观察学习的程度：观察者比较容易观察优秀、热门和有力的榜样。

（2）保持过程。保持过程使得学习者把瞬间的经验转变为符号概念，形成示范活动的内部表征，并加以编码和存储。

（3）动作再现过程。观察者将头脑中有关榜样情境的表象和符号概念转化为外显的行动。

（4）动机过程。习得的行为不一定都会表现出来，人的行为受行为的结果因素与先行因素的影响。行为的结果因素就是通常所说的强化。班杜拉将强化分为三种：直接强化、替代强化和自我强化。直接强化指观察者直接表现出被观察行为而受到的强化。替代强化是指观察者看到榜样行为受到强化，如同自己采取同样的行为受到强化的倾向。自我强化是个体的行为符合某一个标准时，他对自己的行为进行自我奖励。

总之，社会学习理论关于学习的观点是个体通过对他人行为及其强化结果的观察，从而获得某些新的行为反应，或者对已有行为进行修正。观察学习在人类的学习中具有重要作用，它突破了直接经验的限制，使学习随时随地进行。其中，观察学习对我们进行社会规范教育和培养良好的道德品质具有一定意义，教育工作者为学生提供良好行为的榜样，引导学生学习和保持榜样行为，并为良好的行为提供及时的奖励，对错误行为给予批评和教育。但是班杜拉的社会学习理论基本上是行为主义的，偏重人的行为的研究，没有给认知因素以应有的地位。

第三节　认知主义学习理论

一、格式塔的完形−顿悟说

完形−顿悟说是格式塔心理学派提出的一种学习理论。格式塔心理学家认为，学习并非形成刺激−反应的联结，而是通过主动积极的组织作用形成与情境一致的新的完形，是一个顿悟的过程。主要代表人物有韦特海默（M.Wertheimer）、苛勒（W.KÖhler）和考夫卡（K.Koffka）等。

（一）苛勒的经典实验

德国心理学家苛勒在1913—1917年间，对黑猩猩的问题解决行为进行了一系列的实验研究，从而提出了与尝试−错误学习理论相对立的完形−顿悟说。

苛勒的实验主要有两个系列：箱子问题与棒子问题。

在箱子系列实验中（见图2-7A），苛勒把黑猩猩置于放有箱子的笼子里，笼子顶悬挂香蕉。复杂的问题情境需要黑猩猩将几个箱子叠起，方可够到香蕉。当黑猩猩1看到笼子顶上的香蕉时，它最初的反应是用手去够，但够不着，只得坐在箱子1上休息，但毫无利用箱子的意思。后来，当黑猩猩2从原来躺卧的箱子2上走开时，黑猩猩1看到了这只箱子，并把这只箱子移到香蕉底下，站在箱子上伸手去取香蕉，但由于不够高，仍够不着，它只得坐在箱子2上休息。突然间，黑猩猩1跃起，搬起自己曾坐过的箱子1，并将它叠放在箱子2上，然后迅速登箱取得了香蕉。

在复杂的棒子问题情境中（见图2-7B），最初只见黑猩猩一会儿用小棒、一会儿用大棒来回试着拨香蕉，但怎么也拨不着。它只得把两根棒拿在手里飞舞着。突然，它无意之中把小棒的末端插入了大棒，使两根棒连成了一根长棒，并马上用它拨到了香蕉。黑猩猩为自己的这一"创造发明"而高兴，并不断地重复这一接棒拨香蕉的动作。在第二天重复这一实验时，苛勒发现黑猩猩很快就能把两根棒连起来取得香蕉，而没有漫无目的地尝试。

A 箱子问题　　　　　　　　　　　　B 棒子问题

图2-7　黑猩猩问题解决实验

（二）完形-顿悟说的基本内容

1.学习是通过顿悟过程实现的

顿悟是对目标和达到目标的手段、途径之间关系的理解，而不是动作的累积或盲目的尝试。顿悟虽然常常出现在若干尝试与错误的学习之后，但不是桑代克所说的那种盲目的、胡乱的冲撞，而是在做出外显反应之前，在头脑中要进行一番类似于"验证假说"的思索。

2.学习的实质是在主体内部构造完形

完形是一种心理结构，它是在机能上相互联系和相互作用的整体结构，是对事物关系的认知。柯勒认为，学习过程中问题的解决，都是由于对情境中事物关系的理解而构成的一种"完形"来实现的。例如，在黑猩猩接棒取物的实验中，黑猩猩往往先看一看目的物，考虑到所要达到的目的，再开始接棒取物。它的行为是针对食物（目标），而不仅是针对棒子（手段和工具）的。这意味着，动物领会了食物（目标）和棒子（工具）之间的关系，才产生了接棒取物的动作。由此可见，学习的过程就是一个不断地进行结构重组、不断地构建完形的过程。

完形-顿悟说作为一个最早的认知性学习理论，肯定了主体的能动作用，强调了心理所具有的组织功能，把学习视为个体主动构造完形的过程，强调观察、顿悟和理解等认知功能在学习中的重要作用，这对反对当时行为主义学习论的机械性和片面性具有重要意义。但是，苛勒的顿悟学习与桑代克的尝试-错误学习并不是互相排斥和绝对对立的。尝试-错误往往是顿悟的前奏，顿悟则是练习到某种程度时出现的结果。尝试-错误和顿悟在人类学习中均极为常见，它们是两种不同方式、不同阶段或不同水平的学习类型。一般来说，解决简单的、主体已有经验可循的问题时，往往不需要进行反复的尝试-错误；而对于复杂的、创造性的问题解决，大多需要经过尝试-错误的过程，方能产生顿悟。

二、布鲁纳的认知结构论

布鲁纳（J.S.Bruner）是一位在西方教育界和心理学界都享有盛誉的学者。他主张学习的目的在于以发现学习的方式，使学科的基本结构转变为学生头脑中的认知结构。因此，他的理论常被称为认知结构论或认知发现说。

（一）学习的实质是主动地形成认知结构

布鲁纳认为，学习的本质不是被动地形成刺激-反应的联结，而是主动地形成认知结构。认知结构是反映事物之间稳定联系的内部认知系统，是用来感知和概括新事物的一般方式。它是在经验的基础上形成的，并在学习过程中不断变动。认知结构一经建立，就成为学生进一步学习的重要的内部因素。它是理解新知识的基础，也是对新的信息进行加工的依据。布鲁纳强调，学习的过程实际上是人们利用已有的认知结构，对新的知识经验进行加工改造并形成新的认知结构的过程。在学习中，新的知识经验不是纳入原有的认知结构（同化），就是引起原有的认知结构的改组（顺应），从而产生新的认知结构。这个过程不是被动地产生的，而是一种积极主动的过程。

（二）学习包括获得、转化和评价三个过程

布鲁纳认为，学生不是被动的知识接受者，而是积极的信息加工者。学生的学习包括三个几乎同时发生的过程：（1）新知识的获得；（2）新知识的转化；（3）评价。

所谓新知识是指与已往所知道的知识不同的知识，或者是已往知识的另一种表现方式。新知识的获得过程是它与已有的知识发生联系的相互作用的过程，是主动地接受和理解的过程。新知识的转化是对它的进一步加工，使之成为认知结构的有机构成部分并适应新的任务的过程。评价是指对新知识的一种检验与核对，看自己的理解与概括是否正确，能不能正确地应用。简而言之，学生的学习认知过程就是对新知识的获得、转化和评价三个几乎同时发生的过程。

（三）教学目的在于理解各门学科的基本结构

布鲁纳认为，任何知识都可以用一种简单明了的形式呈现出来，使每个学生都能理解。任何一门学科也都有它的基本知识结构。学生学习的主要任务是掌握该门学科基本的知识结构，在头脑中形成相应的知识体系或编码系统。他指出，教学不能逐个地教给学生每个事物，最重要的是使学生获得一套概括了的基本原理或思想。这些原理或思想构成了理解事物的最佳认知结构。教学的任务就在于让学生形成这种认知结构。为此，在教学活动中必须把各门学科的基本结构的学习放在中心地位上。无论是教材的编写，还是教学活动的进行，都应侧重于让学生掌握一门学科的基本结构。

（四）掌握学科基本结构的教学原则

布鲁纳认为，要掌握学科基本结构，就要遵循以下教学原则：

1. 动机原则

布鲁纳认为几乎所有学生都具有内在的学习愿望，内部动机是维持学习的基本动力。学生具有三种最基本的内在动机，即好奇内驱力（求知欲）、胜任内驱力（成功的欲望）和互惠内驱力（人与人之间和睦共处的需要）。教师如能善于促进并调节学生的探究活动，便可激发他们的这些内在动机，有效地达到预定的学习目标。

2. 结构原则

任何知识结构都可以用动作、图像和符号三种形式来呈现。动作形式是借助动作进行学习，无须语言的帮助；图像形式是借助图像进行学习，以感知材料为基础；符号形式是借助语言进行学习，经验一旦转化为语言，逻辑推导便能进行。教师究竟选用哪一种呈现方式为好，则视学生的年龄、知识背景和学科性质而定。

3. 程序原则

教学就是引导学生有条不紊地陈述一个问题或大量知识的结构，以提高他们对所学知识的掌握、转化和迁移的能力。通常每门学科都存在着各种不同的程序，它们对学生来说，有难有易，不存在对所有学生都适用的唯一程序。

4. 强化原则

教学规定适合的强化时间和步调是学习成功的重要一环。知道结果应恰好在学生评估自己作业的那个时刻。知道结果过早，易使学生慌乱，从而阻挠其探究活动的进行；知道结果太晚，易使学生失去受帮助的机会，甚至有可能接受不了正确的信息。

（五）提倡发现法教学

发现法是指设置一定的学习情境，让学生主动地探究和发现事物的特性、原理和原则的教学方法。布鲁纳说：“无论在哪里，在知识的最前哨也好，在三年级的教室也好，智力的活动都相同。一位科学家在他的书桌前或实验室里所做的，一位文学家、评论家在读一首诗时所做的，正像从事类似活动而想要获得理解的任何其他人所做的一样，都属于同一类活动。其间的差别仅在程度上，而不在性质上。”因此，对学习物理知识的小学生来说，他们和物理学家的认识活动的性质是相同的。如果能像物理学家的认识活动那样来学习物理学，会容易一些。物理学家能够发现的规律，学生也可以用同样的方法获得。他认为，发现不限于寻求人类尚未知晓的事物，也包括用自己的头脑亲自获得知识的一切方法。

布鲁纳认为，发现法有以下特征：

（1）强调学生不是被动的、消极的知识的接受者，而是主动的、积极的知识的探究者。在教学过程中，教师的作用是要形成一种学生能够独立探究的领域，让学生试着做，边做边想，而不是提供现成的知识。

（2）强调直觉思维在学生学习中的重要性。布鲁纳认为，直觉思维是采用跃进和走捷径的方式来进行的，其本质是映象或图像性的，一般不靠言语信息。小学生的学习需要也有可能使用直觉思维，所不同的只是问题的程度不同，但问题的性质与科学家面临的问题性质是一样的。教师要帮助学生在探究活动中形成丰富的表象，防止过早语言化。

（3）重视形成学生的内部学习动机，或把外部动机转化成内部学习动机。布鲁纳认为好奇心是"学生内部动机的原型"。

（4）强调信息提取。布鲁纳认为，人类记忆的首要问题不是贮存，而是提取。提取信息的关键在于如何组织信息，知道信息贮存在哪里和怎样才能提取信息，所以学生如何组织信息，对提取信息有很大的影响。而学生亲自参与发现事物的活动，必然会用某种方式对它们加以组织，从而对记忆具有最好的效果。

三、奥苏贝尔的有意义接受学习论

奥苏贝尔（D.P.Ausubel）是美国认知教育心理学家，他在教育心理学中最重要的贡献是对有意义学习的描述。

（一）学习的分类

奥苏贝尔根据学习进行的方式把学习分为接受学习和发现学习，又根据学习材料与学习者原有知识结构的关系把学习分为机械学习和有意义学习。奥苏贝尔认为学生的学习主要是有意义的接受学习。

（二）有意义学习

奥苏贝尔提出，有意义学习过程的实质，就是符号所代表的新知识与学习者认知结构中已有的适当观念建立非人为的和实质性的联系。

1.有意义学习的标准

要判断学生的学习是有意义的还是机械的，就必须了解符号所代表的新知识与学习者认知结构中原有的观念的联系（简称为"新旧知识的联系"）的性质。新旧知识联系的性质既受学习者原有的知识背景的影响，也受要学习的材料本身的性质的制约。

有意义学习必须具备的第一条标准是，新的符号或其代表的观念与学习者认知结构中的有关观念具有实质性联系。所谓实质性联系，指新的符号或其代表的观念与学习者认知结构中已有的表象、已经有意义的符号、概念或命题的联系。第二条标准是新旧知识的非人为的联系，即新知识与认知结构中有关观念在某种合理的或逻辑基础上的联系。等边三角形概念与儿童认知结构中的一般三角形概念的关系不是人为的，它符合一般与特殊的关系。

无意义音节和配对形容词只能机械学习，因为这样的材料不可能与人的认知结构中的任何已有观念建立实质性联系，必须在逐个字母或项目之间建立联系。这样的学习完全是机械学习。在获得数概念前的幼儿，凭借他们发展较快的机械记忆能力，可以将乘法口诀表背熟，倘若从中抽出一句问他们，他们将不知所云，这也是机械学习。一切机械学习都不具备上述有意义学习的两条标准。

2. 有意义学习的条件

有意义学习的产生既受学习材料性质的影响，也受学习者自身因素的影响。

有意义学习的材料本身必须合乎这种非人为的和实质性的标准，也就是说，学习材料具有逻辑意义。这种逻辑意义指的是材料本身与人类学习能力范围内的有关观念可以建立非人为的和实质性的联系。有意义学习还受学习者自身因素的影响。首先，学习者必须具有有意义学习的心向。有意义学习的心向，是指学习者积极主动地把符号所代表的新知识与学习者认知结构中原有的适当知识加以联系的倾向性。其次，学习者认知结构中必须具有适当的知识，以便与新知识进行联系。最后，学习者必须积极主动地使这种具有潜在意义的新知识与认知结构中有关的旧知识发生相互作用，结果，旧知识得到改造，新知识就获得了实际意义。

3. 有意义学习的类型

有意义学习可分为三种类型：表征学习、概念学习和命题学习。

（1）表征学习

表征学习是学习单个符号或一组符号的意义。表征学习的主要内容是词汇学习，即学习单词代表什么。学习的心理机制是符号和它们所代表的事物或观念在学习者的认知结构中建立了相应的关系。例如"狗"这个符号，一开始对儿童来说是完全无意义的，在儿童同狗打交道的过程中，儿童的长辈或其他年长儿童多次指着狗（实物）说"狗"，儿童逐渐学会用"狗"（语音）代表他们实际见到的狗。对儿童来说，"狗"这个声音符号就获得了意义，也就是说，"狗"这个声音符号引起的认知内容和实际的狗所引起的认知内容是大致相同的，同为狗的表象。

（2）概念学习

概念学习，实质上是掌握同类事物的共同的关键特征。例如学习"三角形"这一概念，就是掌握三角形有三个角和三条相连接的边这样两个关键特征，而与三角形的大小、形状、颜色等特征无关。如果"三角形"这个符号对某个学习者来说，已经具有这种一般意义，那么它就成了一个概念，成了代表概念的名词。同类事物的关键特征可以由学习者从大量的同类事物的不同例证中独立发现，这种获得概念的方式叫概念形成。也可以用定义的方式直接向学习者呈现，学习者利用认知结构中原有的有关概念理解新概念，这种获得概念的方式叫概念同化。

（3）命题学习

命题是以句子的形式表达的，可以分为两类：一类是非概括性命题，只表示两个或两个以上的特殊事物之间的关系，如"北京是中国的首都"。这个句子里的"北京"代表特殊城市，"中国的首都"也是一个特殊对象的名称。这个命题只陈述了一个具体事实。另一类命题表示若干一般事物或性质之间的关系，这类命题叫概括性命题，是学习若干概念之间的关系。如"圆的直径是它的半径的两倍"。这里的"圆""直径"和"半径"可以代表任何圆及其直径和半径，这里的倍数关系是普遍的关系。在命题学习中也包含了表征学习。如果学生对一个命题中的有关概念没有掌握，他就不可能理解这一命题。命题学习必须以概念学习为前提。

（三）接受学习

1. 接受学习的界定

接受学习是指在教师的指导下，学习者接受事物意义的学习。接受学习是课堂学习的主要形式。奥苏贝尔认为，接受学习适合于年龄较大、有较丰富的知识和经验的人。在接受学习中，所要学习的内容大多是现成的、已有定论的、科学的基础知识，包括一些抽象的概念、命题、规则等，通过教科书或老师的讲述，用定义的方式，直接向学习者呈现。

学习者接受知识的心理过程表现为：首先，在认知结构中找到能理解新知识的原有的知识和观念；其次，找到新知识与认知结构中起固定点作用的观念之间的相同点；最后，找到新旧知识的不同点，使新旧知识之间形成明显的、清晰的区别，并在积极的思维活动中融会贯通，使知识不断分化、系统化。

2.先行组织者

奥苏贝尔认为，影响接受学习的关键因素是认知结构中适当的起固定作用的观念的可利用性。当认知结构中没有可以利用的起固定作用的观念时，他提出了"先行组织者"的教学策略。先行组织者是指先于学习任务本身呈现的一种引导性材料，它的抽象、概括和综合水平高于学习任务，并且与认知结构中原有的观念和新的学习任务相关联。其目的是为新的学习任务提供观念上的固着点，增加新旧知识之间的可辨别性，以促进学习的迁移。先行组织者有两个特点：（1）先于新的学习任务而呈现。（2）比新的学习材料抽象。例如，学习"浮力"之前让学生知道"力"的概念，"力"的概念就是学生学习"浮力"概念的先行组织者；学习"蚂蚁"之前先让学生学习"昆虫的基本特征"，"昆虫"概念就是学生学习"蚂蚁"概念的先行组织者。

奥苏贝尔把先行组织者分为两类：陈述性组织者和比较性组织者。当学生面对新的学习任务时，倘若其认知结构中缺乏适当的上位观念可以用来同化新知识，则可设计一个概括和包容水平高于学习的新材料的组织者，让学生先学习这一组织者，以便获得一个可以同化新知识的认知框架。这样的组织者被称为陈述性组织者。设计陈述性组织者的目的是使学生用此组织者同化新知识，使新知识顺利、快速地进入学生的认知结构。当学生面对新的学习任务时，倘若其认知结构中已经有了同化新知识的适当的概念，但原有的概念不清楚或不巩固，学生难以应用，或者他们对新旧知识间关系辨别不清，则可设计一个指出新旧知识异同的组织者，这样的组织者被称为比较性组织者。设计比较性组织者的目的是使学生的观念与认知结构中相似的观念相结合，辨别新旧观念的异同，防止由于新旧观念的相似而造成混乱。

四、加涅的信息加工学习理论

加涅认为，学习的模式是用来说明学习的结构与过程的，它对于理解教学和教学过程以及如何安排教学事件具有极大的应用意义。他提出了影响深远的学习的信息加工模式，如图 2-8 所示。

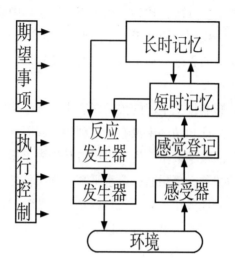

图 2-8　学习的信息加工模式

1. 信息流

从图 2-8 中，我们可以看到信息从一个假设的结构流到另一个假设结构中去的过程。首先，学生从环境中接受刺激，刺激推动感受器，并转变为神经信息。这个信息进入感觉登记，这是非常短暂的记忆储存，一般在百分之几秒内就可把来自各感受器的信息登记完毕。有些部分登记了，其余部分很快就消逝了，这涉及注意或选择性知觉的问题。被登记的信息很快进入短时记忆，信息在这里可以持续二三十秒。短时记忆的容量很有限，一般只能储存 7 个左右的信息项目。一旦超过了这个数目，新的信息进来，就会把部分原有信息赶走。如果想要保持信息，就得采取复述的策略。但复述只能有利于保持信息以便进行编码，并不能增加短时记忆的容量。从短时记忆进入长时记忆时，信息发生了关键性转变，即要经过编码过程。所谓编码，不是把有关信息收集在一起，而是用各种方式把信息组织起来。信息是经编码形式储存在长时记忆中的。一般认为，长时记忆是个永久性的信息储存库。当需要使用信息时，经过检索提取信息。被提取出来的信息可以直接通向反应发生器，从而产生反应，也可以再回到短时记忆，对该信息的合适性做进一步的考虑，结果可能是进一步寻找信息，也可能是通过反应发生器做出反应。

2. 控制结构

除信息流外，在图 2-8 所示的学习的信息加工模式中，还包含着期望事项与执行控制。期望事项是指学习者期望达到的目标，即学习的动机。正是因为学习者对学习有某种期望，教师给予的反馈才会具有强化作用。换言之，反馈之所以有效，是因为反馈能肯定学习者的期望。执行控制即加涅学习分类中的认知策略，执行控制过程决定哪些信息从感觉登记进入短时记忆，如何进行编码、采用何种提取策略等。由此可见，期望事项与执行控制在信息加工过程中起着极为重要的作用。

第四节　人本主义学习理论

人本主义学习理论是建立在人本主义心理学的基础之上的。对人本主义学习理论产生深远影响的有两个著名的心理学家，分别是美国心理学家马斯洛（A.Maslow）和罗杰斯（C.R.Rogers）。

一、人本主义学习理论的主要观点

（一）学习与教育的结果

在学习结果上，人本主义心理学家认为，学习的目的和结果是使学生成为一个完善的人，一个充分起作用的人，也就是使学生的整体人格得到发展。人本主义心理学家认为，当代最有用的学习是学习过程的学习，即让学习者"学习如何学习"，而学习的内容是次要的。因此人本主义提出，教育的目标应该是以学习者为中心，以使学生的个性得到发展，潜能得到发挥，从而使他们能够更加愉快地、创造性地学习和工作。

（二）学习的分类

人本主义心理学家罗杰斯根据学习对学习者的个人意义，将学习分为无意义学习和有意义学习两大类。罗杰斯认为，无意义学习类似于心理学上的无意义音节的学习。在他看来，所谓无意义学习，就是指所学的材料是没有个人意义的，不涉及情感，与完整的人无关，仅涉及经验积累和知识增长。这类学习只涉及心智，是一种"在颈部以上"（from the neck up）发生的学习。而有意义学习（significant learning）则是指一种使个体的行为、态度、个性以及在未来选择行动方针时发生重大变化的学习，它涉及学习者成为完整的人。这种学习不仅是一种增长知识的学习，而且是一种与个体每个部分经验都融合在一起的，使个体全身心投入其中的学习。在这里，我们必须注意罗杰斯的有意义学习（significant learning）和奥苏贝尔的有意义学习（meaningful learning）的区别。前者关注的是学习内容与个人之间的关系，而后者则强调新旧知识之间的联系，它只涉及理智，不涉及个人意义。

对于有意义学习，罗杰斯认为主要具有四个特征：（1）全神贯注：整个人的认知和情感均投入学习活动之中；（2）自动自发：学习者由于内在的愿望主动去探索、发现和了解事件的意义；（3）全面发展：学习者的行为、态度、人格等获得全面发展；（4）自我评估：学习者自己评估自己的学习需求、学习目标是否完成等。因此，学习能对学习者产生意义，并能纳入学习者的经验系统之中。

（三）促进有意义学习的条件

人本主义心理学家提出了促进有意义学习的基本条件：（1）强调以学习者为中心，突出学习者在教学过程中的中心地位。（2）让学习者觉察到学习的内容与自我的关系。（3）让学习者身处一个和谐、融洽、被人关爱和理解的氛围之中，并且将这种气氛逐步扩大到学习者之间。（4）强调要注重从做中学。人本主义学习理论认为，大多数有意义学习是从做中学的，学习者在切身体验中学会解决问题，这是促进学习的最有效的方式之一。

二、人本主义学习理论在教育中的应用

人本主义学习理论在教育过程中的实践和运用主要表现在教育观念的更新和具体教学模式上。

（一）人本主义理论在教育观念上的更新

1. 教学的根本目标在于促进人的全面发展

罗杰斯的教育理想是要培养"躯体、心智、情感、精神、心力融会一体"的人，也就是既用情感的方式也用认知的方式行事的情知合一的人。要最终实现这一教育理想，就要"促进变化和学习，培养能够适应变化和知道如何学习的人"。

2. 教学过程应强调学生的自由发展

人本主义强调教学的目标在于促进学习，在好奇心的驱使下，任何学生自觉吸收有趣和需要的知识。人本主义学习理论中，学习过程就是教师和学生两个完整精神世界互相沟通理解的过程。学生是教学活动的核心。

3. 教学的基本原则是真诚、信任和理解

罗杰斯对教师提出了三条基本要求，以使学生在自由发展中自我实现：（1）以真诚的态度对待学生，要坦诚相待。（2）给学生充分的信任，相信他们的潜能。（3）尊重和理解学生的内心世界。教师只有理解并尊重学生，才能使他们增强学习的自信心，充分发挥自我的潜能。

4. 教学方法强调非指导性的原则

人本主义主张一个称职的教师应该能使他的学生不依赖他的指导而独立学习。罗杰斯认为教师的全部责任就是帮助学生理解经常变化着的环境和自己，最大限度地发挥自己的潜能。

（二）基于人本主义的课堂教学模式

1. 以题目为中心的课堂讨论模式

这是由群体心理治疗专家科恩（R.C.Cohn）于1969年创建的。他将人本主义提出的心理治疗方法应用于学校教育，从而形成了一种人本主义心理学的教育模式。这种模式要求教师提出有利于促进课堂讨论的课题，找到讨论的课题与群体中正在发生的问题的接触点，教师要善于运用各种方式，以促进课堂讨论，并且在教学中教师要体现一种真正的人本主义的能力。而且，该模式允许学生在任何时候进行讨论，允许学生讨论时离题。

2. 开放教室的教学模式

开放教室的教学设计是一种适用于小学阶段的人本主义教学模式。所谓开放教室（open classroom），也称开放教育（open education），最先流行于英国，后又受到美国教育界的重视，并在美国学校里得到了普遍的应用。开放教室的典型特点是无拘无束、不拘形式。在实施开放教室的学校里，学生可以自选学习地点、学习材料以及学习方法等。学习的过程完全由学生自己主导。学生可以做他想做的事，如和其他同学散步或交谈，或去喂养关在笼子里的小动物；可以学他想学的科目，如绘画、编织、写作及阅读等。在开放的教室内，学生没有固定的课桌和座位，因此他们不需要把自己限制在某个课堂或中心区域，学生按照其能力、需求、兴趣自由地从事能激发他们兴趣的活动以及进行自由组合，共同探索某一问题，寻找所需要的资料。上课铃也不是一个活动的分界线，即使在铃响过之后，大多数学生仍然可以继续他们的活动。休息时间也是如此，在休息时间里学生可从事任何他希望从事的活动。该模式破除了固定课本教学，采用生活化、多样性的教材，并且配合学生的个别差异，设置教学情景，使每个学生都能够按照各自的需求与目的进行学习。

3. 自由学习的教学模式

自由学习模式是一种更为自由的教学模式。罗杰斯认为自由学习模式更为适合大学的教学。该模式要求学生积极参与决定学习的内容与授课的方式，如他们可以决定自己希望授课的形式、时间、主题、讲授材料等。教师要求学生提出他们希望的授课方式与希望学习的内容。学生学习的内容可从不同的信息源或采用不同的方式获得，而使用哪种方式以及从哪种信息源获得知识，完全由学生自己决定。

第五节　建构主义学习理论

一、建构主义的起源与发展

建构主义心理学被视为"教育心理学的一场革命"，兴起于 20 世纪 80 年代，是心理学发展史中从行为主义发展到认知主义后的进一步发展。建构主义源自关于儿童认知发展的理论，由于个体的认知发展与学习过程密切相关，因此利用建构主义可以比较好地说明人类学习过程的认知规律，即能较好地说明学习如何发生、意义如何建构、概念如何形成，以及理想的学习环境应包含哪些主要因素等。

一般认为，建构主义观点是由瑞士心理学家让·皮亚杰于 1966 年提出的，他创立的学派被称为"皮亚杰派"，是认知发展领域中最有影响的学派。现代建构主义的直接先驱是皮亚杰和维果茨基的智力发展理论。皮亚杰在 1970 年发表了《发生认识论原理》，其中主要研究知识的形成和发展。他从认识的发生和发展这一角度对儿童心理进行了系统、深入的研究，提出了认识是一种以主体已有的知识和经验为基础的主动建构，这正是建构主义观点的核心所在。维果茨基强调学习者的社会文化历史背景的作用，提出了"最近发展区"的重要概念；科尔伯格在认知结构的性质与认知结构的发展条件等方面做了进一步的研究；斯腾伯格和卡茨等人则强调了个体的主动性在建构认知结构过程中的关键作用，并对认知过程中如何发挥个体的主动性做了认真的探索。所有这些研究都使建构主义理论得到了进一步的丰富和完善。

二、当今建构主义学习理论的基本观点

（一）知识观

建构主义强调，知识不是对现实的纯粹客观的反映，任何一种传载知识的符号系统也不是绝对真实的表征。知识只不过是人们对客观世界的一种解释、假设或假说，它不是问题的最终答案，它必将随着人们认识程度的深入而不断地变革、升华和改写，出现新的解释和假设。知识并不能绝对准确无误地概括世界的法则，提供对任何活动或问题解决都适用的方法。在具体的问题解决中，知识是不可能一用就准、一用就灵的，而是需要针对具体问题的情境对原有知识进行再加工和再创造。另外，建构主义认为，知识不可能以实体的形式存在于个体之外，尽管通过语言赋予了知识一定的外在形式，并且获得了较为普通的认同，但这并不意味着学习者对这种知识有同样的理解。真正的理解只能由学习者自身基于自己的经验背景而建构起来，取决于特定情境下的学习活动过程。否则，就不叫理解，而是叫死记硬背或生吞活剥，是被动的复制式的学习。

建构主义的知识观对传统课程和教学理论提出了巨大挑战。根据建构主义理论，课本知识只是一种关于某种现象的较为可靠的解释或假设，并不是解释现实世界的"绝对参照"。某一社会发展阶段的科学知识固然包含真理，但是并不意味着终极答案，随着社会的发展，肯定还会有更真实的解释。更为重要的是，任何知识在为个体接收之前，对个体来说是没有什么意义的，也无权威性可言。所以，教学不能把知识作为预先决定了的东西教给学生，不要以我们对知识的理解方式来作为让学生接收的理由，用社会性的权威去压服学生。学生对知识的接收，只能由他们自己来建构完成，以他们自己的经验为背景，来分析知识的合理性。在学习过程中，学生不仅理解新知识，而且对新知识进行分析、检验和批判。

（二）学习观

建构主义者认为，对世界的理解和赋予意义是由每个人自己决定的。我们是以自己的经验为基础来建构现实，或者至少说是在解释现实，每个人的经验世界是用我们每个人自己的头脑创建的，由于我们的经验以及对经验的信念不同，于是我们对外部世界的理解便也迥异。所以，学习不是由教师把知识简单地传递给学生，而是由学生自己建构知识的过程。学生不是简单被动地接收信息，而是主动地建构知识的意义，这种建构是无法由他人来代替的。

学习过程同时包含两方面的建构：一方面是对新信息的意义的建构，另一方面又包含对原有经验的改造和重组。这与皮亚杰关于通过同化与顺应而实现的双向建构的过程是一致的。只是建构主义者更重视后一种建构，强调学习者在学习过程中并不是发展起供日后提取出来以指导活动的图式或命题网络；相反，他们形成的对概念的理解是丰富的、有着经验背景的，从而在面临新的情境时，能够灵活地建构起用于指导活动的图式。

任何学科的学习和理解都不像在白纸上画画，学习总要涉及学习者原有的认知结构，学习者总是以其自身的经验，包括正规学习前的非正规学习和科学概念学习前的日常概念，来理解和建构新的知识和信息。即学习不是被动接收信息刺激，而是主动地建构意义，是根据自己的经验背景，对外部信息进行主动的选择、加工和处理，从而获得自己的意义。外部信息本身没有什么意义，意义是学习者通过新旧知识经验间的反复的、双向的相互作用过程而建构成的。因此，学习不是像行为主义所描述的"刺激-反应"那样。学习意义的获得，是每个学习者以自己原有的知识经验为基础，对新信息重新认识和编码，建构自己的理解。在这一过程中，学习者原有的知识经验因为新知识经验的进入而发生调整和改变。所以，建构主义者关注如何以原有的经验、心理结构和信念为基础来建构知识。

（三）学生观

建构主义强调，学习者并不是空着脑袋进入学习情境的。在日常生活和以往各种形式的学习中，他们已经形成了有关的知识经验，他们对任何事情都有自己的看法。即使有些问题他们从来没有接触过，没有现成的经验可以借鉴，但是当问题呈现在他们面前时，他们还是会基于以往的经验，依靠他们的认知能力形成对问题的解释，提出他们的假设。总之，学生是学习信息加工的主体，是意义建构的主动者，而不是知识的被动接收者和被灌输的对象。

（四）教学观

教学不能无视学习者的已有知识经验，简单强硬地从外部对学习者实施知识的"填灌"，而应当把学习者原有的知识经验作为新知识的生长点，引导学习者从原有的知识经验中生长新的知识经验。教学不是知识的传递，而是知识的处理和转换。教师应该重视学生自己对各种现象的理解，倾听他们时下的看法，思考他们这些想法的由来，并以此为据，引导学生丰富或调整自己的解释。教学应在教师指导下以学习者为中心，当然，强调学习者的主体作用，也不能忽视教师的引导作用。教师从传统的传递知识的权威者转变为学生学习的辅导者，成为学生学习的高级伙伴或合作者。教师是意义建构的帮助者、促进者，而不是知识的提供者和灌输者。简言之，教师是教学的引导者，监控学习和探索的责任也由教师为主转向学生为主，最终要使学生达到独立学习的程度。

三、建构主义的几种主要教学模式

（一）支架式教学（Scaffolding Instruction）

建构主义者认为，教师应当为学习者建构对知识的理解提供一种概念框架。这种框架中的概念是为发展学习者对问题的进一步理解所需要的，为此，事先要把复杂的学习任务加以分解，以便把学习者的理解逐步引向深入。

支架原本指建筑行业中使用的脚手架，在这里用来形象地描述一种教学方式：儿童被看作是一座建筑，儿童的学是在不断地、积极地建构着自身的过程，而教师的教则是一个必要的脚手架，支持儿童不断地建构自己，不断建造新的能力。支架式教学是以苏联著名心理学家维果茨基的"最近发展区"理论为依据的。维果茨基认为，在测定儿童智力发展时，应至少确定儿童的两种发展水平：一是儿童现有的发展水平，另一种是潜在的发展水平。这两种水平之间的区域称为"最近发展区"。教学应从儿童潜在的发展水平开始，不断创造新的"最近发展区"。支架教学中的"支架"应根据学生的"最近发展区"来建立，通过支架作用不停地将学生的智力从一个水平引导到另一个更高的水平。

（二）抛锚式教学（Anchored Instruction）

这种教学要求建立在有感染力的真实事件或真实问题的基础上。确定这类真实事件或问题被形象地比喻为"抛锚"，因为一旦这类事件或问题被确定了，整个教学内容和教学进程也就被确定了（就像轮船被锚固定一样）。建构主义者认为，学习者要想完成对所学知识的意义建构，即达到对该知识所反映事物的性质、规律以及该事物与其他事物之间联系的深刻理解，最好的办法是让学习者到现实世界的真实环境中去感受、去体验（通过获取直接经验来学习），而不是仅仅聆听别人（如教师）关于这种经验的介绍和讲解。由于抛锚式教学要以真实事例或问题为基础（作为"锚"），所以有时也被称为"情境性教学"或"实例式教学"或"基于问题的教学"。

（三）随机进入教学（Random Access Instruction）

由于事物的复杂性和问题的多面性，要做到对事物内在性质和事物之间相互联系的全面了解和掌握，即真正达到对所学知识的全面而深刻的意义建构是很困难的。从不同的角度考虑往往可以得出不同的理解。为克服这方面的弊病，在教学中就要注意对同一教学内容，要在不同的时间、情境下，为不同的教学目的、用不同的方式加以呈现。换句话说，学习者可以随意通过不同途径、不同方式进入同样教学内容的学习，从而获得对同一事物或同一问题的多方面的认识与理解，这就是所谓的"随机进入教学"。显然，学习者通过多次进入同一教学内容将能达到对该知识内容比较全面而深入的掌握。这种多次进入，绝不是像传统教学那样，只是为巩固一般的知识、技能而实施的简单重复。这里的每次进入都有不同的学习目的，都有不同的问题侧重点。因此多次进入的结果，绝不仅仅是对同一知识内容的简单重复和巩固，而是使学习者获得对事物全貌的理解与认识上的飞跃。

第三章　学习动机

第一节　学习动机概述

　　人的活动一般总是由一定的动机所激发，并指向一定的目的。学习动机在学习活动中的意义是很大的，古今中外不少教育家和心理学家都对它特别重视。那么，什么是学习动机？它与学习目的的关系如何？有哪几种主要的学习动机理论可资借鉴？学习动机有哪些重要的变化规律？怎样激发、转化和维持学习动机？

一、动机与学习动机

　　为了说明学习动机的含义，先明确一下动机的性质是必要的。

　　动机是以内驱力和诱因为必要条件而存在的。有机体的内驱力可以分为生理和社会的两种。生理的内驱力，如饥渴、困倦等，亦可称为第一级水平的内驱力；社会的内驱力，如认可、从属等，亦可称为第二级水平的内驱力。无论哪一种内驱力都与需要密切联系，都是引起有机体活动的激活状态。但需要和内驱力并非同一状态，内驱力是当需要缺失时有机体内部所产生的一种能量或冲动，以激励和组织行为去获得需要的满足。

　　人的动机不仅可由内部因素来激发，也可由外在刺激来引起，而所有能引起个体动机的外部刺激（或情境），就特别称之为诱因。诱因按其性质可分两种：凡是驱使个体趋向或接近目标者，称为正诱因；凡是驱使个体逃离或回避目标者，称为负诱因。从方法的角度，又可以把诱因分为三种，即理智的诱因，它通过调动理智而引起学习动机，如目标与反馈；情绪的诱因，它通过激发情绪而引起学习动机，如表扬与批评；社会的诱因，它通过唤起社会刺激而引发学习动机，个人竞赛与团体竞赛、期望与评价等即属于此类。诱因和内驱力是紧密联系的，一般来说，如果没有无内驱力的诱因存在，就没有无诱因的内驱力存在。可以先有内驱力而后选择行动目标，也可以先有诱因诱发出需要，然后唤起内驱力。由此可见，在现实生活中，人们的行为及其动机常常是由内驱力与诱因的相互作用来决定的。

我们可以把学习动机解说为激发个体进行学习活动、维持已引起的学习活动，并导致行为朝向一定的学习目标的一种内在过程或内部心理状态。

学习动机与学习活动可以相互激发、相互加强。当学生缺乏学习动机时，可以先组织他们开展学习活动，然后通过学习活动逐步地引发和形成其学习动机。学习动机一旦形成，就会自始至终贯穿于某一学习活动的全过程。因此，学习动机可以加强并促进学习活动，而学习活动又可以激发、增强甚至巩固学习动机。

二、学习动机与学习目的

学习动机和学习目的是紧密相连的。一般地说，在学习活动中没有无学习动机的学习目的，也没有无学习目的的学习动机。

学习动机与学习目的的区别是十分明显的。学习动机是学习活动的原因、出发点，学习目的则是学习活动所追求的结果、归宿。更通俗地说，学习动机回答的是"为什么学习"的问题，而学习目的则回答的是"为了什么学习"的问题。

学习动机与学习目的的区别虽然如此显而易见，但在日常生活中，却往往是不易截然分开的。二者是可以相互转化的。某一种较复杂的学习活动往往可以划分为好几个阶段，其学习动机与学习目的的变化情况是，在这一阶段是学习动机的东西，在下一阶段却成了学习目的；同样，在这一阶段是学习目的的东西，在下一阶段又成为学习动机。例如，一个学生为了要精通某一门外语，就必须记住大量的外语单词。这样，"要精通某一门外语"就成为"要记住大量外语单词"这一学习目的的学习动机。进而言之，他为了掌握现代的科学知识，就至少要精通一门外语。这样，"掌握现代科学知识"又成了"至少要精通一门外语"这一学习目的的学习动机。正是由于学习动机与学习目的相互转化、共同推进,二者才贯穿于学习活动的全过程,保证学习质量,提高学习效率。

学习动机与学习目的的关系是错综复杂的。它们之间的关系正如原因和结果的关系,不是一对一的,一个学习动机不只指向一个学习目的,一个学习目的也不只由一个学习动机出发。实际生活中的一种情况是,某一学习活动可能只有一个学习动机,但可以有若干局部的或阶段的学习目的;某一学习活动只有一个总的学习目的,却也可以有若干局部的或阶段性的学习动机。另一种情况是,在同一个人或不同的人身上,同样的学习动机可以指向几种不同的学习目的;围绕同一学习目的展开的学习活动也可以包含几种不同的学习动机。在学习活动中,明晰学习动机与学习目的的这种错综复杂的关系,对于搞好学习、提高学习效率是十分必要的。

第二节　学习动机理论

一、行为主义的学习动机理论

(一)行为主义学习动机理论的基本观点

行为主义心理学认为学习是刺激-反应的联结,而引起学习的最重要的因素就是外部强化。桑代克的效果率、斯金纳的操作性条件反射的强化规律以及班杜拉的社会学习理论对学习的解释都离不开强化的概念,因此,行为主义的学习动机理论就是强化论,强调对学习的外部控制,认为外部强化是激发学生学习的必要条件。由外部强化所引起的动机属于外在动机。行为主义心理学对外在动机的研究主要集中于 20 世纪 50 年代以前,而且主要是围绕着强化的有关变量展开的。

(二)强化及其变量

1.强化与强化的类型

强化是指在行为发生频率或持续时间上的增加。强化在课堂里经常发生,当学生得到表扬、奖励或好的分数时,就会产生对学习行为的强化。

强化可分为两种类型,即正强化和负强化。

正强化也叫积极强化,是指当某一刺激出现时所产生的行为增强的效果。

这时所呈现的刺激叫作正强化物，它们通常是一些人们所喜爱的或有价值的刺激，当这些刺激伴随在某一行为之后出现时，就会使行为的发生频率或持续时间增加。

负强化也叫消极强化，是指当某一刺激消除或避免时所产生的行为增强的效果。这一被消除或被避免的刺激叫负强化物。当这些刺激在某一行为之后，立即被除去时，就会使该行为的发生频率或持续时间增加。例如，教师告诉学生："同学们，这周大家的家庭作业做得很好，交作业也很按时，因此，这个周末就不给你们布置家庭作业了，我们把它留到下一周再做。"该教师是想通过周末不留作业，使学生在下一周更好地完成每天的家庭作业。

2. 强化的依随性与普雷马克原理

强化总是伴随在反应之后出现的，强化与反应之间的这种依随关系被称之为强化的依随性。与强化的依随性密切相关的一个现象由普雷马克提出，叫作普雷马克原理，即一个经常出现的或较喜爱的活动可以作为强化物去强化一个较少出现的或较不喜欢的活动。普雷马克原理也被称为"奶奶的规则"，即"先吃了你的蔬菜，然后就可以吃甜点"。

3. 强化程序

对于学生的学习，并不是给予一次强化就万事大吉了。事实上，在学生的学习过程中，为了激发并维持他们的学习行为，常常需要多次强化，这就涉及强化程序的设计和实施。

所谓强化程序是指在强化频率和可预见性上的各种模式。强化程序可以分为连续强化和间歇强化两大类。

连续强化是指每次反应都给予强化，也叫全部强化。比如，教师对学生每次回答问题都给予表扬。

间歇强化是指对某些特定的反应给予强化，也叫部分强化。比如，教师只对真正圆满的回答给予表扬。

连续强化能够迅速建立起某种学习行为，但强化一旦停止，原有的学习行为就很容易消退，缺乏坚持性。间歇强化正相反，学习行为建立的速度较慢，但强化停止后，学习行为消退得也慢。因此，连续强化适用于某种新的学习刚开始阶段的使用，而后就要尽可能转入间歇强化。

部分强化还可以进一步区分不同的程序。从强化的时间间隔上，可将部分强化分为固定时间间隔强化和变化时间间隔强化。固定时间间隔强化是指学习者在一个可以预知的固定时间间隔内受到强化。比如，学生的期末考试就是固定时间间隔强化。变化时间间隔强化是指学习者在一个不可预知的、任意变化的时间间隔内受到强化。比如，教师预先不通知的抽查考试、随堂小考就是变化时间间隔强化。

　　根据强化与反应次数之间的关系，可将部分强化分为固定比率强化和变化比率强化。固定比率强化是指学习者达到一个可以预知的、固定的反应次数后，即可得到强化。比如，每做完 10 道练习题就可得到 10 分钟的自由活动时间。变化比率强化是指学习者在达到一个不可预知的、不固定的反应次数后，可以得到一次强化。比如，在课堂上，同学们自愿举手回答问题，但哪一次举手会被老师叫到是随机的，事先难以预料，有时接连被老师叫到，但仍然希望下次举手时会被叫到，因此，学生每次都自愿举手。可见，这种变化比率强化的效果是最好的，学习行为发生率高而稳定，强化一旦停止，学习行为仍会持续，历久不衰。玩赌博游戏之所以会上瘾，恰恰是变化比率强化的结果，有时赢，有时输，输输赢赢，没有定则，以致有些赌徒即使倾家荡产也在所不惜。

　　（三）外部强化的副作用

　　自 20 世纪 70 年代以来，很多研究发现，外部强化虽然能够提高外在动机，但也存在着明显的副作用——损伤某些活动的内在动机。

　　蒂西用谜语做了一系列关于外部强化对内在动机影响的实验研究。如解谜语是人们感兴趣的活动，被认为是由内在动机激发的。

　　在一次实验中，蒂西将大学生被试者分成三组去解谜语。甲组被试者事先被告知，他们解开谜语能得到钱；乙组被试者在解完谜语之后被告知，他们因为这样做而得到钱；丙组被试者得不到任何提示，也不给钱。解完一些谜语后，实验者让三组被试者分别单独待一会儿，在这段时间里，他们可以自由地做他们想做的任何事情。

　　结果发现，甲组被试者很少会自动返回到解谜语上去，他们似乎对解谜本身已不再感兴趣；相反，丙组被试者对解谜仍然很感兴趣，愿意继续解谜的人更多。有趣的是，乙组被试者在解谜之后才被告知金钱奖赏，因此，他们实际上并没有为钱而解谜，所以内在动机并没有因此减弱，他们仍然继续解谜。

　　莱珀等人在幼儿园进行的一项研究也得到类似的结果。

　　儿童中有一部分人本来是很喜欢用彩笔绘画的，但实验者对其中的一部分用彩笔绘画的孩子进行了奖励，每画一张就送给他们一个小奖杯。结果，当孩子们知道用彩笔画画再也不会得到奖励时，他们就不再继续画了。莱珀认为这是因为这些儿童失去了对绘画的内在兴趣。

对于人们本来有兴趣的活动，或者说本来能够由内在动机激发的行为，由于外部强化的介入，而且这种奖赏又太过显眼，成为一种贿赂时，人们行为的结果似乎就是为了获得外部奖赏，从而损害了内在动机和对活动本身的兴趣。外部奖赏的破坏效果主要出现在所奖励的只不过是完成任务本身，而不是出色地完成任务的情况。

比如，只要交了卷，所有学生都可以得 A 等成绩，传递了这样一种信息，即不需付出任何努力，无论水平高低，都可以被接受。因此，学生就会认为只要做了就会有奖赏，而不是因为付出了努力、有能力或答卷质量高，进而损害了内在动机。外部强化对内在动机的损害是以学习者的认知为中介的。研究发现，当学生完成了很容易的学习任务之后获得表扬时，他们会将这种表扬看作是教师认为他们低能的标志，因而损伤了内在动机。另外，外部强化的使用还易使学生的注意范围变窄，只关心考试、分数和奖赏，而忽略对所学内容本身的掌握。所有的老师都会遇到学生提出的一个令人尴尬的问题："老师，你讲的这个内容会考吗？"

根据上述分析，当我们运用外部强化激发学生学习时一定要慎重。对于学生本身具有内在兴趣的学习活动，要避免由于外部奖赏而损害其内在动机；对于学生一开始就缺乏兴趣的学习活动，教师可以运用外部强化去激发学习动机并使学生最终对学习活动本身产生兴趣。

二、人本主义的学习动机理论

（一）人本主义学习动机理论的基本观点

人本主义心理学家一直将教育看作是发展人类内在潜力的过程。在研究学习动机时，人本主义心理学认为动机是人性成长发展的内在原动力。人本主义心理学家康布斯认为人是永远有动机的，只能说某些人对他所面对的不愿做的事缺乏动机，而对其他的事仍有动机。因此，所有学生都有学习动机，只是学生的学习动机未必专注于教师所教的科目上。如何使所有的学习动机专注于教师为其设定的学科上，是教学的关键。

人本主义心理学家哈姆柴克在其《理论与哲学视角下人本主义心理学的概述与原理》一文中写道："人本心理学的研究，旨在了解我们人类内在的心路历程……我们内在的需求、欲望、感情、价值观，以及对我们人类行为表现原因的自我解释……这也正是教师在教学时应先教学生认识他自己的主要原因。"人本主义心理学家认为教育的作用是帮助学生心理成长，而其关键是学生能否认识到自我成长与所学知识之间的密切关系。人本主义心理学所研究的是学生学习的内在动机。哈姆柴克认为，维持学生学习动机的两个基本条件是维持良好的师生关系和培养和谐的教学氛围，使学生在心理上感到教师的关爱和支持，并且不会有因失败而受罚的恐惧，在心理上感到安全，这样学生才会自愿读书求知，且不会因失败而退缩或不敢尝试学习。

（二）马斯洛的需要层次论与学习动机

马斯洛于 20 世纪 40 年代提出了后经几度修正的动机理论。马斯洛认为，人类的多种需求可按其性质由低到高分为七个层次：生理需要、安全需要、归属与爱的需要、自尊的需要、求知的需要、美的需要、自我实现的需要。马斯洛认为只有低层次的需要获得满足之后，高层次的需要才会产生。马斯洛又将前四层称之为基本需要或缺失性需要，后三层称为成长需要。基本需要一旦获得满足，其需要强度就会降低，而成长需要不但不会随其满足而减弱，反而因获得满足而增强。

学习动机属成长需要中的求知需要。要使学生产生求知需要，首先要满足学生的基本需要或缺失需要。当学生的缺失需要获得满足后，从理论上讲，学生会相继出现求知的需要。然而，现实并非如此，一些学生在基本需要满足后，却未必有学习动机。对此，马斯洛认为，学生本身具有两股潜力：一股使其进取向上，另一股使其退缩逃避，究竟何者能够发挥作用，教师无法强制，只能靠学生自己选择。不过，良好的师生关系，也可能影响学生的选择。因此，为了对学生的学习动机产生积极的效应，教育者除了要建立良好的师生关系外，还要考虑学生的个别差异。正如西方谚语所言："同是热量，可使奶油融化，也可使鸡蛋变硬。"教学是一门艺术，没有一成不变的法则。

三、成就动机理论与归因理论

（一）成就动机理论

1. 成就动机

所谓成就动机是指对自以为重要或有所值的工作或活动，个人愿意去做，并力求成功的一种内在推动力量。成就动机是由成就需要所引起的。

2. 成就动机理论

成就动机的研究可以追溯到默里提出的"成就需要"的概念。默里将成就需要定义为"克服障碍、施展才能，力求尽快尽好地完成困难的任务"的驱动力。在默里研究的基础上，麦克利兰和阿特金森继续进行有关成就动机的实验研究，并于 1953 年合著《成就动机》一书。1956 年和 1957 年，阿特金森对成就动机的结构、影响及成就动机的各种变量进行了研究，在实验的基础上提出了成就动机的"期望-价值"理论模型。阿特金森认为某种行为倾向的强度是动机水平、期望和诱因价值三者乘积的函数，即

$$T = M \times P \times I$$

T 代表某种行为倾向的强度。

M 代表成就需要或成就动机水平，阿特金森认为它是人在早期生活中所获得的潜在的、稳定的、普遍的人格特质。

P 代表期望，是人对成功或失败的主观概率。P 值在 0~1 之间。P=1，表示确信会取得成功；P=0.5，表示估计成功的可能性为 50%；P=0，表示确信必然失败。

I 代表诱因价值，是人在成功和失败时所体验的满足感。一般来说，课题越难，成功的概率越小，所以，P 与 I 的关系可以表现为 I=1−P。

阿特金森认为人的成就动机由两种成分组成，即追求成功的动机（Ms）和回避失败的动机（Mf）。追求成功的动机使人产生追求成就任务、追求成功的行为倾向（Ts）；回避失败的动机使人产生回避成就任务、畏惧失败的行为倾向（Tf）。由此，阿特金森分别列举了如下两个公式：

$$Ts = Ms \times Ps \times Is$$

$$Tf = Mf \times Pf \times If$$

阿特金森认为，一个人追求成功的动机（Ms）和回避失败的动机（Mf）

同时存在，要预测和理解成就行为，必须把这两种相反的动机同时考虑在内。一个人对成就任务最终是趋向还是回避，要取决于 Ts 与 Tf 的强度。把 Ts 与 Tf 加在一起，就可以说明趋向或回避特定成就任务的纯倾向或总倾向。

当 Ms > Mf 时，总的行为倾向 Ts + Tf 为正值，在这种人的成就动机中，追求成功的成分多于回避失败的成分，"追求成功"是其稳定人格特质的一部分。"追求成功者"最少能选择成功机会为 50% 的任务，而对成功可能性很低的任务不感兴趣。

当 Ms < Mf 时，总的行为倾向 Ts + Tf 为负值，在这种人的成就动机中，回避失败的成分多于追求成功的成分，"回避失败"是其稳定的人格特质的一部分。"回避失败者"倾向于选择非常容易或者非常困难的任务，选择容易的任务可免遭失败，而选择困难的任务，即使失败，也可找到借口，从而减少失败感。与"追求成功者"相反，他们对失败机会多于 50% 的任务采取回避的态度。

（二）归因理论

1. 归因

归因是指人们对自己或他人的活动及其结果以及其他社会事件的原因做出的解释或推论。人们对在工作或学习中所经历的成功和失败的原因所做出的解释或推论，即是对成就行为的归因。

2. 归因理论

维纳对成就行为的归因理论的研究影响最大，具有代表性。维纳接受了海德和罗特等人的观点，认为可以根据控制的位置把对成就行为的归因划分为内部原因和外部原因。但是，他还提出要增设一个"稳定性"的维度，把行为的原因分成稳定的原因和不稳定的原因。

维纳认为，在某些成就任务上成功和失败时，人们倾向于把结果归因于以下四个原因：能力、努力、任务难度和运气。这四个原因可以用稳定性和控制的位置两个维度加以划分（见表 3-1）。

表 3-1　维纳设想的二维归因模式

稳定性	控制的位置	
	内部的	外部的
稳定的	能力	任务难度
不稳定的	努力	运气

维纳将他的二维归因模式用于解释成就动机,发现成就动机水平不同的人,其归因模式存在着差异。高成就动机的人把成功归因于能力和努力,他们相信自己有能力,并不断探索与成就有关的新任务。如果失败了,则归因于努力不够,在以后他们会更加努力,并期望着成功。低成就动机的人则往往把成功归因于外在的因素(如碰到好运气),而将失败归因于稳定的内部因素(如缺乏能力),这使他们在未来逃避成就任务,并期望再次失败。

维纳的二维归因模式提出后,得到了很多研究的验证和支持,同时也发现了一些问题,正是这些问题的提出,促进了他的理论不断发展。为了说明归因的多样性问题,维纳增设了一个"可控性"维度,将成败的原因又分为可控的原因和不可控的原因两类,从而形成三维归因模式。

四、习得性无力感理论与自我效能感理论

(一)习得性无力感理论

1.习得性无力感

习得性无力感是指由于连续的失败体验而导致的个体对行为结果感到无法控制、无能为力、自暴自弃的心理状态。

塞利格曼和梅尔于 1967 年在实验中首先发现了习得性无力感现象。实验以狗作为被试者,分两个阶段进行。在第一阶段,将狗用皮带缚在吊床上,给狗以许多无法预料的、痛苦的电击。第一组狗只要用鼻子推动吊床底部的嵌板,即能逃避电击。第二组狗无论怎样做都无法逃避或控制电击。第三组狗只是缚在吊床上,没有接受电击。24 小时后进入第二阶段实验。三组狗都被移放到一个双间穿梭箱内,在那里,每只狗只要跳过中间的栅栏,就可以逃避电击。结果发现,第一组和第三组狗很快学会对条件刺激做出反应,跳过穿梭箱中间的栅栏,回避紧接着条件刺激终止而来的电击。然而,在第一阶段接受了不可逃避电击的第二组狗则无法学会如何避免电击,它们甚至不去尝试逃避电击,只是坐着不动,忍受电击,表现出痛苦和抑郁的表情,以致发出哀鸣声。这些狗之所以无法学会逃避或回避电击,是由于先前的对电击无法控制的经验所致。

因此,塞利格曼和梅尔用"习得性无力感"这一术语来说明这种现象。

2. 习得性无力感的理论

艾布拉姆森和塞利格曼等人提出了一个以归因理论为基础的修正模式。为了应用归因理论说明无力感，他们首先对维纳的二维归因模式进行了修订，增加了一个普遍性维度，把失败的原因归结为普遍或特殊的原因两类。这样，个体对失败的归因就可以通过控制点（控制的位置）、稳定性和普遍性三个维度加以说明（见表 3-2）。

表 3-2　一个 GRE 考试失败的学生的归因

控制点 稳定性 普遍性	内部归因		外部归因	
	稳定归因	不稳定归因	稳定归因	不稳定归因
普遍归因	智力不足	体质不佳	GRE 的试题太难	运气不好
特殊归因	数学能力低	考数学那天刚好感冒	GRE 的数学题太难	考数学那天运气不佳

根据无力感的归因理论，内部归因产生个人的无力感，即认为只是自己一个人不能控制行为结果；外部归因产生全体的无力感，即归因者会觉得除自己以外，别人也无法控制行为的结果。稳定的归因产生长期的无力感，即无力感的症状会持续较长时间（如几年）；不稳定的归因产生短暂的无力感，即无力感的症状只持续较短的时间（如几分钟）便消失。普遍的归因是指在不同的情境下都存在的因素，这时会产生普遍的无力感，即无力感的症状会出现在各种情境中（如各种学科的学习）；特殊的归因是指在某种特殊情况下才存在的因素，这时会产生特殊的无力感，即无力感的症状只出现在这一特殊情境中（如只对数学学习产生无力感，但不影响语文学习）。

大量的研究证实，儿童的无力感与他们失败后的不良心态和消极归因有着密切关系。迪纳和德韦克研究了学生对失败的不同反应，他们将学生区分为"无力感的学生"和"掌握定向的学生"两种。无力感的学生失败后，总是在失败的原因上思前想后，纠缠不清，不能自拔；而掌握定向的学生（以掌握知识为学习动力的学生）失败后关注于寻找解决问题的方法，以走出失败。研究发现，无力感的学生总是低估他们以往的成功而高估他们失败的数量，当无力感的学生成功时，他们经常会报告说自己并不期望成功会继续。

（二）自我效能感理论

自我效能感是由美国心理学家班杜拉于1977年提出的一个概念，指一个人对自己在某一活动领域中的操作能力的主观判断或评价。

当学生感到自己有能力达到所希望达到的目标或取得某一水平的行为结果时，就表明他们具有高水平的自我效能感。自我效能总是和某一特定的领域相关联。有的学生在数学学习领域有较高的自我效能，但在写作文方面的自我效能却很低。有些学生在各科学习上有较高的自我效能，但在体育活动中的自我效能却很低。

一个人自我效能感水平的高低是由什么因素决定的呢？班杜拉及其同事对自我效能感的形成条件及行为的作用问题进行了大量的实验研究。班杜拉等人的研究发现，自我效能感的变化受许多因素的制约。这些因素就构成了一个判断或评价自我效能感水平高低的效能信息源。学生的学业自我效能感会受到以下因素的影响。

1. 行为的成败经验

先前成功的经验会提高自我效能感，不断地成功会使人建立起稳固的自我效能感，多次失败的经验会降低自我效能感。

2. 替代经验

当学生观察到教师或同伴良好的榜样示范时会增强自我效能感。

3. 目标设置

为学生设立近期目标，使学生在达到目标时增强了自我效能感，学生自我设立目标也能增强自我效能感。

4. 成败归因

将学生的成功与努力相关联，提高了学生的自我效能感，对成功给以能力的归因也增强了自我效能感。

5. 奖励

对学生良好的学习行为给以奖励会增强自我效能感。

6. 学习监控

在学生自我监控或教师外部监控两种情况下，均可增强学生的自我效能感。

因此，班杜拉指出，学校是学生自我效能感形成、发展和变化的一个重要场所。研究表明，自我效能感对学生的心理和行为有着多方面的影响。

第一，影响活动的选择。

第二，影响努力的程度、坚持性及在困难面前的态度。

第三，影响活动时的情绪。

第四，影响任务的完成。

总之，自我效能感影响学生的行为，对学生的学习具有动机作用。自我效能感将影响学生面临什么样的挑战、付出多大的努力、坚持多久以及愿意承受多大的压力。

第三节　学习动机的培养与激发

一、培养与激发外部动机的措施

外部强化可激发外在动机，影响学生的学习行为。在课堂情境中，教师可以运用目标、反馈、评价、表扬、批评、竞赛等各种强化手段激发与维持学生的外在动机。

（一）向学生提出明确、具体的学习目标

学习目标具有指引学习动机的作用。长远目标的动机作用较为稳定和持久，但离开近期具体目标，其功能是无法实现的。所以，在学习的各个环节，教师都要向学生提出明确而具体的近期目标要求。目标的高低因人而异。要尽力与学生的学习能力相一致，过高的目标与学生已有的知识和技能差距较大，学生可望而不可即；过低的目标又缺乏挑战性，只有在学生能力范围之内，又具有一定挑战性的目标，才能有最佳的动机激发作用。将近期目标与长远目标相结合，也能进一步提高实现目标的动机。

（二）利用学习结果的反馈作用

学生及时了解学习的结果，如看到批改后的作业、考试的成绩等，既可及时看到自己的进步，又可通过反馈看到自己的缺点不足，这样均可激发起进一步努力学习的动机。关于了解学习结果对动机的激励作用已为许多实验所证明。

布克与诺维尔让两组大学生以最快的速度来做练习（减法），连续进行

75 次，每次 30 秒。在前 50 次练习中，甲组知道每次练习的成绩，乙组不知道。自第 50 次练习开始，两组条件对换，结果前 50 次甲组成绩比乙组好，后 25 次甲组成绩变差了，乙组成绩明显上升。

（三）正确评价，适当表扬与批评

教师对学生的学习结果进行适当的评价具有强化作用。佩奇曾对 74 个班的中学生，共 2000 多人进行了实验。他把每个班中的学生都分成三组，给以不同评价。第一组为无评语组，只给甲、乙、丙、丁的等级；第二组为顺应评语组，即除标明等级外，还按照学生的答案给以相称的评语；第三组为特殊评语组，对甲等成绩者评以"好，坚持下去"，对乙等成绩者评以"良好，继续前进"，对丙等成绩者评以"试试看，再提高点吧"，对丁等成绩者评以"让我们把这等级改进一步吧"。

结果发现：顺应评语针对学生答案中的优缺点做评定，效果最好；特殊评语的内容针对性不够，虽有激励作用，但不如顺应评语；无评语组的成绩明显偏低。因此，教师对学生作业、测验等进行评价时，不仅应打分数、评等级，还应加上有针对性的评语，这样做效果会更好。

赫洛克在实验中将 106 名四年级、五年级学生分成四个等组，在四种条件下做加法练习，A 组为受表扬组，B 组为受训斥组，C 组为受忽视组（旁听甲乙两组受表扬与训斥），D 组为控制组（单独进行，不受任何评价）。

结果表明：对学习结果进行评价，能强化学习动机，对学习起促进作用；适当的表扬效果明显优于批评；批评的效果比不做任何评价为好。

此外，教师的评价、批评与表扬，要考虑到学生的个别差异。

（四）适当开展竞赛

查普曼和费得在实验中，让五年级两个等组的儿童进行 10 天（每天 10 分钟）的加法练习，竞赛组的成绩每天都在墙上公布，并为优胜者贴红星；无竞赛组只做练习，无任何诱因。

结果竞赛组的成绩优于无竞赛组。然而，竞赛必须适当。过于频繁的竞赛不但会失去激励作用，反而会制造紧张气氛，加重学习负担，有损学生身心健康。学习成绩差的学生常因竞赛失败而丧失学习信心。

二、培养与激发内部动机的措施

（一）创设问题情境，引起学生的认知矛盾，激发求知欲

创设问题情境是指在教学中提出一些学生用现有的知识和习惯的方法不能立即解决的问题，从而在教材内容和学生的求知心理之间制造一种不协调，引起学生的认知矛盾，把学生引入与问题有关的情境之中，从而激起学生求知的欲望和积极的思维。

创设问题情境是通过"设疑"引起认知矛盾的方法。创设问题情境的原则是：问题要小而具体，问题要新颖有趣，要有适当的难度，要富有启发性。

波多野和稻垣提出了在实际教学中，教师引导学生产生不和谐感或认知矛盾的三种方法。

第一，把与学生已有知识、信念相矛盾的现象呈现给学生，引起学生"奇怪"之感。例如，学生懂得纸遇火会燃烧的道理。在课堂上，教师将一只用纸折好的小盒放在点燃的酒精灯上，结果纸盒并未燃烧，学生感到奇怪。原来纸盒是湿的。为什么湿纸就不能燃烧呢？湿的纸盒继续放在火上烤会发生什么现象？由此引出"沸腾与蒸发"一节的教学。

第二，当学生的知识信念还不充分时，先给学生一个类似"法则"的知识，然后举一个不恰当的事例说明，以引起不和谐。例如，告诉学生植物的生长必须依靠光合作用，并让学生观察实例。学生初步了解这个知识之后，教师又提出不需要进行光合作用的植物。这种不和谐唤起了学生对植物生长和植物种类多样性的兴趣。

第三，提出有多种可供选择答案的问题，引起学生的选择冲突，激发求知的好奇心。例如，教师拿起一块硬币抛起来，硬币又落下，问学生是正面朝上，还是反面朝上，为什么？由此引出概率问题的教学。

（二）发现学习也是激发学生内在动机的有效方法

布鲁纳在他的《教育过程》一书中首次提出内在动机的概念并倡导发现学习，认为发现学习有助于使外在动机向内在动机转化。他认为最好的动机莫过于学生对所学材料本身具有一种内在兴趣，具有发现的兴奋感和发现的自信感。学生把"有所发现"作为学习的主要任务，使学生有可能把发现本身作为一种自我奖赏而推动自己的学习活动。例如，在地理课上，当学生具有一定的地理

基础知识之后，教师将只标有自然特征和天然资源但没有地名的"空白"地图呈现在学生面前，让学生指出哪一个地区具备建设城市的可能性。学生在讨论中可能会指出许多地方可以建设城市并考虑自然条件等地理因素进行论证。最后再与真实的地图相对照。在这种发现学习中，学生学习地理的兴趣水平大大提高。发现学习是以学生自己收集、加工、分析信息为主的学习方式，因此，学生需要具备一定的信息加工能力才能进行发现学习。

（三）培养学习兴趣

孔子说："知之者不如好之者，好之者不如乐之者。"爱因斯坦说："兴趣与爱好是最好的老师。"当学生对学习产生了内在兴趣，就会渴望获得知识，并在学习过程中伴有愉快的情绪体验。教师在教学中培养学生的学习兴趣可以有许多具体的做法：

第一，教育学生明确学习知识的社会意义；

第二，培养学生对每门课程的积极的学习态度，形成定式，有助于培养学习兴趣；

第三，不断改进教学方法，采用有趣的、变换的方式呈现教学内容；

第四，组织学生参加课内外实践活动和学科兴趣小组，运用所学知识解决实际问题，从中体验到成功的愉快和学好知识的乐趣；

第五，教师要以自身对所教学科的兴趣和热情给学生以良好的示范；

第六，不断扩大学生的知识面，使学生在某一领域的知识不断积累，这是对某一具体知识领域产生稳定而浓厚兴趣的基本条件。

（四）利用原有兴趣、动机的迁移

动机迁移是指在学生缺乏学习动力，没有明确的学习目的的情况下，把学生从事游戏等其他活动的兴趣和动机转移到学习上来，从而使学生产生对学习的需要。

为此，教师对班级中不愿学习的学生应仔细观察，发现他们的兴趣点，如体育活动、文娱表演、绘画等，然后巧妙地组织有关的活动，将这些兴趣与学习联系起来，转化为学习需要和学习兴趣。

三、成就动机训练与归因训练

（一）成就动机训练

成就动机是人的社会性动机的一种，是在一定的社会、文化、教育条件下形成的，因而能够通过一定的方法来培养和提高。成就动机训练可以分为下面几个阶段进行。

1. 意识化

意识化指通过与学生谈话、讨论使学生注意到与成就动机有关的行为。

2. 体验化

体验化指让学生进行游戏或其他活动，从中体验成功与失败，体验选择目标与成败的关系、成败与感情上的联系，特别是体验为了取得成功所必须掌握的行为策略，如根据自己的水平选择目标，不断了解不同目标的难度、达到目标的途径及自己的行为结果等。

3. 概念化

概念化指让学生在体验的基础上理解与成就动机有关的概念，如"成功""失败""目标"以及"成就动机"本身的含义。

4. 练习

练习实际上是体验化与概念化两个阶段的重复，通过重复练习使学生不断加深体验和理解。

5. 迁移

迁移指使学生把学到的行为策略应用到学习场合，不过这往往是一些特殊的学习场合，这一场合要具备自选目标、自己评价，并能体验成败的条件。

6. 内化

内化指取得成就的要求成为学生自身的需要，学生可以自如地运用所学的行为策略。很多研究证明，对成就动机进行训练是有效果的。它的直接效果表现为受过训练的学生对取得成就更为关心，并能够根据自己的实际情况去选择所追求的目标。它的间接效果是能够提高学生各学科的学习成绩。成就动机训练对成就动机较低、学习成绩较差的学生尤为有效。

（二）归因训练

归因训练就是通过一定的训练程序，使学生掌握归因技能，有意识地进行归因，逐渐改变不良的归因模式，建立积极的归因模式，从而提高学习积极性。

归因训练的基本步骤是：

第一，了解学生的归因倾向；

第二，让学生进行某种活动，并取得成败体验；

第三，让学生对自己的成败进行归因；

第四，引导学生进行积极的归因。

在归因训练的过程中，教师要注意以下两点：

第一，归因训练是给学生以积极的归因反馈，帮助学生寻找有积极意义的归因，而不一定是找学生成败的真正原因。

第二，归因训练要与学习策略指导相结合。

归因训练不是一次就完成的，教师要在学生学习的各个环节反复训练，直至学生形成稳定而理想的归因倾向为止。

四、消除无力感与增强效能感

（一）消除学生的无力感

面对那些因在学习上多次失败而变得自暴自弃，产生无力感的学生，我们可以采取以下措施去减轻或消除他们的无力感症状，提高他们的学习积极性。

第一，使学生获得成功经验，打破失败不可避免的思维定式。

第二，改变学生的消极归因。

第三，转移学生对失败的注意力。

（二）增强学业自我效能感

根据学生学业自我效能感影响因素的有关研究，在学校中培养学生的学业自我效能感，可以采取多种方法：

第一，让学生在学习活动中体验到更多的成功。

第二，为学生提供适当的榜样示范。

第三，指导学生树立适当的学习目标和作业目标。

第四，给学生以积极的归因反馈，并指导学生学会适当的自我归因。

第五，给学生以适当奖励。

第六，给学生以学习策略的指导，使学生学会自我监控。

第四章　学习策略

　　很多老师都会提醒学生"注意学习方法"，并且告诉他们学习优秀的学生之所以在同样的学习时间内学得更好是因为"他们有很好的方法"。多年研究表明，优秀学生与落后学生在是否选用学习策略和选择了何种学习策略方面的确存在着显著差异。那么，什么才是所谓的"好的方法"呢？有人教给学生如何学习的好方法了吗？很遗憾，我们的教师在中学，甚至大学都从来没有教学生关于有什么方法以及如何运用这些方法的知识。没有学习过如何学习的学生在成为教师后，可能也只是抱着"书山有路勤为径""梅花香自苦寒来"的古训，认为学习最好的方法就是勤奋苦读：简单重复＋死记硬背。

　　事实上，学习的方式方法多种多样。学习的方式方法会对随后的记忆和知识运用方式产生极大的影响。首先，为了学习，学生必须进行认知投入——他们必须把注意力集中在与学习材料相关的或其他重要的方面。其次，为了思考和深层加工，他们必须付出努力，建立联系、精细加工、转换、组织和再认识——练习和加工得越多，学习效果就越巩固。最后，学生必须调节和监控自己的学习——知道自己是否理解了，以及什么时候或什么地方比较难，需要放慢学习的节奏或速度。这一章，我们将会了解到轻松而高效的学习有哪些学习策略，以及如何教授学生学会使用这些策略。

第一节　学习策略概述

一、学习策略的含义

　　对于学习策略的界定，学术界还没有统一的说法，但归纳起来，大致可分为三类：第一类把学习策略看作是学习过程中信息加工的程序、方法或规则，学习策略就是学习方法；第二类把学习策略看作是对学习过程中的信息加工进行调节和控制的技能；第三类把学习策略看作是学习过程中信息加工的方法与调控技能的结合。

我们采用第三类观点，认为学习策略是指在学习过程中，学习者为了达到有效学习的目的而采用的规则、方法、技巧及其调控方法的总和。这些规则、方法、技巧是指在认知加工过程中，学习者编码、分析、保持、提取、应用信息的一系列方式或方法；而调控方法则是学习者在学习过程中使用的控制和调节信息加工行为的方式或方法。

二、学习策略的分类

事实上，学习策略可能有成千上万种，要把它们一一描绘出来实在太难了。有学者尝试对所有的学习策略进行了分类，来帮助我们认识它们。被广泛认可和使用的分类方式是迈克卡等人于 1990 年提出的。他们将学习策略分为认知策略、元认知策略和资源管理策略三类。认知策略是加工信息过程中使用的一些方法和技术，有助于高效地编码、存储和提取信息。元认知策略是对认知过程的调节与控制，有助于学生有效地安排和调节学习过程。资源管理策略是辅助学生管理可用环境和资源的策略，有助于学生适应环境并调节环境以适应自己的需要。

第二节　典型的学习策略

了解了学习策略的基本概念后，让我们来看看有哪些常用的策略。

一、认知策略

认知策略指加工信息的过程中使用的方法和技术，有助于高效地编码、存储和提取信息。它主要包括复述、精细加工和组织策略。

（一）复述策略

复述策略是在工作记忆中为了保持信息，运用内部语言在大脑中重现学习材料或刺激，以便于注意力维持在学习材料上的方法。在学习中，复述是一种主要的记忆手段，许多新信息，如人名、地名或外语单词等，只有经过多次复述后，才能在短时间内记住。个体在完成某些简单的学习任务，特别是学习的材料彼此之间不存在逻辑联系，或学习材料本身尽管有彼此之间的逻辑联系，但学习者却不能理解时，往往采用复述策略来学习。

1.合理利用随意识记和有意识记

随意识记是指没有预定目的、不需经过努力的识记。这种识记也是有条件的，凡是对人有重大意义的、与人的需要和兴趣密切相关的、给人以强烈情绪反应的或形象生动鲜明的人或事，就容易随意识记。在学习中，要尽量地能够运用这些条件，如培养学生对某门学科的兴趣，来加强随意识记。有意识记是指有目的、有意识的识记。要想记住某一信息，就需要有意识地、用心地去记它，尝试着自己复述一遍，看看自己能否准确地重复所学的知识。

2.排除信息之间的相互干扰

人之所以没记住某一信息，一个重要原因，就是这一信息受到干扰，或者是与其他信息搞混了，或是被其他信息挤到一边去了。在进行其他活动之前，一定要花时间在头脑中复述刚刚获得的新信息。一般来说，前后所学的信息之间存在相互干扰。先前所学的信息对后面所学信息的干扰叫作前摄抑制，后面所学的信息对前面所学信息的干扰叫作倒摄抑制。在安排复习时，要尽量考虑预防两种抑制的影响，要尽量错开学习两种容易混淆的内容，如英语和汉语拼音，避免相互干扰。心理学家还发现，当人学完一系列词汇后，马上进行测验，开始和结尾的几个词一般要比中间的词记得牢。这就是所谓的首因效应和近因效应。因此，要把最重要的新概念放在复习的开头，在最后对它们进行总结。不要把首尾时间花在处理课堂纪律问题、整理材料、削铅笔之类的事上。

3.合理利用整体识记和分段识记

篇幅短小或者内在联系密切的材料，适合于采用整体识记，即整篇阅读，直到记牢为止。篇幅较长，或者较难，或者内在联系不强的材料，适合于采用分段识记，即将整篇材料分成若干段，先一段一段地记牢，然后合成整篇识记。至于段的长短，要根据自己对材料的熟悉程度而定。

4. 多种感官参与认知学习全过程

在进行识记时，要学会同时运用多种感官，如用眼睛看、用耳朵听、用嘴巴念，以及用手写等。有心理学家证明，人的学习83%通过视觉，11%通过听觉，3.5%通过嗅觉，1.5%通过味觉。然而，人一般可记住自己阅读的10%，自己听到的20%，自己看到的30%，自己看到和听到的50%，交谈时自己所说的70%。这一结果说明，多种感官的参与能有效地增强记忆。老师经常叮嘱学生说上课要"五到"，即眼到、耳到、嘴到、手到、心到，其科学道理就在于此。事实上，每次遇到新的信息，我们所有的感官其实都在悄悄地工作着。比如，如果我们目睹了一场汽车碰撞事故，我们就得到了两车相撞的视觉信息输入、碰撞的声音信息输入，甚至是橡胶燃烧的嗅觉信息输入。所有这些信息储存在大脑的不同区域，以非常复杂的方式相互联系在一起。当我们试图回忆撞车的细节时，所唤起的某种感觉性经历的记忆，如撞车的声音，会触发其他类型的记忆。

5. 复习形式多样化

在实践中应用所学知识是对知识的最好复习。采用多种形式进行复习，如将所学的知识再用实验证明、写成报告、做出总结、与人讨论，以及向别人讲解等，这比单纯重复更有利于理解和记忆。某一领域的专家之所以能记住许多专业知识，是因为他们在反复地应用这些知识。因此，要善于在不同的情境下反复应用所学的知识，以便加深对知识的理解和掌握。

6. 适当运用画线标记

最常见的一种学习策略或许就是画下划线或做标记。在教学生画线时，首先解释在一个段落中什么是重要的，如主题句等；其次，教学生谨慎地画线，也许只画一两个句子；最后，教学生复习和用自己话解释这些画线部分。此外，还可教学生一些圈点批注的方法，与画线策略一起使用。常用的画线方法主要有：

①圈出陌生的词。

②标明定义和例子。

③列出观点原因或事件序号。

④在重要的段落前面加上星号。

⑤在混乱的章节前画上问号。

⑥自己做注释，如检查上文中的定义。

⑦标出可能的测验项目。

⑧画箭头表明关系。

⑨注上评论，记下不同点和相似点。

⑩标出总结性的陈述。

尽管这种方法被普遍地使用，但研究表明简单的下划线对学生并无太大的促进作用。其主要问题是因为很多学生无法确定什么材料是最重要的，而只是在很多地方都画线。当要求学生画出一段中最重要的一句话时，他们确实能记住更多的内容，这或许是因为在确定哪句话最重要时，学生进行了较高水平的心理加工。因此，在教授画线策略时，应当注意教会学生如何识别和判断重要信息。

（二）精细加工策略

精细加工策略是学习者将所学的新信息和已有的各种知识联系起来，以增加新信息的意义，从而加深对学习材料的记忆和理解的一种学习策略。一个新信息与其他信息联系得越多，能回忆出该信息原貌的途径就越多，回忆就越容易。因此，它是一种理解性的记忆策略，和复述策略结合使用，可以显著提高记忆效果。

1. 记忆术

（1）位置记忆法。位置记忆法是一种传统的记忆术。这种技术在古代不用讲稿的讲演中曾被广泛使用，而且沿用至今。使用位置记忆法，就是学习者在头脑中创建一幅熟悉的场景，在这个场景中确定一条明确的路线，在这条路线上确定一些特定的点。然后将所要记的项目全都视觉化，并按顺序将这条路线上的各个点联系起来，回忆时，按这条路线上的各个点提取所记的项目。

（2）缩简和编歌诀。缩简就是将识记材料的每条内容简化成一个关键性的字或词，然后变成自己熟悉的事物，从而将材料与过去经验联系起来。例如，《辛丑条约》主要内容为：①要清政府赔款。②要清政府保证禁止人民反抗。③允许外国在中国驻兵。④划定使馆界，建领事馆。可用"钱禁兵馆"（谐音"前进宾馆"）来帮助记忆。有时，可以将材料缩简成歌诀。歌诀韵律和谐，抑扬顿挫，朗朗上口，非常有助于记忆。例如，《二十四节气歌》：春雨惊春清谷天，夏满芒夏暑相连。秋处露秋寒霜降，冬雪雪冬小大寒。在缩简材料编成歌诀时，最好靠自己动脑筋，自己创造的东西印象深刻。自编歌诀不一定强求合乎逻辑，只在乎是否有利于记忆，但要力求精练准确，富有韵律，好念好记。当然，也可以利用现成的歌诀，但也要仔细分析，弄清歌诀的真正含义，把它变成自己的东西。

（3）谐音联想法。学习一种新材料时运用联想，假借意义，对记忆亦很有帮助，这种方法被称为谐音联想法。在记忆历史年代和常数时，这种方法行之有效。例如，有人记忆马克思的生日"1818年5月5日"时，联想为"马克思—巴掌—巴掌打得资产阶级呜呜地哭"。

（4）关键词法。关键词法就是将新词或概念与相似的声音线索词，通过视觉表象联系起来。例如，英文单词"tiger"可以联想成"泰山上的一只虎"。这种方法在教外语词汇时非常有用。有研究表明，这种记忆术也同样适用于其他信息的学习，如省会名、地理信息等。

（5）视觉想象。视觉想象就是通过心理想象来帮助人们对联想的记忆。位置记忆法实际上就是一种视觉联想法，利用了心理表象。联想时，想象越奇特合理，记忆就越牢靠。可以使用夸张、动态、奇异的手段进行联想。例如，可以将"飞机—箱子"想象为"飞机穿过箱子"等。想象越奇特，加工就越深入越细致。有一种用想象来增强记忆的古老方法，就是创造一个故事，将要记的信息编在一起，合乎一定逻辑，构建情节故事。

（6）语义联想。通过联想，将新材料与头脑中的旧知识联系在一起，赋予新材料以更多的意义。实际上，就是要在理解的基础上，把过去旧知识当作"衣钩"来"挂住"所要记住的新材料。因此，要设法找出新旧材料之间的内在逻辑联系。例如，在记一个公式或原理时，要想一想，新公式或原理是如何从以前的公式或原理中推导出来的。

2. 做笔记

在阅读和听讲中，最常用的一种学习策略就是做笔记。我们的经验似乎也告诉我们，学习好的同学做的笔记也不会差到哪儿去。研究发现，笔记做得好，能起到很多作用。比如，做笔记能让你在上课时集中注意力；笔记通常是你自己对信息的解释，所以记得更牢；笔记是考前复习的快速参考。

但是做好课堂笔记可不是一件容易的事。你必须把讲课的信息保存在工作记忆中；接着，在这些信息消失之前对重要的观点或主题进行选择、组织和转化；最后将它们写下来——所有这些事情都是在你听课的同时要做的。要如何在奋笔疾书的同时又跟上老师讲课的思路呢？下面是做笔记的技巧：

（1）听清重要观点。讲课中的每句话并不是同等重要的。积极的倾听可以帮助你听出老师所讲的重要观点以及支持这些观点的信息。记笔记只需要把这些重要观点记下来。如果你想尝试着把老师的每一句话都记下来，你可能会忙得记住了上句没听到下句，或者似乎听到了，却什么都没听懂。

（2）使用缩写短语。记笔记时不必写下完整的句子。如果你尝试这么做的话，你很快会关注笔记胜于关注老师。如果你使用完整句子，你就会试图将老师所说的每一句话都抄录下来，这可能会使你忙得没法听见他下面的重要句子了。因此，学会使用短语或关键词进行缩写，课后再进行必要的补充完善。

（3）以提纲形式记。一个提纲可以用简短的语言概括一些观点和表明概念之间的关系。它迫使你去确定这堂课的结构，而不得不对你所学的资料进行更深层次的加工。

（4）留出空地。笔记本上不要写得密密麻麻，不妨在笔记的右边留出3~6厘米的空地，除了笔记正文外随时记下老师讲的关键词、例子、证据，以及自己的疑问和感想。

（5）整理笔记。笔记不是记完就完事了。它的意义不仅在于记的过程，记录下来的笔记在课后和考前有重要的作用。课后可以用笔记来引导自己回忆上课内容，并对课上的观点和问题做积极的思考和补充；课后及时整理笔记，将短语缩写、提纲式的内容补充完善成更有条理的笔记，或者将笔记再次浓缩成更加短小的笔记，可以更好地用于考前的复习和记忆。

（6）5R笔记法。5R笔记法，又叫作康奈尔笔记法，是用产生这种笔记法的大学校名——康奈尔大学命名的。这一方法几乎适用于一切讲授或阅读课，特别是对于听课笔记，5R笔记法应是最佳选择。这种方法是记与学、思考与运用相结合的有效方法。具体包括以下几个步骤：

①记录（Record）。首先把笔记本的每一页分为两部分，右边大约占2/3，是主栏；左边大约占1/3，是副栏。左右的主栏、副栏分法，可依个人喜好转换。在听讲或阅读过程中，在主栏内尽量多记有意义的论据、概念等内容。

②简化（Reduce）。下课以后，及早将这些论据、概念简明扼要地概括（简化）在回忆栏，即副栏内。

③背诵（Recite）。把主栏遮住，只用回忆栏中的摘记提示，尽量完整地叙述课堂上老师讲过的内容。

④思考（Reflect）。将自己的听课随感、意见、经验体会之类的内容，与

讲课内容区分开，写在卡片或笔记本的某一单独部分，加上标题和索引，编制成提纲、摘要，分成类目，并随时归档。

⑤复习（Review）。每周花 10 分钟左右的时间，快速复习笔记，主要是先看回忆栏。当你想不起来的时候，适当地看看主栏就能提醒你。

那么，教师应当如何帮助学生做好笔记呢？除了提供上面的信息以外，教师还要注意这几点：①讲演慢一点；②重复复杂的主题材料；③呈现做笔记的线索；④在黑板上写出重要的信息；⑤给学生提供结构式的辅助手段，如提纲或二维方格表等。

3. 提问

无论是阅读还是听讲，学生要经常评估自己的理解状况，思考这样一些问题：这一新信息意味着什么？与课文中的其他信息以及以前所学的信息有什么联系？是否可以用例子来说明这种新知识？如果在阅读时教学生提一些"谁""什么""哪儿"和"如何"的问题，学生将有可能领会得更好。有人给学生一张清单帮助他们构思创作，这张清单教学生向自己问以下一些问题："我写给谁看的？""要解释什么？""有什么步骤"……研究表明，训练学生在活动中自己和自己谈话，自己问自己或彼此之间相互问老师要问的问题，学生能在解数学题、拼写、创作和许多其他课题中成功地学会自我谈话，从而提高学习效率。

4. 生成性学习

生成性学习就是要训练学生对他们所阅读的东西产生一个类比或表象，如图形、图像、表格和图解等，以加强其深层理解。这种方法最重要的一点，就是需要积极的加工，不是简简单单地记录和记忆信息，不是从书中寻章摘句或稍加改动，而是要用自己的话组成的句子，从而把所学的信息与自身的知识和经验联系起来，形成一个自己的理解。

5. 利用背景知识，联系实际

精细加工强调在新学信息和已有知识之间建立联系，背景知识的多少在学习中是非常重要的。对于某一事物，我们到底能学会多少，很重要的一个影响因素就是我们对这一方面的事物已经知道多少。教师一定要把新的学习和学生已有的背景知识联系起来，并要能联系实际生活，不仅帮助他们理解这些信息的意义，而且要帮助他们感觉到这些信息有用，而且能用、会用。

6. 概述

概述是指给出能够代表主要观点的简短陈述。这种策略的有效性取决于怎样运用它。一种有效的方法是在学生阅读完每段后,让他们用一句话进行概述。另一种方法是让学生写出内容提要,以用于帮助他人学习有关内容。这种方法之所以行之有效,部分原因是学习者要概括,就需要认真地考虑哪些是重要内容,哪些不是。但需要注意的是,有些研究发现,概述这种方法有的时候也是无效的。至于在什么情况下该策略能够促进对书面材料的理解,目前尚无确切答案。

7. 以写促学

让学生在写作中探究正在学习的内容,这有助于学生理解和记忆。这种观点得到越来越多的证据支持。例如,费洛斯让六年级学生在为期12周的科学课中,写下对物质状态这一单元中几个主要概念的理解。控制组则学习相同的内容,但不进行写作。在后测中,写作组记住了更多的内容。

8. 摘录提要

对于本身意义性强的信息材料,通过摘录要点、归纳观点(以材料中的原句摘抄为主,辅以必要的概括),有助于学习者领会要点,理解全篇,提高学习效率。

(三)组织策略

组织策略是整合所学新知识之间、新旧知识之间的内在联系,形成新的知识结构。也就是说,组织策略是指学习者按照材料的特征和类别进行整理、归类和编码,其方法是将学习材料分成一些小的单元,并把这些小的单元归置于适当的类别中。组织策略和精细加工策略一样都属于加工的范畴,但组织策略的关键是构建或突出新知识之间的内在联系,使信息易于编码;而精细加工策略则是使新知识与已有知识取得联系,增强对新知识的理解。当然,组织策略和精细加工策略是密不可分的,如做笔记和写提要等实际上是两者的结合。

1. 列提纲

列提纲是以简洁的语词写下主要的观点,即以金字塔的形式呈现学习材料的要点。每一具体的细节都包含在高一级水平的类别中,学习和提取材料均以提纲为线索展开。列提纲时,先对材料进行系统的分析、归纳和总结;然后,用简要的语词,按材料中的逻辑关系,写下主要和次要观点。所列出的提纲要具有概括性和条理性，但其效果取决于学习者是如何使用它的。一个有效的方法是让学生每读完一段后用一句话概括主要内容；另外一种方法是让学生准备一个提要来帮助别人学习材料，其部分原因是这种活动使得学习者不得不认真考虑什么重要，什么不重要。

2. 利用图形

一幅图表就是将多个信息压缩在一起的图画，将复杂的信息用更加简单的方式呈现出来，让人容易看明白。经过图表化的信息，因为被高度加工了，所以更易被记住。另外，图表化后，信息被整理得更有条理了，也就是编码了，也能够促进记忆。

（1）系统结构图。学完一科知识，对学习材料进行归类整理，将主要信息归成不同水平或不同部分，然后形成一个系统结构图。复杂的信息一旦被整理成一个金字塔式的层次结构，理解和记忆就容易多了。在金字塔的结构里，较具体的概念要放在较抽象概念之下。

（2）流程图。流程图可用来表现步骤、事件和阶段的顺序。流程图一般是从左向右或从上往下展开，用箭头连接各步骤。

（3）模式或模型图。模式图就是利用图解的方式来说明在某个过程中各要素之间是如何相互联系的。模型图是用简图表示事物的位置（静态关系），以及各部分的操作过程（动态关系）。

（4）网络关系图。网络关系图越来越受重视，目前，人们将它称为概念图或思维导图，广泛应用于学习、教学和测评中。利用关系图可以图解各种观点是如何相互联系的。做关系图时，首先找出课中的主要观点，然后找出次要的观点或支持主要观点的部分，接着标出这些部分，并将次要的观点和主要观点联系起来。在关系图中，主要观点图位于正中，支持性的观点位于主要观点的周围。

3. 利用表格

（1）一览表。首先对材料进行全面的综合分析，然后抽取主要信息，并从某一角度出发，将这些信息全部陈列出来，力求反映材料的整体面貌。例如，学习中国历史时，可以时间为轴，将朝代及主要历史人物、历史事件全部展现出来，制成一幅中国历史发展一览表。

（2）双向表。双向表是从纵横两个维度罗列材料中的主要信息。层次结构图和流程图都可演变成双向表。

二、元认知策略

在学习的信息加工系统中，存在着一个对信息流动的执行控制过程，这种执行控制功能的基础是元认知。所谓元认知，就是对认知的认知，具体地说，元认知是个体关于自己学习或如何学习的知识，是调节和控制自己学习过程的能力。它具有两个独立但又相互联系的成分：认知过程的知识和观念与对认知行为的调节和控制。比如说，你清楚地知道只有这样才能记住《教育心理学》的内容：首先必须注意力集中地看书本上的内容，而不是在想今天晚饭吃什么好（注意）；其次，在看书时你能理解书中文字的意思（精细加工）；最后，你还尝试着整理和列提纲（组织／编码）。这就是元认知知识。读这本书时，你一定遇到过有读不懂的段落，这时你该怎么办呢？或许你会放慢速度重新读一遍，或许你会借助图画、曲线或词汇表等线索来帮助你理解，或许你会从本章的开头重读一遍，以搞清楚是否是前面的内容没有充分理解而造成了现在的困难。这些都是元认知控制的例子。

元认知知识是对如何有效完成任务的一种认识。它主要包括：第一，对个人作为学习者的认识。在完成某一任务时，学习者首先要对自己或他人作为学习着或思维着的认知加工者的一切特征的认识。第二，对任务的认识。对学习材料的性质、长度、熟悉性、结构特点的呈现方式、逻辑性等因素以及学习目标和任务的认识。第三，对有关学习策略及其使用方面的认识，即对学习各种策略及其优点和不足、应用条件和情境以及效力的认识。

元认知控制则是运用自我监视机制确保任务能成功地完成——知道何时、如何做什么，是对认知行为的管理和控制，是主体在进行认知活动的全过程中，将自己正在进行的认知活动作为意识对象，不断地对其进行积极、自觉的监视、控制和调节。因此，元认知控制过程包括制订认知计划、监视计划的执行以及对认知过程的调整和修改。

（1）计划策略

元认知计划是根据认知活动的特定目标，在一项认知活动之前计划各种活动，预计结果、选择策略，想出各种解决问题的方法，并预估其有效性。元认知计划策略包括设置学习目标、浏览阅读材料、产生待回答的问题，以及分析如何完成学习任务。制订学习计划是有步骤地提高学习成绩和学习效果的前提。

我们在上每一节课、看每一本书前都应当有一个计划，制定明确的学习目标和步骤，并对自己的学习结果进行预测，做一个积极的学习者。

（2）监视策略

元认知监视是在认知活动进行的实际过程中，根据认知目标及时评价、反馈认知活动的结果与不足，正确估计自己达到认知目标的程度、水平；并且根据有效性标准评价各种认知行动、策略的效果。元认知监控策略包括阅读时对注意加以跟踪、对材料进行自我提问、考试时监视自己的速度和时间。集中注意和领会监控是两种最常见的监控策略。集中注意是学生努力控制自己的认知资源，确保将它放在目标内容上的过程。领会监控是指通过不断的回答预先提出的问题，根据回答情况来判断自己是否达到目标的监控方式。

（3）调节策略

元认知调节是根据对认知活动结果的检查，如发现问题，则采取相应的补救措施；根据对认知策略的效果的检查，及时修正、调整认知策略。调节策略是指学习者在学习过程中对自己的学习行为进行自我矫正时所采用的策略。元认知调节策略与监控策略有关。例如，当学习者意识到他不理解课程的某一部分时，他就会退回去重读困难的段落，面对阅读困难或不熟的材料时放慢速度，复习他不懂的课程材料；测验时跳过某个难题，先做简单的题目等。调节策略能帮助学生矫正他们的学习行为，对理解上的不足进行补救。

元认知策略的这三个方面总是相互联系在一起的。学习者一般先认识自己的当前任务，使用一些标准来评价自己的理解、预计学习时间、选择有效的计划来学习或解决问题。然后，监视自己的进展情况，并根据监视的结果采取补救措施。而且，元认知策略总是和认知策略一道起作用的。

大部分学生能够逐渐掌握各种必要的元认知策略，但也有些学生掌握不了。教师可教给学生一些策略，去评价自己的理解程度，规划完成任务所需的时间，选择有效的方案去攻克难题。教师教给学生元认知策略能显著地提高学生的学习成绩。学生能够学会在复杂的任务中反思自己的思维过程，并学会运用具体的学习策略去反思。自我提问策略特别有效。自我提问过程中，学生在给定类型的任务中寻找共同的成分，并就这些共同的成分进行自我提问。

三、资源管理策略

一年 365 天，一天 24 小时，一小时 60 分钟。时间，对每一个人来说都是公平的、等长的，但对每一个人的工作时效来说却是不等价的。究其原因，多种多样，其中时间管理的意识与水平是重要的因素之一。对学生的学习来说，统筹安排学习时间、高效利用最佳学习时间、灵活利用零碎时间，是管理好学习时间、提高学习效率的好方法。

（1）学习时间管理

①统筹安排学习时间

每个人都应当根据自己的总体目标，对时间做出总体安排，并通过阶段性的时间表来落实。对每一天的活动，都要列出一张活动优先表。在制订学习计划时，要注意将学习计划落实在学习成果上。在执行学习计划时，要注意防止拖拉作风。

②高效利用最佳时间

在不同的时间段里，人的体力、情绪和智力状态是不一样的，也就是说，学习时间的质量可能是不一样的。首先，要根据自己的生物钟安排学习活动，确保状态最佳时学习最重要的内容或最难的任务。对大部分同学来说，每天上午刚刚开始学习时是一天当中精力最充沛、头脑最清醒的时候，但是很遗憾，很多人在刚开始学习的第一小时内却在做着整理学习用品、聊天等不重要的事情，浪费了这效率最高的黄金一小时。

③灵活利用零碎时间

零碎时间通常是指小于 30 分钟的时间段。因为在这么短的时间内很难进入学习状态，完成某项学习任务，因而很容易被浪费掉。但是，在一天中我们很难拥有较多的供自己支配的时间。因此，高效利用零碎时间就很关键。首先，可以利用零碎时间处理学习上的杂事。其次，可以用来完成可以快速进入状态的学习任务，如背诵诗词或外文单词。最后，可以将一个学习任务分解成多个相互独立的小任务，并标注出预计耗费的时间。每当手头有零碎时间时，就可以匹配一个最合适的小任务。这就是著名的"瑞士干酪法"。

（2）学习环境的设置

你在什么环境中学习效率是最高的？曾国藩在写给他弟弟的家书中曾说过

这么一段话："且苟能发奋自立，则家塾可读书，即旷野之地、热闹之场亦可读书，负薪牧豕，皆可读书；苟不能发奋自立，则家塾不宜读书，即清净之乡、神仙之境皆不能读书。何必择地？何必择时？但自问立志之真不真耳！"意思是，一个人真发奋读书不必择时也不必择地。因此，很多父母与学生自己并没有重视设置学习环境，认为只要认真，在哪里都可以学习。然而事实是人很容易被其他更有意思或者更轻松的信息所吸引，即使父母和老师也是如此。因此，让自己置身于不容易被分散注意力、不容易被打扰的环境中会有助于学习，如图书馆。学习时，将手机关闭，避免被手机打扰。一边听音乐一边学习也不是好主意。流行歌曲中的歌词会吸引你大部分的注意力，甚至会让你跟着哼唱起来。没有歌词的古典乐曲，如维瓦尔第和巴赫的乐曲当作背景音乐播放也可能会夺走你的注意资源。所以，安静的环境就是最好的学习环境。

当然，学习的环境最好是空气流通的，四周的墙面也不要有太强烈的色彩，桌面上不要有太多无关紧要的东西，如零食、文具等。

最后，所谓的理想的学习环境，对每个人而言，情况并不相同。有些人喜欢在安静无声的房间静静地思索，有些人喜欢面对墙角大声地朗读，还有些人可能更喜欢和一个同伴问答和讨论。注意观察自己在什么环境中精神最饱满，注意力最集中。

（3）学习努力和心境管理

当遭遇挫折和困难时，学生很容易停止努力学习，这是正常并且自然的反应。为了使学生维持自己的意志努力，需要不断地鼓励学生，并教会学生进行自我激励。优秀学生通常都有自己的自我激励机制，主要是激发内在动机：寻找自己感兴趣的学习内容；树立具体化的学习目标，让自己感受到成功的喜悦；自我强化，即每当达成一个具体化的小目标时，给自己具体的奖励；榜样示范，即主动地阅读榜样战胜困难的故事，并以此为勉励。

（4）学习工具的利用

技术正在深刻地改变我们的受教育方式、学习和完成工作的方式以及我们与教师、其他同学的交流方式。它正在改变我们获取信息的方式——我们可以获取成千上万的书籍、杂志、其他印刷资料以及数以万计的网页。在新的时代，学习的工具不仅包含了传统的书籍，还包括了电脑、电视、智能手机等。这些工具可以帮助我们增加在学校里取得成功的机会，帮助我们更加高效地学习。但前提是，我们能成功地运用这些工具，而不是把这些现代技术产品当作玩具。

对大多数学生而言，我们应该首先教会他们如何熟练地使用传统的学习工具——书籍和图书馆。利用书籍从学会读目录开始，要了解如何运用目录快速地找到自己所要的信息。这是对信息能力最早的培养。如今的人们面对比任何时代都丰富的信息，从数以万计的信息中确定出哪些信息是必要的和重要的，这种能力就是信息能力。这种能力可以帮助学生更加高效地学习和成功地解决问题。当自己拥有的书籍不足以解决问题时，我们就需要运用图书馆。在图书馆中，我们能找到什么？很显然，图书馆收藏了很多的书籍，但现代化图书馆拥有的东西远远不止于此。除了一般的书籍之外，去图书馆你还能找到：

（1）期刊。期刊包括针对普通读者出版的杂志、针对某一领域专业人士出版的专业学术期刊等。

（2）索引和在线数据库。索引提供了按照标题、作者名和主题进行分类的期刊文章列表。有些索引还提供了每篇文章内容的简短概括或摘要。当查询目标并不确切而只是某一领域时，索引可能是比较适合的。大多数索引都有印刷版和电子版。电子版形式被称为在线数据库（包括中英文全文数据库）。

（3）百科全书。百科全书很好地提供了对某一主题的看法，但是它们大多缺乏深度。在你最初寻找某些重要问题的一般看法的信息时可以利用它们，然后再以此为基础去寻找更特殊的和最新的资源。

（4）政府文档。人口普查记录、统计年鉴等是储藏在图书馆中数以万计的政府文档的一部分。这是可靠数据的来源。

在图书馆开始搜索信息的地方是馆藏目录，这些目录列出了图书馆馆藏的所有材料以及位置。大多数图书馆的目录已经电子化，一般都通过电脑来搜索，速度非常快。一般来说，目录搜索的结果包括了有关材料的作者、出版社名称、出版日期、页数，以及分类信息等。假设你正在写一篇关于行为主义心理学代表人物斯金纳（Burrhus Frederic Skinner）的论文。你可以在搜索栏中选择以"作者"的形式搜索所有关于"斯金纳"的材料；你也可以选择以"关键词"的形式搜索"斯金纳"。这两种搜索形式会得到不一样的列表，原因是后者可能包括了别人所撰写的关于斯金纳、行为主义、强化的资料，而前者是斯金纳本人的著作。因此，正确的搜索方式可以使你更加高效地获得目标信息。目录搜索的结果还包括了图书编号以及状态。这项信息告诉你这本书的确切位置，以及这本书有没有被别人借走。

学生在儿童时期就学习到利用书籍和图书馆帮助自己完成学习的方法对将来的学习会大有裨益。教师也可以布置与学生能力水平相当的主题活动来让学生通过体验学习到如何利用这些工具。

对高年级的学生来说，还需要教会他们使用数字化学习工具，包括电脑、网络和搜索引擎。电脑是使用网络和搜索引擎的必备设备，同时，电脑也可以帮助我们更加方便地制作学习资料，如笔记、表格、演示材料、设计方案等。虽然在电脑上学生容易接触到不良内容，但这并不妨碍电脑成为现今重要的学习工具，因为数字化的信息是数字化时代的重要部分。因此，教师更应当教会学生如何正确合理地将电脑作为一种帮助学习的工具来使用，而不是人为地禁止其使用。网络，也叫万维网，正如其名字一样，它是巨大的，大到没有人知道它到底存有多少资料。任何人都可以将信息放到网上，这既是网络的优势，也是其最大缺点。网上的错误信息可能和正确信息一样多。网络上没有核心目录，但有很多不同的搜索引擎。搜索引擎是用来搜索网络上的信息的，根据你所使用的搜索引擎和所执行的搜索类型，会识别出不同的信息。

（5）社会性人力资源的利用

当自己无法独自解决学习上遇到的难题时，你可能需要向你周围的人，老师、同学，甚至是该领域内的专家求助。积极主动地求助比永远放弃解决问题、消极等待帮助，或者无谓的坚持都更加有效。学会求助于可利用的人是学会学习的重要部分。利用可获得的人力资源帮助自己学习的能力是可以广泛运用到任何领域的学习中的一般能力，具有很高的迁移价值。

"不懂就问""不耻下问"听起来是相当容易的事，所以有的人就忽略了这里面其实也有策略：确定什么时候需要帮助、到哪里去寻求帮助以及如何使学习帮助最大化。

对于难度不大、自己有希望能独立解决的问题，如果也去寻求别人的帮助，那么这种帮助不仅不能起到帮助作用，反而可能抑制你的创造性，促使你产生依赖性。所以，首先多尝试几种不同的方法去解决问题，无效的情况下才寻求帮助。实际情况中，更经常出现的可能是：你真的非常需要帮助，但是你不愿意或者不好意思寻求帮助，因为害怕老师和同学会因此对自己产生不良的看法。这时，你可能还需要额外的心理辅导，以消除对救助的焦虑。

确定需要寻求帮助，那么该去哪里寻求帮助呢？老师是第一人选，因为老师术业有专攻，不仅懂得解决问题的方法，也懂得帮助学生的方法。所以礼貌且大方地向老师请教是首选。也许有些难题连老师也不能解决，那么你可以请教老师是否有其他专家可以引荐。同学也是求助的一条有效途径，因为个体的知识结构和能力是有差异的，甲同学的难题对乙同学来说可能并不是难题。另外，当你发现自己并不擅长独自安静地学习时，求助于同学，组成一个合作学习的小组，有问有答地记忆所学内容，或者分工合作完成某项学习任务，或者讨论分析某个知识点都是更加有效的学习形式。

无论是用何种途径获取了学习帮助，解决了问题和克服了困难后，还需要进行积极的思考和反省。把自己原来的思维过程和他人提供的正确解决问题的思维过程进行对比，从中发现自己的错误和不足，使求助不仅起到帮助解决问题的作用，还起到改善思维方式和提高思考能力的作用。

教师如何教授学生学会主动求助？除了把以上内容教给学生外，还要将自己愿意帮助学生的时间和地点，以及帮助学生时自己是如何看待求助学生的想法一起分享给学生。这些都会起到积极作用。

第三节　学习策略的训练

一、学习策略训练的原则

人们在学习、阅读时常常使用各种不同的策略，但很少有什么学习策略总是有效的，也很少有什么策略总是无效的。显然，学习策略的价值依赖于其具体情况和使用。在进行学习的训练时，教什么策略、怎么教这些策略，可以遵循一定的基本原则。

（一）主体性原则

任何学习策略不论多么有效，如果学生不主动使用，那都没有意义。教师应当给学生提供练习使用策略的机会，并让学生有意识地提醒自己运用策略。

（二）内化性原则

学习必须在充分的实践当中，把策略的运用自动化为自己的一种思维方式，这种学习策略才能内化成自己的学习能力，并在新情境中加以灵活应用。教师应当为学生提供充分的练习机会。训练时鼓励学生大声地说出运用策略的思考过程，再过渡到无声地默念，最后过渡到头脑中无声地思考。

（三）特定性原则

学习策略的选用对不同的学习内容和不同年龄的学生来说差异很大。在教授学习方法时，要根据学生的认知水平，结合具体的学科内容进行教学。

（四）生成性原则

教师要鼓励学生利用学习策略对学习材料进行重新加工，生成某种新的东西，在提高学习成效的同时，形成适合于自己的学习策略。

（五）有效的监控原则

学生应当知道何时、如何应用他们的学习策略并能反思并描述自己对学习策略的运用过程。

（六）自我效能感提升原则

教师给学生提供一些机会使他们感觉到策略的效力，以及自己能够很好地使用策略的能力。只有学生认为自己能用并且它有用时，才会积极主动地使用这些策略。

二、学习策略训练的方法

在《爱丽丝漫游仙境》中，白兔不知道怎样在审判中为红心武士辩护。红心国王给了它一个建议："从头开始……不停地读，一直到末尾，然后停止。""红心国王法"是进行演讲时常用的一种方法。但是教师帮助学生理解课程内容的方法并不限于此。教师可以采用多种方法来帮助学生学习新内容，如引导学生回忆已有的知识经验、向学生提问、帮助学生联系和回忆新信息等。以下介绍几种较常见的模式。

（一）指导教学模式

指导教学模式与传统的讲授法十分类似，由激发、讲演、练习、反馈和迁移等环节构成。在教学中，教师先向学生解释所选定学习策略的具体步骤和条件，在具体应用中不断给予提示，让其口头叙述和明确解释所操作的每一个步骤以及报告自己应用学习策略时的思维，通过不断重复这种内部定向思维，可加强学生对学习策略的感知、理解与保持。同时，教师在教学中依据每种策略来选择众多恰当的事例来说明其应用的多种可能性，使学生形成对策略的概括化认识；提供的事例应从学生的认知水平出发，由简到繁，使学生从单一策略的应用发展到多种策略的综合应用，从而形成一种综合应用能力。

（二）程序化训练模式

所谓程序化训练就是将活动的基本技能，如解题技能、阅读技能、记忆技能等，分解成若干有条理的小步骤，在其适宜的范围内，作为固定程序，要求活动主体按此进行活动，并经过反复练习使之达到自动化程度。程序化训练的基本步骤是：第一，将某一活动技能，按有关原理，分解成可执行、易操作的小步骤，而且使用简练的词语来标志每个步骤的含义。第二，通过活动实例示范各个步骤，并要求学生按步骤活动。第三，要求学生记忆各步骤，并坚持练习，直至使其达到自动化程度。

例如，PQ4R阅读策略。PQ4R阅读策略指预览（Preview）、提问（Question）、阅读（Read）、反思（Reflect）、复述（Recite）、复习（Review）。

1. 预览

快速浏览材料，对材料的基本组织主题和副主题有一个初步的了解。注意标题和小标题，找出你要读的和学习的信息。

2. 提问

阅读时自己问自己一些问题。根据标题用"谁""什么""为什么""哪儿""怎样"等疑问词提问。

3. 阅读

阅读材料，不要泛泛地做笔记，试图回答自己提出的问题。

4. 反思

通过以下途径，试图理解信息并使信息有意义：①把信息和你已知的事物联系起来；②把课本中的副标题和主要概念及原理联系起来；③试图消除对呈现的信息的分心；④试图用这些材料去解决联想到的类似的问题。

5. 复述

通过大声陈述和一问一答，反复练习记住这些信息。你可以使用标题、画线词和对要点所做的笔记来提问。

6. 复习

最后一步，积极地复习材料，主要是问你自己问题。当你肯定答不出来时，重新阅读材料。

教师对学生讲解这一策略时，首先将 PQ4R 的六个步骤介绍给学生；然后示范用这个方法阅读一篇文章；最后，要求学生背出六个步骤，并在阅读每篇文章时使用。

研究表明，PQ4R 法对年长儿童更有效。遵循 PQ4R 程序，可以使学生更关注信息的有意义的组织，促使学生运用其他各种有效的策略。

（三）完形训练模式

完形训练就是在直接讲解策略之后，提供不同程度完整性材料，促使学生练习策略的某一个成分或步骤。例如，在教学生列提纲时，教师可先提供一个列得比较好的提纲作为示范，然后解释这些提纲是如何统领材料的，下一步就给学生提供一个不完整的提纲，分步对学生进行训练：第一，提供一个几乎完整的提纲，需要学生听课或阅读时填写一些支持性的细节。第二，提供一个只有主题的提纲，要求填写所有的支持性细节。第三，提供一个只有支持性细节的提纲，要求填写主要的观点。如果给予学生适当的练习，他们就能学会写出很好的提纲。完形训练的好处就在于能够使学生有意注意每一个成分或步骤，而且每一步训练所需的心理努力都是学生能够胜任的，更为重要的是，每一步训练都给学生以策略应用的整体印象。

（四）交互式教学模式

交互式教学这种方法，主要用来帮助成绩差的学生阅读领会学习内容，它是由教师和一小组学生（大约 6 人）一起进行的。旨在教学生这样四种策略：第一，总结——总结段落内容；第二，提问——提出与要点有关的问题；第三，析疑——明确材料中的难点；第四，预测——预测下文会出现什么。一开始，教师做一个示范，朗读一段课文，并就其核心内容进行提问，直到最后概括出本段课文的大意，提问是为了引起讨论，概述大意则有助于小组成员为阅读下一段课文做准备。然后，教师指定一个学生扮演"教师"，彼此提问。在这里，教师先树立一些榜样性行为，示范四种主要策略，然后改变自己的角色，在学生不会使用策略时给予必要的帮助，起着一个促进者和组织者的作用。

（五）合作学习模式

许多学生可能已经发现，当自己和同学讨论所读到的或所听到的材料时，获益匪浅。在这种学习活动中，两个学生一组，一节一节地彼此轮流总结材料，当一个学生主讲时，另一个学生听着，纠正错误和遗漏。然后，两个学生变换角色，直到学完所学材料为止。关于这种学习方法的一系列研究证明，以这种方式学习的学生比独自总结的学生或简单阅读材料的学生，其学习和保持都有效得多。有意思的是，合作性讲解的两个参与者都能从这种学习活动中受益，而主讲者比听者获益更大。

在实际教学中，教师不管采用什么方法进行学习策略的教学，都要结合学科知识。研究认为，学习策略知识不是孤立的，不能脱离专门知识。专门领域的基础知识是有效利用策略的前提条件，脱离知识内容的单纯训练容易导致形式化倾向，难以保证学生提高学习策略水平。教师要善于不断探索优化自己的教学步骤，为学生提供可能仿效的活动程序；同时要根据学生原有的学习方式基础来启发学生的思路，让其有意识地内化有效的学习策略。

第五章 学习迁移

学习迁移是完整的学习过程的重要环节。学习迁移是整个 20 世纪都让心理学家们持续感兴趣的一个主题，而对于迁移的研究是从验证和批评"形式训练说"开始的，由此形成了"相同要素说""概括化理论""关系转换说"等早期研究成果。研究者通过设计训练和实验两种情境进而考察两种学习之间有没有迁移发生，探求迁移发生的原因。但这种研究是具体的，或者说他们对迁移概念的理解是狭义的。

20 世纪六七十年代以后，随着"为迁移而教"口号的提出，心理学从知识、技能、策略以及问题解决过程的迁移等广泛意义上开始了对迁移的进一步研究，形成了认知结构迁移、迁移的产生式、策略迁移等众多理论，迁移问题又一次成为学习研究领域收获颇丰的一个热点。对学习迁移概念的理解也从过去狭义的层面推向一种广义的层面，研究者认为有意义的学习过程本身就是一个迁移的过程，运用知识经验解决问题也是一个迁移的过程，知识的应用与迁移属于同一性质的问题。

第一节 学习迁移概述

一、学习迁移的概念

学习是一个连续的过程，任何学习都是在学习者已经具有的知识经验和认知结构，已经获得的动作技能和已经习得的态度等基础上进行的。当我们发现习得的经验都是以各种方式互相联系起来的时候，学习过程中出现的这种普遍现象，就是迁移，如我们常说的举一反三、触类旁通、闻一知十等。

学习迁移指的是一种学习对另一种学习的影响，或习得的经验对完成其他活动的影响。简单来说，就是新旧学习之间的相互影响。学习迁移在内容上是多种多样的，既包括在知识、技能方面的迁移，也包括在方法、态度方面的迁移。比如，平面几何的学习会影响立体几何的学习，在学校形成的爱护公物的规范行为会影响在校外时的表现，等等。

迁移不仅存在于某种经验内部，而且存在于不同的经验之间，如知识向技能方面的迁移。外语学习中，丰富的词汇知识的掌握将促进外语阅读技能的提高，而阅读技能的提高又可以促进更多的外语词汇知识的获得，知识与技能之间存在着相互迁移。

二、学习迁移的类型

学习的迁移可以从不同角度进行分类，这反映了学习迁移的复杂多样性，也反映了教育心理学对学习迁移研究的变化发展性。

（一）根据迁移的性质和效果，分为正迁移和负迁移

正迁移(positive transfer)是指一种学习对另一种学习起到积极的促进作用。比如，一种学习使另一种学习活动所需的时间或练习次数减少，或使另一种学习在单位时间内的学习量增加，或者之前学习的知识经验对后一种学习中问题的解决有帮助。这种正迁移的方式，使学生的知识和技能在这种过程中不断获得发展。

负迁移（ negative transfer ）是指一种学习对另一种学习的消极影响，会产生干扰或阻碍作用。比如，反应定式对另一学习的效率或准确性产生消极影响，或使另一种学习所需的学习时间或所需的练习次数增加，或阻碍另一种学习的顺利进行等。例如，学习英文打字后再学习俄文打字会受到干扰。

（二）根据迁移的方向，分为顺向迁移和逆向迁移

顺向迁移(forward transfer)是指先进行的学习对后来的学习的影响。比如，当学习者面临新的情境或问题时，利用已有的知识经验去面对新情境，解决新问题。例如，物理中的"平衡"概念习得后，就对之后学习化学平衡、生态平衡产生影响。

逆向迁移（ backward transfer ）是指后来的学习对先前学习的影响，包括

通过后面的学习对已经获得的知识技能加以扩充、改组或修正，进一步丰富已有的知识经验。例如，发展心理学和教育心理学的学习会对先前学习的普通心理学的理解产生影响，使学生对普通心理学课程中所学习的专业术语、心理学理论等有了更深刻的理解。

（三）根据迁移内容的不同抽象与概括水平，分为纵向迁移和横向迁移

纵向迁移（vertical transfer）也叫垂直迁移，指的是不同层面（概括与抽象程度不同）的学习间的相互影响。比如，先学习了"角"的概念，再学习"直角""钝角"等概念。

横向迁移（lateral transfer）也叫水平迁移，指的是同一层面（概括与抽象程度相同）的学习之间的相互影响。比如，学习"直角""锐角""钝角"等概念，这些概念之间的关系都是并列的。

（四）根据迁移的范围，分为一般迁移和特殊迁移

一般迁移（general transfer）是指一种学习中所习得的原理或态度对另一种学习的影响。比如，学生在学习历史的时候发现，当他记笔记时会取得更高的测验成绩，于是他决定在地理课上也记笔记。这种在某一门学习中形成的学习策略或态度，运用到别的学习中时就称为一般迁移。

特殊迁移（special transfer）是指一种学习中习得的具体的、特殊的经验直接迁移到另一种学习中去。比如，已经知道西班牙语中的数（uno，dos，tres，cuatro，cinco），再学习法语中的数（un，deux，trios，quatre，cinq）会更加轻松，因为二者十分相似。

（五）根据迁移的程度，分为近迁移和远迁移

近迁移（near transfer）是指将所学的经验迁移到与原初学习情境比较相似的情境中。比如，学生学会了如何解决汽车路程的应用题，便也能解决飞机、步行等有关时间、速度、路程的问题。

远迁移（far transfer）是指将所学的经验迁移到与原初学习情境极不相似的其他情境中。比如，之前学会了解决汽车路程问题，也能解决其他的工程问题，如工作时间、工作效率和总工作量等。

（六）根据迁移的意识水平，分为低路迁移和高路迁移

低路迁移（low-road transfer）是指以一种自发的或自动的方式所形成的技能的迁移。这种迁移是将非常熟悉的技能从一种情境迁移到另一种情境，不需要思维或只需要很少思维的参与。比如，在学会开汽车后，不仅能熟练地开自家的车，从朋友那儿借来的车也能很轻松地驾驶。需要注意的一点是，这种迁移的关键是原先的技能有了充分的练习，并且这种练习是在变式的情境中发生的。

高路迁移（high-road transfer）是指有意识地将某种情境中学到的抽象知识应用于另一种情境中的迁移。这种迁移是有意识参与的，要么能将眼前习得的理论运用于今后的实践，要么在面对新问题时，能回头思考先前习得的知识。比如，将数学问题中的规则、原理等运用到物理学习中。需要注意的是，这种迁移的关键是有意识地进行抽象概括，并能发现不限于特殊情境且能普遍应用的原理、观点等。

三、学习迁移的意义

凡是有教育的地方就有迁移，不存在相互间不产生影响的学习，因此迁移在学校教育教学中无所不在，尤其与培养学生解决问题的能力和创造性密切相关。学习迁移的意义表现在以下几个方面：

第一，迁移对提高解决问题的能力有直接的促进作用。学习的最终目的是要将习得的本质和规律应用于各种不同的实际情境中，解决现实中的各种问题。能否准确、有效地提取有关经验来分析、解决目前的问题，就是一个迁移的问题。因此在教育条件下，教师对学生迁移能力的培养有利于提高学生解决问题的能力。

第二，迁移是习得的经验得以概括化、系统化的有效途径，是能力与品德形成的关键环节。只有通过广泛的迁移，原有的经验才得以改造、才能更完整，从而建立起能稳定调节个体活动的心理结构，即能力与品德的心理结构。从这个角度来说，迁移研究不但在教育心理学，而且在个体认知过程和认知发展的研究中都占有重要地位。

第三，迁移规律对学习者、教育工作者和有关的培训人员具有重要的指导作用。对学习者来说，能在适当的情境中主动、准确地应用原有的经验，防止原有经验惰性化；对教育工作者和培训人员来说，掌握迁移规律有助于教学和

培训系统的设计，包括教材编写、教学方法的选择、教学过程的组织和教学成效的考核等，加快教育和培训的进程，提高教育和培训的效率。

第二节　学习迁移的理论

一、早期的迁移理论

学习迁移的现象讨论来源于学习活动的产生，从理论上对迁移进行系统解释和研究开始于 18 世纪中叶，不同的研究者根据不同的理论和哲学基础以及不同的实验，形成了不同的迁移理论。

（一）形式训练说

形式训练说是最古老的迁移理论，它的心理学基础是官能心理学，代表人物是 18 世纪德国心理学家沃尔夫（C.von Wolff）。官能心理学认为，人的心是由许多不同的官能组成的，这些官能包括注意、意志、记忆、想象、知觉、推断等，每个官能都是独立的实体，相互独立，分别从事不同的活动，并且可以通过相应的训练得到增强。比如，记忆的官能通过记忆的训练而得到增强。

形式训练说认为训练和改进心的各种官能是教学的重要目标，教育的目标就是要改善学生的各种官能，改善后的官能能够自动地迁移到其他学习中，而一种官能的改进也能增强其他官能。比如，数学有利于训练推理能力。形式训练说强调形式，即注重训练的形式而不是内容，因为内容容易被遗忘，只能起到暂时的作用，只有通过训练发展的心的官能，才能起到长久的作用；形式训练说强调训练，只有通过严格而充分的练习，才能形成完善和全面的心智能力。因此该理论的观点立足于：在学校教育中，习得的知识会过时，但通过训练改进的心理官能却能使人终身受益。

形式训练说在欧洲和北美盛行了近 200 年，但在 19 世纪末，遭到了来自心理学实验研究结果的驳斥。其中，詹姆士（W.James）于 1890 年最先通过实验对形式训练说进行了检验和批判，他发现，记忆的能力不受训练的影响，记忆的改善要从改善记忆的方法开始；随后，桑代克（Thorndike）发现，训练可以迁移到类似的学习活动中，但不相似的学习活动之间却没有迁移现象。

因此，形式训练说的内容假设缺乏足够的实验依据和现实依据，于是出现了其他的迁移理论。

（二）相同要素说

相同要素说是由美国的教育心理学家桑代克（Thorndike）和武德沃斯（Woodworth）在一系列实验的基础上提出的迁移理论。

在桑代克的知觉实验中，先让被试者观察并估计从 10 平方厘米到 100 平方厘米的各种大小不同的长方形面积，直至能准确估计每个长方形面积为止，也就是训练了判断面积的一般能力；再让他们去估计从 150 平方厘米到 300 平方厘米的各种长方形的面积，结果发现被试者的进步仅达到原有进步的 1/3 左右。若面积不变，只改变图形形状，被试者估计面积的能力并不因先前经过了训练而有多少提高。随后在长度和重量上进行了类似的实验，也得出了相似的结论。因此他断言，在教育中训练某一官能，未必能使它的所有方面都得到改善，而任何一种官能的改善也只限于一定的活动范围，而只有当两个官能之间有相同的要素时，一种官能的改善才能引起另一种官能的改善。也就是说，一种学习情境到另一种学习情境的迁移，只是由于这两个情境中存在着相同的要素，而相同的要素越多，迁移的量就越大。例如，学习滑冰对学习滑雪有正迁移，因为两者之间有许多相同因素。反之，学习打乒乓球和学习滑雪之间没有相同因素，则不存在迁移。

就在桑代克提出了相同要素说的同时，另一位美国心理学家武德沃斯通过实验研究也得出了几乎与桑代克相同的结论，并把"相同要素说"改为"共同成分说"。根据共同成分说，如果两种学习活动含有共同成分，则无论学习者是否意识到这种成分的共同性，都有迁移现象发生，学习就会更容易。只有两种学习中存在着联结，一种学习上的进步才能转移到另一种学习上去，才能发生正迁移效果。

相同要素说从根本上来说是基于对形式训练说的否定，也使迁移的研究更加深入，但仅将迁移视为相同联结的转移，在某种程度上否认了迁移过程中的复杂认知活动，如没有充分考虑学习者的内在训练过程，忽略了情境中相同要素除了有积极迁移之外，还可能产生消极的作用，即一种学习对另一种学习会产生干扰作用。

（三）概括化理论

概括化理论是由美国心理学家贾德（C.H.Judd）提出来的，也被称为经验泛化说。

贾德在 1908 年进行了"水下击靶"实验，并在此基础上提出了概括化理论。他把小学五六年级的学生作为被试，并将所有学生分成 A、B 两组，让 A 组学生充分学习光的折射原理后进行水下 3 厘米的击靶练习，而 B 组学生不进行折射原理的学习就直接练习水下 3 厘米的击靶。当两组达到相同的训练成绩以后，增加水下目标的深度。当射击离水面 10 厘米的靶子时，两组的差异明显地表现出来，A 组的成绩显著优于 B 组的成绩。掌握了折射原理的 A 组学生，由于把折射原理概括化，并能运用到特殊情境中去，对不同深度的目标可以做出适当得多的调整，迅速适应了水下 10 厘米的条件，故其射击成绩不论在速度上，还是在准确性上都超过了 B 组学生，而 B 组学生则表现出极大的混乱，先前的练习不能帮助改进其射击水下 10 厘米的靶子，错误持续发生。贾德指出，这是因为学习过折射原理的学生，已把折射原理概括化了，对不同深度的目标能利用概括了的经验做出适当的调整。他的实验强调的是对知识经验的概括。

如果说桑代克的理论把注意力集中放在先期与后期的学习活动所共有的那些因素上，那么贾德的理论则不同，他认为在先期学习 A 中获得的东西，之所以能迁移到后期学习 B 中，是因为在学习 A 时获得了一般原理，这种原理可以部分或全部运用于 A、B 之中。根据这一理论，两个学习活动之间存在的共同要素，只是产生迁移的必要前提，而产生迁移的关键是学习者在两种活动或经验中通过概括产生泛化的共同原理，这就是泛化或概括化理论。只要一个人对他的经验进行了概括，就可以完成从一个情境到另一个情境的迁移。贾德倾向于把两个情境之间的相同要素的重要性减到最低限度，而突出强调经验概括的重要性，并强调对原理的理解。

在教育领域，概括化理论认为概括不是一个自动的过程，它与教学方法有着密切的关系。对教师来说，应该在教学方法上引导学生学会概括，并引导学生把这种概括化的原理与实践相联系，给予相应的指导，加强学习迁移的效果。

贾德的概括化理论涉及高级的认知领域，为学习迁移的研究做出了贡献。但是对原理的概括除了与学会原理、原则有关之外，还与学习材料的性质以及学生的能力等有关，如原则概括化的能力会随着年龄的增长而提高，年幼的学生要形成原理的概括就不容易。因此概括化的经验仅是影响迁移成功与否的条件之一，并不是迁移的全部。

（四）关系转换理论

关系转换理论是对概括化理论的进一步发展，由格式塔心理学家于 1929 年提出。他们从理解事物关系的角度对经验类化的迁移理论进行了重新解释，并通过实验证明迁移产生的实质是个体对事物间关系的理解，最有代表性的实验是苛勒（W.Kohler）的纸下觅食实验。

实验中，苛勒给小鸡呈现两张不同颜色的纸，一张是浅灰色的，一张是深灰色的，食物总是放在颜色较深的纸下面。经过 400~600 次的训练，小鸡学会了在深颜色纸下找到食物。然后用更深颜色的纸代替原来的浅灰色纸，实验表明，有 70% 的小鸡不是在原来的深色纸下去寻找食物，而是从更深颜色的纸下寻找食物。随后，苛勒用黑猩猩和一个 3 岁的女孩做了同样的实验，即在纸下找寻糖果，观察到了同样的现象，其中小女孩前期训练的时间更少（约45次），正确反应率也更高。实验表明，小鸡、黑猩猩和女孩是根据纸的深浅关系发生反应，是对整体情境中所包含的相对关系的反应，而不是对特殊刺激发生反应。因此，对情境中关系的理解是导致迁移的主要原因，对关系的顿悟是获得一般训练的真正手段。

关系转化理论与上面两种理论的区别在于，习得的经验能否迁移，并不取决于是否存在某些共同的要素，也不取决于对原理的孤立的掌握，而是取决于能否理解各个要素之间形成的整体关系，能否理解原理与实际事物之间的关系。个体越能发现事物间的关系，越能加以概括、推广，迁移越普遍。

（五）学习定式说

定式是由卢钦斯（A.S.Luchins）提出的，是指通过前面的活动对随后活动产生影响的一种心理准备状态。而学习定式说主要是哈洛（H.F.Harlow）关于迁移研究的一种学说，并用于解释顿悟现象。

1949 年，哈洛的研究为学习定式说提供了实证依据，他首先用猴子做被试进行研究，然后以儿童为被试进行重复实验。对猴子做辨别训练时，在猴子面前呈现两个物体，其中一个是立方体，另一个是立体三角形。在一个物体下面藏着葡萄干，以葡萄干为强化物。通过几次尝试，猴子很快"知道"葡萄干藏在立方体下面，不在立体三角形下面。当它解决了这个问题以后，立即给它呈现另一个类似的问题，如两个物体均为立方体，但颜色不同，一为白，一为黑。它必须进行新的学习以解决这个新的辨别问题。当它解决了这个问题以后，又呈现一个新的辨别问题，如此继续多次。当猴子解决了许多这样的辨别课题之后，它解决新问题的速度越来越快，尝试的次数越来越少。当把儿童作为被试时，发现智力落后的儿童在解决一个辨别问题时很困难，但从较容易的问题开始训练，再逐渐提高问题的难度，最后转向较难的问题，学习效果会明显提高。这些研究结果说明，个体在练习的过程中，会形成学习定式并用于解决问题。

因此，学习定式可被概括为，通过先前一系列活动所形成的方法、态度等倾向。但值得注意的一点是，形成的学习定式会对以后的学习、活动产生积极或消极的影响，所以在教学中，要善于用形成的学习定式促进新的学习或引导问题的解决，但也要防止学习定式对问题解决的干扰，应注意课题灵活性的训练过程。

这些早期的迁移理论从不同的角度对学习的迁移进行了研究，但由于研究手段的落后、研究范围的狭窄以及相关学科研究支撑的缺乏，迁移的研究还有待改进，各自的观点还较为片面。因此，随着认知科学的产生，涌现出了一些站在认知角度看待迁移现象的研究者们，并提出了有关迁移的新理论。

二、现代的迁移理论

20 世纪六七十年代以后，随着对学习问题研究的深入和学习理论研究的深入，和学习有密切关系的迁移研究也有了很大的进展。

（一）认知结构迁移理论

认知结构理论是由奥苏伯尔（D.P.AuSubel）于 1963 年提出的，并建立在认知心理学理论的基础之上。教学要实现迁移，必须训练学生准确牢固地掌握学科基本原理，塑造良好的认知结构，这样才能实现积极的迁移，并且这是意义学习的一种。只有合理的认知结构才能促进对新知识的迅速吸收和有效运用。

1.对认知结构的认识

认知结构就是头脑中的知识结构。广义的概念是已有观念的全部内容和组织；狭义的概念是在某一学科的特殊知识领域内的观念的全部内容和组织。认知结构的组成部分包括：一是以前学习和经验过程中形成的知识经验本身，它是一种观念；二是对这些知识经验的组织。

和早期的迁移理论不同，认知结构的迁移理论认为学习不是简单的刺激与反应之间的联结，也不是一种情境与另一种情境的相互影响，而是用认知结构中适当的观念获得新知识，即对头脑中的观念进行选择和组织的过程。

2. 对认知结构变量的认识

每一个学生的认知结构各有特点，个人认知结构在内容和组织方面的特征称为认知结构变量。为此，奥苏伯尔提出了三个主要的影响迁移的认知结构变量，即可利用性、可辨别性、稳定性与清晰性。

（1）可利用性

在认知结构中是否有适当的起固定作用的观念可以利用，这是影响有意义学习与保持的第一个重要的认知结构变量。也就是说，当学习者面对新的学习任务时，他的认知结构中应具有吸收并固定新观念的原有观念。认知结构中处于较高抽象、概括水平的起固定作用的观念，对于新的学习能提供最佳联系和固着点。根据学习材料和学习者的认知结构特点的不同，可以形成三种同化模式，即类属性同化、上位同化和并列结合性同化。

（2）可辨别性

新的潜在有意义的学习任务与同化它的原有的观念系统的可以辨别的程度，是影响有意义学习与保持的第二个重要的认知结构变量。也就是说，当学习者面对新的学习任务时，原有的起固定作用的观念与要学习的新观念的差异应清晰可辨。这种分辨越清晰，越有助于新的学习与保持。可辨别性也就是识别和区分原有认知结构中的有关观念和相似的新材料（或者容易混淆的新概念）之间的差异所达到的程度。由于人们在认识与理解环境中有简化的趋势，当新知识与认知结构中原有的知识相似而不相同时，原有的知识倾向往往先入为主，新知识常常被理解为原有的知识，被原有的知识取代。或者学习者意识到新旧知识之间有些不同，但不能具体地说出什么地方不同。也就是说，如果新的学习任务不能同认知结构中原有的观念清楚地分辨，那么新获得的意义出于减轻记忆负担的目的，很快就会丧失。新的意义被原有的稳定的意义所代替时，遗忘就出现了。只在有可以区分的变式或者包容范围较广的原有意义时，新的意义才有长期保持的可能性。

认知结构中原先学得的概念和命题与新学习的观念的可辨别性，可以解释负迁移的原因。当新旧知识彼此相似又不完全相同，并且原先学习的知识又不牢固时，便会导致负迁移。例如，小学生在学习汉语拼音的同时学习英文字母，当汉语拼音未牢固掌握时，汉语拼音的学习常常会干扰英文字母的学习，这就是负迁移的例子。

（3）稳定性与清晰性

具有稳定性和清晰性的原有的起固定作用的观念，是影响有意义学习与保持的第三个重要认知结构变量。也就是说，当学习者面临新的学习任务时，他的认知结构中原有的起固定作用的观念应十分巩固，而利用及时纠正、反馈和过度学习等方法，可以增强原有知识的稳定性和清晰性。原有知识的稳定性和清晰性有助于新的学习与保持，学生先前的知识的掌握程度同以后学的有关的知识成正相关。

3.利用认知结构理论促进迁移的策略

（1）设计"组织者"来改变认知结构变量

奥苏伯尔提出了"先行组织者"的概念。所谓先行组织者，就是一个引导性材料。它通常先用学生能懂的语言在介绍学习材料本身以前呈现出来，以便建立有意义学习的心向，故称其为先行组织者。它比学习材料有更高的抽象、概括和包容水平，并且能清晰地与认知结构中原有的观念和新的学习材料关联。这些引入的较为一般和较为概括的材料，充当新旧知识联系的"认知桥梁"。设计先行组织者的目的，就是为新的学习材料提供观念上的固定点，增加新旧知识之间的可辨别性，促进有意义的学习。总而言之，先行组织者的主要功能就是在学习者能够有意义地学习目前的课题之前，在他已经知道的东西和他需要知道的东西之间，架起一座沟通的桥梁。

近些年来，研究者们在奥苏伯尔原来定义的基础上发展了"组织者"的概念。"组织者"一般呈现在要学习的材料之前（先行的组织者），但也可以放在学习材料之后呈现。它既可以是在抽象、概括上高于学习材料的材料，也可以是具体概念，在抽象、概括水平上低于原学习材料。

"组织者"可分为两类：一类是陈述性"组织者"，它与新的学习产生一种上位的关系，目的在于为新的学习提供最适当的类属者。例如，学生学习"鲸"这一概念，可先把原来学过的哺乳动物的概念（上位概念）进行梳理，如哺乳动物的特征有哪些，然后再讲解鲸也是哺乳动物。在这种条件下，学生尽管可能没有亲眼见过鲸，但也很容易理解和掌握鲸的概念。此外，由于学习了生活在海洋中的哺乳动物之一——鲸的概念，从而扩充了对哺乳动物这一概念的理解。教师有意识地将新学习的概念与原有的上位概念加以联系，使学生把一种低位经验通过概括纳入高位的结构中去，从而充实了高位结构，同时将概念组成一个按层次排列的网络系统，这样就不断促使学生已有的心理结构发生改变。另一类是比较性"组织者"，帮助学生认识认知结构中原有的观念与新的学习材料之间的相同点和不同点，尤其是当已有的观念与新的学习既相似又有矛盾时，设计比较性组织者能较好地增强新旧知识之间的可辨别性。如学生在学习有关"角"的知识过程中，已经学习了"锐角"的概念，现在要学习"钝角"的概念，教师则可先把"锐角"的有关知识及其特征讲解清楚，然后再学习"钝角"的概念，这样学生既掌握了"钝角"的概念，又理解了以前学的"锐角"概念与新学习的"钝角"概念之间的异同。

在这两类组织者的运用过程中，都要求学生将自己原有的知识与新学习的材料在头脑里发生积极的相互作用，将外部提供的材料转化为自己的认知内容，故这种情况下进行的学习是积极的有意义的学习。

（2）基于"为迁移而教"塑造良好的认知结构

在教学过程中，学生良好认知结构的形成在于教材内容的选择和教材的呈现方式。

首先，在教材内容的选择方面。为了促进迁移，材料中必须有那种具有较高概括性、包容性和强有力的解释效应的基本概念和原理，这是因为认知结构中是否有适当的起固定作用的观念可以利用，是决定新的学习与保持的重要因素。教师在教学过程中，要注意对基本概念、原理、规律的教学，夯实学生的基础。虽然好的教材结构可以简化知识并产生新知识，也有利于知识的运用，但是教材结构是否最佳只是相对的，并不是绝对的，"为迁移而教"的教材结构应该是适合学生能力水平的，因此需要相关的教育专家在掌握学生能力水平的基础之上，通力合作以塑造良好的教材结构。

其次，在教材呈现方式的选择方面。为了促进迁移，良好的认知结构应是按照一定的阶段顺序，不断积累知识，掌握学科知识结构，逐渐形成的心智能力。知识之间的内在联系是非常紧密的，每一部分并不是孤立存在的，它既是前面旧知识的继承和延展，又是后面新知识的基础和铺垫。教师在教学过程中，讲前面的知识要注意联系后面的知识，为后面的知识做好铺垫；学习后面的知识也要联系之前学过的知识，充分利用迁移的作用，帮助学生掌握新知识，使前后知识形成一个系统有序的整体。此外，将教材中的学习材料通过直观性还是抽象性的方式呈现出来，也需要依据不同的学生群体和不同的教学内容而定。

（二）产生式迁移理论

产生式迁移理论是由心理学家安德森（J.R.Anderson）等人提出的，并建立在信息加工论的基础之上。在信息加工论领域，产生式是表征程序性知识的最小单位，指人脑中贮存的一系列"如果-那么"形式表示的规则，一个产生式是由条件和动作组成的指令，即条件-活动规则。

产生式理论的思想是，前后两项学习技能迁移的原因在于两项学习技能之间产生式的重叠，二者的重叠越多，迁移量就越大。这一迁移理论虽然被称为桑代克提出的"相同要素说"的现代化理论，但产生式理论认为，桑代克错误地用外部的刺激和反应来表征人的技能，但产生迁移的原因并不在于两项技能之间刺激-反应联结的数量，而在于它们之间共有的产生式的数量。安德森等人设计了许多实验来验证这一迁移理论，研究了新手对技能的表征情况，通过追踪个体多次尝试的过程来研究被试者的迁移表现，并用计算机模拟的方法在精细水平上进行分析。

实验中的被试者为打字熟练的秘书人员，他们能理解文本编辑的含义。被试者分三组：A组在学习编辑程序（被称为EMACS编辑器）之前，先根据已经做好标记的文本练习打字；B组先练习一种编辑程序，后练习EMACS编辑器；C组为控制组，从第一天起至最后一天（第6天）一直学习EMACS编辑器。学习成绩以每次尝试按键数量为指标，被试者按键越多，说明他们出现错误并需要重新按键数越多（因被试者打字熟练，其错误不可能是打字造成的），错误的下降说明掌握文本编辑技能水平提高。C组每天练习3小时EMACS编辑器，前4天成绩显著进步，至第5天和第6天维持在相对稳定水平。A组先练习打字，共4天，每天3小时，第5天和第6天练习EMACS编辑器的成绩同C组第1天和第2天的成绩相似，打字对编辑学习未产生迁移。B组前4天练习一种文本编辑程序，每天练习3小时，在第5天和第6天练习EMACS编辑器时，成绩明显好于A组。这说明第一种文本的练习对第二种文本学习产生了显著的迁移。

安德森认为，在打字和文本编辑之间没有共同的产生式，而在两种文本编辑之间有许多共同的产生式，这是导致两组迁移效果不同的最重要原因。

（三）策略迁移理论

1. 自我评价在策略迁移理论中的作用

20 世纪六七十年代，心理学迁移研究中出现了一种研究"策略运用"的新取向，研究者试图通过策略训练来促进学习的迁移，但是即使学生能够学会策略并有效地运用，也不能长时间地保持，因此迁移的效果并不明显。1977年心理学家贝尔蒙特（J.M.Belmont）等系统分析了 100 项有关研究，涉及多种多样策略和不同被试，结果表明，没有一项策略训练在迁移上获得成功。研究者指出，这 100 项研究无一项要求学生对他们的策略运用成功与否进行反思。1982 年贝尔蒙特等又评述了 7 项策略研究资料。这 7 项研究都要求被试对策略的运用成功与否进行反思，结果有 6 项获得了迁移。在这一发现之后，许多心理学家进行了类似的研究，证实学习者的自我评价是影响策略迁移的一个重要因素。在 1982 年，加泰勒（E.S.Ghatala）又专门针对自我评价对策略迁移的影响进行了较为严谨的实验研究。

研究中的被试为二年级小学生，所教的策略是精细加工策略。研究中呈现配对名词，要求儿童尽可能记住并准备回忆学过的词。在正式实验前，研究者对被试儿童进行三种不同的自我评价训练。其中 1/3 的儿童为策略-用途组，接受策略有效性评价训练，方法是反思自己使用或未使用某一策略是怎样影响回忆结果的。要求儿童徒手和用圆规各画一个圆。继而问："用哪种方法画的圆更好？下次叫你画圆，你会选择哪一种方法？"另 1/3 的儿童为策略-情感组，要求他们评价使用某一策略是否感到"开心"，同样要求他们在两种情况下画圆后问："哪一种方法更'开心'？"最后 1/3 儿童为控制组，不接受任何评价训练。结果表明，策略-用途组的成绩明显优于策略-情感组。在第一周测验时，前者有 90% 的儿童在新的学习材料中运用精细加工策略，后者仅有 57% 的儿童使用了策略；在第二次延后测验中，前者的人数为 100%，后者只有 50%。这一结果表明，经过策略的有效性自我评价训练的儿童能长期运用训练过的策略，并能迁移到类似的情境中，而在其他训练条件下，策略训练仅有短期的效果。

2. 促进策略迁移的模式

策略迁移理论的运用和如何训练策略的学习成为教育过程中的重要问题。

菲尔（Phye）等人将策略迁移训练分为三个阶段，分别是策略获得的初期阶段（通过教学使学习者理解策略）、保持阶段（对训练材料的进一步练习和回忆测量）、迁移阶段（让学生解决具有不同特征的新的问题）。在这种模式中，运用已经掌握的策略去解决问题的过程就被看作为迁移。针对这一模式，学生保持的动机和解决问题的规则是能够实现迁移的关键，但除此之外，策略迁移还会受到其他因素的影响。教师需要在教学过程中给学生提供明确的策略有用性的反馈，这也能有效地促进策略的运用，改进学生问题解决的行为，同时提高学生的自我效能感。

第三节　学习迁移的促进

一、影响学习迁移的因素

学习迁移是学习过程中普遍存在的现象，有很多因素都会直接或者间接地影响学习的迁移。

（一）学习材料的相似性

学习材料是学生学习的对象和知识的主要来源，对学习迁移有重要的影响。在学习中，意识到学习材料之间的相同点和不同点，对它们进行辨别，是促进迁移的重要条件。比如，中国的日语学习者因母语是汉语，中日两国的汉字中又存在着大量的同形词和异形词。对于同形同义词，学生较易掌握，出错概率较低，但对于其他种类的词语却容易误解和误用，这种误解和误用在教学中很容易产生"母语负迁移"的现象。就如相同要素说所强调的，如果两种学习对象具有相同或相似的成分，学习时对于人在心理上的一系列反应具有共同的要求，可以产生正迁移；相反，学习对象之间没有或极少相同要素，或虽有相同要素但要求学习者做出不同的反应，则可能在学习时产生负迁移。

（二）经验的概括程度

根据经验泛化说的观点，产生学习迁移的关键是学习者对两种学习相似性的概括，也就是已有经验的泛化水平，概括的程度直接影响着迁移的效果。一旦掌握概括化原理，这种经过概括的原理就能有效地迁移到新的学习中去。学生对学得的知识经验进行了概括，就能反映同类事物问题间的共同特点和规律性的联系，对具体事物之间的联系认识越广泛、越深刻，就越能揭示没有认识过的某些同类新事物新问题的本质，并易于纳入已有的知识经验系统中去，实现从一种情境向另一种情境的迁移。相反，如果已有知识经验泛化水平低，不能反映事物的本质，新课题就难以纳入已有经验中去，对于新的学习就不能产生积极的影响，迁移就越困难。换句话说，原理和理论比孤立的事实更容易迁移。

心理学家奥弗曼曾对小学生进行实验，将二年级学生分成四个等组，每组112人，采用四种不同的方法训练他们学习两个两位数相加、三个两位数连加以及两个两位数与一个一位数相加。对于A组的学生，教师只告诉学生怎样写怎样加；对于B组的学生，教师不但告诉学生怎样写怎样加，并帮助概括出"写数字要使右行对直"这一规则；对于C组的学生，只告诉学生个位数只能与个位数相加，十位数只能与十位数相加的原理，但不告诉"写数字要使右行对直"的规则；而对于D组的学生，同时采用B组和C组的方法对其进行教学。训练15天后，用未教过的数目进行测试，求出四组的迁移百分率，结果C组并不比A组有更多有意义的迁移，而B组与D组则产生了较大的积极迁移。可见学生对已有知识经验泛化水平越高，则迁移越能够实现。

（三）知识的熟练程度

某个内容被学得越透彻，就越有可能被迁移到新的情境中去，也就是只有在学生理解知识的基础上，才能产生迁移作用。学生学习一个内容花的时间越多，越能对这一知识进行全面深刻的理解和巩固，也就越有可能将所学到的知识迁移到新的情境中去。相反，学生学习了很多内容，但对任何一个都没有充分学习或者熟练掌握，那么就难以产生迁移或仅能产生负迁移。布卢姆认为，前面的学习要达到80%~90%的正确率，才能开始新的学习。他强调原有知识的巩固，认为只有巩固和清晰的知识才能迁移，因此只有在全面深刻地理解和熟练地掌握了一种学习，再进行另一种学习时，才不会产生负迁移，并且原有学习理解得越熟练，对新学习的正迁移的可能性越大，效果越好。

（四）对学习情境的理解

格式塔心理学以及建构主义心理学都强调情境在迁移中的重要作用，任何经验的获得都和一定的情境有着密切的关系。

知识经验获得的情境和知识应用的情境在许多方面都密切相关，如情境中事物间的关系、问题呈现的方式和空间位置、两种情境的相似情况等。换句话说，当新情境与以往情境相似或至少看起来相似时，迁移的产生更加普遍。因此，注意对情境中各种关系的理解，创设对知识应用有利的情境，引导学生运用所学的知识原理去解决各种现实问题等，在促进迁移的过程中应该受到重视。

（五）智力水平

在同等条件下，每个人迁移的效果总是有差异的，也就是说迁移还受个人的智力水平这一主观条件影响。桑代克对中学生的学习进行大量研究之后提出报告说，被试者的智力水平越高，迁移越大。

智力是影响学习的一个重要因素，智力水平高低与学习好坏具有中等程度相关，智力水平不仅影响学习的数量，而且影响学习的质量。正因为学生的智力水平是有差异的，所以并不能期望所有的学生都有同样的迁移量。教学实际表明，学生智力水平高，概括力与理解力也高，因而对总的情境的知觉就比较完善，分析问题和解决问题的能力就强，表现在学习上反应快、接受好、理解深、运用活，善于把学习的东西融会贯通、举一反三地去揭示和发现新问题，并自行纠正错误，验证答案。

（六）学习的心理准备状态

学习的心理准备状态是在过去学习中形成的，又会对未来的学习产生影响，这种影响既有积极的方面，也有消极的方面。

心理准备状态包括心理定式，它使人倾向于在认识方面或外显行为方面以一种特定的方式进行反应。在教学中也能经常看到定式的积极作用。例如，学生学习了完全平方公式和平方差公式以后，用它们来分解因式，对诸如 $9-x^2-y^2+2xy$，$b^2-x^2+2xy-y^2$，以及 $a^2-2ab+b^2$ 等题目的解答，就可以很容易地完成，对日后再次遇到这种形式的题，可以迅速实现迁移，提高解题效率。但对于学习定式的研究，更多地集中在它所带来的消极影响上。

陆钦斯（Luchins）的"量杯实验"证明了学习的负迁移现象。在这一实验中，研究者要求被试者用容积不同的量杯（A，B，C）来量一定的水。实验组与控制组开始时做一道练习题，并对其做如下说明："把 29ml 的杯子装满水，再从其中倒出 3ml 的水，这样倒三次，即 $29-3-3-3=20$。"然后要求被试者独立解决其他几道题。实验组做全部的题目，而控制组只做 7~11 题。这一实验的结果表明，实验组的被试者，无论是小学生还是大学生，大多数都具有强烈的用三杯量法的定式，而控制组的被试者，通常继续用两杯量法。实验组被试者通常坚持用三杯量法去做这一系列课题，有的题花许多时间还不得其解，而忽视更简单的可能解法。实验者企图用各种方法提醒他的被试者，使他们避免这种可怜的盲目，但是很难成功。这就是定式的消极影响，使学生在解题中失去思维的灵活性，而具有呆板性。

值得注意的一点是，教师要让学习者意识到定式所具有的双重性，既要考虑如何充分利用积极的定式解决问题，又要打破已形成的僵化定式，灵活地、富有创造性地解决问题。

心理准备状态还包括学习的心向和态度。面对一种具有逻辑意义的材料，能否产生有意义的学习首先取决于学习者有没有有意义学习的心向或学习态度。一般情况下，具有利用已有知识去学习新知识的心理准备状态更有利于已有知识对新知识学习的迁移。

（七）学习策略的水平

学习策略对迁移的影响主要表现在认知策略和元认知策略对迁移的影响上。对于学习策略的水平，不同年龄阶段的学生有不同的表现：学前期的儿童无法自发地掌握学习策略，即使运用了某种学习策略，通常也是无意识的；小学期的儿童能够自发地掌握学习策略，但是仅仅局限于简单的学习策略，因此这个年龄阶段的学生需要教师在策略运用上给予指导；初中和高中的学生能够在熟悉的知识领域内自发地形成学习策略，并自觉地运用这些策略改进自己的学习。因此，不同时期学生策略发展水平不可避免地会影响知识学习、问题解决和迁移，所以教师应该通过不同的训练和教学来提高学生的策略水平。

二、迁移的教学

在课程改革中，出现了一种新兴的教学方法——迁移教学法。这种方法不仅有助于学生构建完整的知识体系，而且有利于提高学生自主学习的能力。迁移教学法是教师依据迁移规律设法为新知识的生长提供联系的"认识桥梁"，通过促进积极迁移的教学方法发挥旧知识在学习新知识中的铺垫作用。迁移的教学贯穿于整个教学过程当中，使用怎样的方法去促进教学主要包括以下几个方面：

（一）精选教材内容

教师应选择那些具有广泛迁移价值的科学成果作为教材的基本内容，而每一门学科中基本的知识（如基本概念、基本原理）、技能和行为规范具有广泛的适应性，其迁移价值较大。

因为学习具有迁移作用，所以教和学的内容就要进行精选，而不是把一门学科上的内容都一点一滴地教给学生。那么精选教材的标准是什么？精选哪些内容作为教材呢？下面提几点建议：

1. 要让学生掌握每门学科的基本结构、基本原理、原则和概念。因为基本结构、基本原理、原则和概念具有广泛的迁移价值。所谓学科的基本结构就是构成学科的基本原理、基本概念。懂得基本原理和基本概念就可以使学科更容易理解，也就可以得到广泛的迁移。

2. 精选教材要随着科学的发展而不断变化更新。必须注意用科学上的新成就来替代过时的教材内容，不断取舍，使之符合科学发展的前沿水平。

3. 精选教材，必须把最基本的内容，具有广泛迁移价值的科学成果放在首位。

4. 精选教材，要突出学习材料的共同因素，以及学习材料的组织结构和应用价值。

（二）合理编排教学内容

从迁移的角度看，合理编排的标准就是使教材达到结构化、一体化、网络化。结构化是指教材内容的各构成要素具有科学、合理的逻辑联系，能体现出事物的各种内在联系，如上下、并列、交叉等关系。一体化是指教材的各构成要素能整合成为具有内在联系的整体。只有一体化的教材才能通过同化、顺应和重组的相互作用，不断建构心理结构。一体化教材要防止教材中各组成要素支离破碎、相互割裂，以及互相干扰、机械重复。网络化是一体化的引申，指教材各要素之间要上下左右、纵横交叉联系沟通，要突出各种知识、技能的联络点，以利于学习迁移。

（三）合理安排教学程序

教学程序主要包括两方面：一是宏观方面，即整体安排，先学什么，后学什么，学习的先后程序要确定；二是微观方面，即每个单元、每一节课的教学程序的安排。教师要根据教材的难点、重点，结合本班学生的智力特点、知识基础，把那些具有最大迁移价值的基本知识、基本技能的学习放在首位，把那些概括性高、派生性强的主干内容突出出来，以使学生在学习中能顺利地进行迁移。为促进学习迁移，教材在体系组织上应体现以下要求：首先，从一般到个别，不断分化；其次，融会贯通，促进知识之间的横向联系；最后，教材组织系列化，确保从已知到未知。

（四）教授学习策略，提高迁移意识

授人以鱼，不如授人以渔。教师必须使学生了解在什么条件下，如何迁移所学的内容，迁移的有效性如何。掌握必要的学习策略及元认知策略是达到这一目标的有效手段。比如，受汉语思维影响的中国大学生在英语写作中普遍存在汉语句法负迁移错误，而进行相应的英语写作教学策略的传授，如对比教学、成篇背诵、同伴评估等学习方法，则掌握了这些策略的学生在 CET-4 的写作成绩会显著提高。此外，传授学习策略的方法还包括：学习为研究课题或解决问题制订方案；观察力，分类、记述能力，推理能力，对数、时间、空间的认识及应用能力等基本能力；看懂图表的方法，抓住要点、大纲的方法，使用工具书等的学习能力；学习热情，对某一课程的酷爱；教会学生善于累积经验。学生的知识、概念、技能、能力的培养是在长期的分散的学习过程中逐渐积累起来的，积累的经验越多，越容易产生迁移。

第六章　教学设计与教学模式

第一节　教学设计

一、教学设计概述

（一）教学设计的内涵

教学设计思想和模式的产生，深受人们在工业和军事两大领域中活动的影响。在这两个领域中，人们要达到预期的目的和收到预期的成效，就必须在活动之前进行周密的设计或策划。教学心理学家认为，教学要取得成功，也必须在活动之前进行必不可少的教学设计。

所谓教学设计，就是为了达到一定的教学目的，对教什么（课程、内容等）和怎么教（组织、方法、传媒的使用等）进行设计。前者又叫课程决策，后者又叫教学决策。

教学设计可由教学设计专业工作者或教学专家来进行，如为教学系统编制成套教学材料的人，他们又被称为课程开发者；也可由从事教学第一线工作的教师来承担，他们往往把教学设计作为自己备课和授课工作的一个有机组成部分。

教学设计会在不同的层次上介入学校的教学活动：①在课堂教学中，针对一个班级就某一内容的教学所做的设计和准备；②学科教研组就某门学科进行教学设计和准备，然后由若干位教师执行；③学校管理层为一套课程的诸学科进行设计和协调，或对上述前两项中所制订的计划及执行和评估的情况进行干预，从而间接地影响教学设计。

（二）教学设计的意义

教学设计的意义与教学最优化有着密切的联系。从某种意义上说，教学设计的意义主要就是体现在能够实现教学最优化这一教学理想的追求上。

最优化这一术语最初用于工程技术领域，意为以最小的代价（资源、时间等投入）得到最令人满意的效益（产量、质量等产出）。这种最优化的思想，多年来也一直是从事教学的理论研究者和实际工作者孜孜以求的一种理想境界。

在教学心理学方面，克龙巴赫于20世纪60年代中期研究发现学习时指出，对学习的指导即教学来说，根本问题不在于认定何种方法或优或劣，而在于针对不同的学习者使用何种方法才能收到最理想的效果。阿特金森于20世纪70年代初，就教学中最优化的处理过程提出了四项基本要求：适当的教学模式；明确的教学目的；详尽的教学活动；相应的经费和效益。巴班斯基于20世纪70年代中期就教学过程最优化又提出了效果和时间两条标准。

我们不难发现，教学最优化与教学设计有着极其密切的关系。要达到教学最优化的目的，就必须分析学生状况和教学任务，明确教学内容，选择教学模式，拟定教学进度，对教学结果加以测定和分析，等等。这些教学活动诸环节的组织和实施，无一不与教学设计有关。可以这样说，没有教学设计就不可能有教学的最优化，教学设计是教学迈向最优化理想境界必不可少的关键一步。

（三）教学设计观

教学设计观是关于指导教学设计的总体要求和具体思路的基本观点。

1. 从教学设计的总体要求看

这一领域主要有艺术的、科学的、工程的、问题解决的、人员因素的、系统论的诸种取向的基本观点。它们或把教学设计视为一种艺术，要求设计者不能光凭知识经验，还要具有一定的艺术素养和艺术创造性；或把教学设计视为一门科学，要求在科学研究的基础上既为宏观的教学设计（针对不同教学要求和教学对象选择不同的教学处理方式）提供一套准则，又为微观的教学设计（遵循教学处理的要求解决教学工艺学方面的问题）提供具体的教学方法；或把教学设计视为如同拟订工程计划，要求掌握一套对教学材料能加以说明、安排、实施、测试和修正的技术；或把教学设计视为解决问题的过程，要求发挥创新性思维去找出教学中的重点、难点和问题，并予以解决；或重视人员因素在教学设计中的地位和作用，要求提高有关人员和教育机构的水平；或突出系统论观点对教学设计的指导意义，要求在教学设计中予以贯彻。

上述教学设计在发展过程中先后出现各种关于教学设计的总体要求和主要观点，彼此并不矛盾，但系统观点占主导地位，同时对其他各种观点起着统整的作用。

2. 从教学设计的具体思路看

从教学设计的具体思路看主要有"结构-定向"观和"目标定向"观两种基本观点。

（1）"结构—定向"观。这一观点由北京师范大学冯忠良提出，"结构"是指教学应以构建一定的心理结构为中心；"定向"是指依据心理结构形成、发展的规律，实现定向培养。按该观点，教学设计时首先要按学习内容确定需要形成的某种能力的心理结构，然后朝着这一方向运用学习规律（如学习动机、知识掌握、技能形成、学习迁移等的规律）有目的地予以培养，最后使预期的心理结构得以有效而迅速地形成。

（2）"目标定向"观。基于布卢姆的"掌握学习理论"和巴班斯基的"教学过程最优化理论"，围绕有效达标提出了四种基本课型和各种教学程序。四种基本课型如下：①前置补偿课。旨在解决学习新材料时学生在知识、技能、策略、情感诸方面存在的欠缺。②新授课。它以让学生掌握新知识和形成相应技能为主要任务。③综合课。目的是复习巩固新知识，使知识系统化和结构化，达到高层次教学目标。④矫正课。旨在形成测试基础上获得反馈信息，为部分学生提供针对性的矫正教学，为优秀生提供延伸性教学。上述课型基本组成了一个完整的单元达标教学过程。关于这一过程的具体教学程序，许多研究者提出的不尽一致。这与他们基于各自不同的研究而做出不同的概括有关。

二、确定教学目标

确定教学目标是教学设计的重要环节，它要求从心理学角度对教学目标予以分析与表述。

（一）教学目标的分析

教学目标的分析是按一定的心理意义把教学的任务具体化地变为教学要达到的目标或要得到的结果。布卢姆和加涅是这方面的代表人物。

1. 布卢姆的教学目标分类

布卢姆曾领导一个委员会对教育目标进行了系统的分类研究，并指出教育目标有认知的、情感的和动作技能的三类。他对认知领域教学目标的分析为教学设计提供了一种重要的参照框架。布卢姆把认知领域的教学目标划分为六个等级（见表6-1）。这一认知目标分类其实是一个层级系统，后一等级的认知教学目标必须以前面的等级为基础。按布氏的这一分类，教学设计中就应把教学任务具体落实到某一等级上，并以此作为具体的教学目标，而落实的前提则是对前一等级的目标是否达到加以分析。

表6-1　认知领域教学目标分类表

等级	目标	心理意义	具体表现
1	知识——对已学过的材料的保持	记忆，是最低水平的认知学习	能回忆具体事实、过程、方法、理论等
2	领会——把握所学材料的意义	超越了记忆，但仍是较低水平的理解	能解释，即能够概述和说明所学的材料；能转换，即能够用自己的话或方式表达已学的内容；能推断，即能够估计预期的后果
3	应用——能够将学习所得用于新的情境	已达到较高水平的理解	能应用概念、方法、规则、规律、观点、理论
4	分析——既能理解材料的内容，又理解材料的结构	是一种比应用更高的智能水平	能从整体出发把握材料的组成要素及其彼此联系
5	综合——能将先前所学的材料或所学的经验组合成新的整体	产生新的认知结构，故特别需要有一定的创造能力	能制订一项操作计划，能概括一些抽象关系，能（口头或文字）表明新的见解
6	评价——评定所学材料的合理性（如材料本身组织是否合乎逻辑）和意义（如材料对社会的价值）	最高水平的认知学习	能对有关材料，如记叙文、小说、诗歌、报告等做出价值判断

必须指出，通常并不是每节课的教学都能达到上述所有目标；基于学科特点和学生年龄特征，有时教学只要求达到其中的某一层次；真要达到这六级水平就须精心组织一系列的课堂教学。

2.加涅对教学结果的分析

加涅认为，从心理学角度出发可把学生的学习结果分为五类，即语言信息、智慧技能、认知策略、态度和动作技能。其实，它们也是学校教育、教学的结果。其中前三种是通过教学使学生在认知方面发生变化，对它们进行分析，从某种意义看，也就是对教学目标进行了分析。下面对这三种教学结果亦即目标做一个介绍。

（1）语言信息。语言信息即学生能以命题或句子的形式来表达学习后记忆中所获得的事实性知识。大量的有组织的信息则被称为知识。这是公认的教学目标之一。

（2）智慧技能。它指具有运用符号组织和操纵环境的能力。例如，能使用语词和数字这两种最基本的符号进行读、写、算。如果说语言信息是掌握知识，与知道"什么"有关，那么智慧技能则是掌握知识的规律，与知道"怎么"有关。按智慧技能的复杂程度，它有五个层次：①辨别。能区分刺激物的特征，如区别"未"与"末"。②具体概念。能列举事物的名称，如从各种图形中找出三角形。③定义概念。能理解以命题或公式表达的事物的本质属性。④规则。能按规则进行操作，做出正确的反应，如造句、平衡化学方程式等。⑤高级规则。能运用简单规则解决较为复杂的问题，如运用 $V=IR$ 的公式来对串联、并联电路的 V、I 或 R 求解。

（3）认知策略。认知策略指能学会对自己的认知学习过程，如认知时的感知、注意、记忆、思维等加以控制和管理，即学会了如何学习。

上述这些学习的认知结果（亦即目标）也是一个层级结构，即只有掌握了语言信息，才能进行智慧技能的教和学；只有掌握了语言信息和智慧技能，才能进行认知策略的教和学。智慧技能中的五个层次也有类似的关系。按加涅的分析，教学设计时就应以其中的某一认知结果作为教学的具体目标来进行教学任务的分析。

需要指出，除上述认知方面之外，教学目标分析还有情感方面的和动作技能方面的。例如，克拉斯沃尔按价值观内化的程度将情感教学目标分为接受、反应、价值化、价值观组织和价值观体系个性化五级，每一级又均由若干连续的子类别所构成。辛普森、哈罗、基布勒等各自提出了对动作技能教育目标的分析。其中，辛普森的更具代表性，他把动作技能教育目标分为知觉、定向、有指导的反应、机械化动作、复杂的外显反应、适应和创作诸类。迄今，教学设计在确定教学目标方面的大量研究主要还是针对认知方面的，但另两个方面的重要性正日益受到重视并出现了较深入的研究。我们必须注意三者之间的相互渗透和相互作用。

（二）教学目标的表述

分析教学目标之后，如何进行表述就成了明确教学目标中的一项必不可少的技术问题。在多年研究的基础上，这方面大体形成了以三种不同观点为基础的表述技术。行为观的表述强调以可观察、可测量的行为来描述教学目标；认知观的表述强调以内部心理过程来描述教学目标；结合观的表述强调综合考虑外显行为与内部过程两者的结合来表述教学目标。不过，三种观点中行为观和结合观的影响较大。

1. 行为观的教学目标表述

马杰是行为观的代表人物，他系统提出要用行为术语来表述教学目标，主张教学目标的表述应该指明"学生能做什么以证明他的成绩，教师能怎样知道学生能做什么"。据此，他指出应从以下三方面来表述教学目标：

（1）行为的表述。它要求以可观察和测量的具体行为来描述教学目标，使教师了解学生是否已经达到并在多大程度上达到了所要求的目标。同时，它要求尽量避免使用"知道""理解""掌握""赞赏"之类描述内部心理过程的词语。行为表述的通常做法是使用动宾结构的短语，行为动词表明学习的类型，宾语指出了学习的内容。例如，能操作计算机，能按语法结构指出句子的各成分，能比较人的学习与动物学习的异同。

（2）条件的表述。它要求指出学习者在什么情况下表现出所要求的行为，即明确应该在何种情况下去评定学习者是否达到了教学目标。所表述的条件一般有以下因素：①环境因素，包括空间、室内外、安静程度等；②人的因素，包括独立进行、小组进行、在教师指导下进行等；③设备因素，包括工具、仪器、计算器、说明书等；④信息因素，包括笔记、词典、资料、教科书等；⑤时间因素，包括时间长短、速度快慢等；⑥问题明确性因素，即使用什么刺激来引发学习者的反应。

（3）标准的表述。它指确定通过测验对结果可以接受的一个标准，用它来衡量作为学习结果的行为是否达到了最低要求。标准的表述一般含有"正确到何种程度""在多少时间内完成""精确度如何"之类的意思，它能衡量教学目标具有可测性的特点。如"检查实验装置，排除问题故障正确率达80%""在30秒钟内引体向上10次""加工助动车飞轮误差在2毫米之内"等。

行为观的表述能使教学目标变得具体、明确，便于落实和评定。但需指出，其三个方面的表述中，行为表述最为基本，不可或缺，而其他两个方面的表述有时可按教学对象和教学内容所需予以省略。同时还应注意目标的行为表述不可过于琐碎，以免使教学变得机械刻板。

2.结合观的教学目标表述

格伦兰德是结合观的代表。鉴于行为观的表述容易导致教学目标描述的机械化倾向，有使教学陷入某种具体行为训练的危险，以及许多心理过程无法行为化而不得不使用描述内部心理过程的术语等情况，格伦兰德提出可以先用描述内部心理过程的术语（如理解、赞赏等）来表述基本的教学目标，然后用一些可观察的样例行为来使这一目标进一步明确和具体。这样的样例行为，可用来作为判断学生是否达到基本教学目标的依据。如"领会心理学术语感受性的含义"，即是基本教学目标的表述。这里"领会"属学习者的内部心理过程，很难予以直接观察和测量，且各人的评定标准不一。对此，可要求学习者列举一些样例行为来证明其在"领会"方面所达到的水平。如"用自己的话来表述感受性的定义""就感受性举两个例子来说明""能区分感受性与感觉阈限的异同"。格伦兰德认为，这里真正的目标是理解，教师不宜让学生停留在定义、识别和区分诸具体的样例行为层次上。不过，教师可以根据学生在这些样例行为上的反应来判定是否已经达到了或在多大程度上达到了基本的教学目标。

格伦兰德的结合观既避免了用心理过程表述教学目标会造成的笼统性和含糊性，又防止了行为取向的教学目标表述可能造成的机械性和局限性。所以，其对教学目标表述的观点和技术获得了许多心理学家的支持。

三、组织教学内容

如何组织教学内容是教学设计的又一个重要环节。教学心理学对这方面的研究和阐述集中在教材的组织呈现和针对不同知识类型、不同课程类型组织教学内容诸方面。

（一）关于教材的组织呈现

这方面的研究和阐述有三种代表性的观点及各自提倡的相应做法。

1. 布鲁纳的"螺旋"式组织

布鲁纳曾领导美国 20 世纪 60 年代初的课程改革，对教材的组织有独到的见解。他认为，教学不只是为了学生目前的学习，还应该使学生能够主动地选择知识、记住知识和创新知识，从而促进今后的学习。为此，教材就应该把反映该学科发展水平的最基本的概念和原理作为主体。概念和原理越是基本，它们对于解决新问题、掌握新内容的适用性也就越大。如果学生掌握了作为该学科知识结构核心的基本概念和原理，在学习其他知识内容时就能收到事半功倍的效果。他进一步认为，学习的早期教学就应该使用这样的教材。

同时，布鲁纳指出，这样的教材的组织呈现只有与儿童的智慧发展相匹配，才能使基本概念和原理的教学顺利进行。儿童的智慧发展有三种水平或三个阶段，它们是：表演式再现表象阶段，指运用适当的动作反应去体现过去的经验，具有操作性特点；映象式再现表象阶段，指以表象或图解来反映或表示个体的认识；象征式再现表象阶段，指以抽象的符号（最基本的是语言）来反映经验内容。学科的基本概念和原理，均可分别从动作的、表象的、符号的三种不同智慧发展水平出发，加以编撰和组织。年龄不同的儿童，其智慧发展阶段也不同，对他们就应使用不同水平的教材。随着年龄的增长，教学涉及的基本概念和原理可能相同，但教材的具体直观程度逐渐降低，抽象程度不断提高，从而体现了教材的"螺旋"式上升的特点，使学生一步步地在较高的认知层次上掌握教学的内容。

2. 加涅的"层级"组织

加涅认为个体的种种学习活动可概括为以下八类：

（1）信号学习。这就是巴甫洛夫的经典性条件作用，被试者学习对信号做出反应。

（2）刺激—反应学习。被试者学习分化了的刺激，并对它做出准确的反应。

（3）连锁学习。把两个或更多个刺激—反应联结组合成系列，被试者通过这样的系列可完成复杂的任务。

（4）语言联结学习。把两个或更多刺激—反应联结组合成系列，只是由语言组成连锁，个体先前习得的语言联结则更容易转换成新的连锁。

（5）多重辨别学习。被试者学习分化了的刺激，并对它做出准确的反应，但同时他要面对许多不同的刺激，学会有鉴别地做出各种不同的反应。当这样的刺激有时彼此极为相似而干扰保持时，就更要求被试者能做出良好的辨别。

（6）概念学习。在某种意义上是与多重辨别学习相反的学习，被试者学会对一类刺激做出共同的反应。这类刺激的表现形式可能相去甚远，但因具有某个共同属性而属于一类。

（7）原理的学习。原理是由两个或更多个概念组成的连锁，学习者要掌握其中彼此独立的概念之间的关系。

（8）问题解决的学习。联合先前学到的两条或更多原理来说明因果关系，在头脑内部对原理加以组合、进行操作。这也就是人们通常说的思维。

这八类学习依次按"简单—复杂"这一维度组成一个"层级"系统，该"层级"中较高层次的学习必须以较低层次的学习为基础。这样，组织教学内容时，我们就应该对教材做具体分析，考察个体掌握这样的教材内容是属于哪一层次的学习，同时考虑"层级"中相应的子层次的学习内容。教材的组织安排，应是先完成"层级"中较低层次的教学，然后在此基础上进行相应的高一层次的学习。这种对教材内容的分析和组织，加涅称为"任务分析"，并认为这是教学获得良好效果的重要前提。

3. 奥苏贝尔的"先行组织者"组织

奥苏贝尔的同化理论是当代教学心理学的一个重要流派，其重要观点之一是，让学生进行有意义或有心理意义的学习应该是教学的首要任务。因为只有有意义的学习，才能使教学所涉及的新知识、新观念与学习者头脑中已有的知识经验建立起实质性的、非人为的联系。

有意义学习的提出与奥苏贝尔对学习分类的见解有关，他按"意义—机械"与"发现—接受"这两个彼此独立的维度，对学习类型做了独到的分析。他指出，发现学习未必是有意义学习，接受学习也不等同于机械学习。因此在教学中，教师所追求的是一种有意义的接受学习。

有意义学习需要一定的主客观条件。客观条件是，教学材料本身具有逻辑意义；主观条件是，学习者处于进行有意义学习的心理准备状态，同时其认知结构中有与新的教学内容相联系的观念。如果教学材料本身是有逻辑的，学习者认知结构中又具备了与之联系的相应观念，那么这样的教材对学生就是一种具有潜在意义的材料。据此，教学设计中就必须使教材的组织呈现对学生来说是具有潜在意义的。奥苏贝尔认为，对材料进行"组织者"或"先行组织者"的组织呈现才能使学习对学生来说具有潜在意义。

这种"组织者"组织呈现的技术，就是在新材料教学之前，先向学习者呈现某种能起引导性作用的材料。这种引导性材料具有较高的概括性和包容性，会使教材有更好的组织和结构，但呈现时则以学习者可接受和能理解的语言、方式来表达。这种先于正式教学材料呈现的引导性材料，就是"先行组织者"或"组织者"的材料。

"组织者"材料既与将要教学的新材料，又与认知结构中已有观念有着明确而清晰的联系。它为原有的认知结构接纳新观念提供了"锚位"，又称"固定点"或"观念支架"。这也就起到了把要教学的新观念与已有的旧观念联系组织起来，从而丰富、扩展或改变学习者认知结构的作用。

奥苏贝尔为使教学成为对学生的学习来说是件有意义的事，主张以"先行组织者"来组织呈现教材，这一点在教学设计方面已被公认为是极有指导意义的。

（二）关于不同知识类型和不同课型的教学组织

1. 不同知识类型的教学组织

现代认知心理学提出的知识分类说把知识分为陈述性的、程序性的、策略性的三类。

（1）陈述性知识。陈述性知识是关于世界"是什么"的知识。它有以下三种：①关于事物的名称或符号的知识，如关于"DNA""亚热带"的知识；②简单的命题知识或事实知识，如"北京是中国的首都""表象是人在心理活动过程中产生的各种形象，包括记忆表象和想象表象"；③有意义命题的组合知识，即经过组织的上述两种知识，如"太平天国失败的原因""内燃机的工作过程"。

陈述性知识的教学组织，首先应明确学生能否回答"是什么"的问题，这是判定其教学效果的依据；其次，教学内容应按上述顺序予以安排，且在安排时注意新旧知识的联系；再次，组织教学时既要确保用于同化新知识的原有知识的巩固，又要找准新旧知识的联系点，还要考虑寻求新知识的生长点；最后，要注意传媒选择，及时反馈。

（2）程序性知识。程序性知识是关于"怎么办"的知识，如要求学生论证一个错误的命题、要求他们从各种动物中挑出哺乳动物。这种知识在头脑中是以产生式为表征的，其形式是"如果……则……"。比如，如果动物是胎生且哺乳的，则一定属于哺乳动物。产生式也可组成产生式系统，这时前一个产生式的结果成为后一个产生式的条件。经过一定的练习，产生式系统的活动也能自动发生，这时程序性知识就达到了自动化程度。

程序性知识的教学组织，首先，应明确判定教学效果的标志是看学生能否运用概念、规则去解决问题；其次，应把作为教学内容的概念、规则归入相应的知识网络中进行讲解和练习，如概念教学就要帮助学生把它与相应的上位概念、下位概念、平行概念相联系；再次，概念的教学组织要重视运用正例和反例，用正例有助于概括和迁移，但要避免不当的泛化，用反例有助于辨别并更准确地把握概念；再次，规则的教学组织要重视它们运用于各种新情境，做到面对适当条件（"如果"）就能立即做出反应（"则"）；最后，如果是由一系列产生式组成的较长的程序性知识，组织教学时就应注意把握分散与集中、局部与整体的关系。

（3）策略性知识。策略性知识是关于"如何学习"的知识，如复习有机化学可用哪些方法、如何记忆中国近代史的重大事件。如果说程序性知识涉及的对象是客观事物，那么策略性知识处理的是学习者自身的认知活动。

策略性知识的教学组织，首先应明确其效果是看"学生会学习"的情况，传统教学常对此未予重视甚至忽视；其次，可专门组织学习方法的教学，教学生如何复习、记笔记、进行反思等，要把思维方法渗透另两种知识的教学组织中；最后，教师要善于将自己内隐的思维活动的监控和调节的过程展示给学生，使学生能加以仿效。

2. 不同课型的教学组织

教学中有多种课型，新授课、讨论课、复习课是其中主要的三类。

（1）新授课。新授课是教学中传授新知识的一种重要课型。其教学组织应抓住以下主要环节：让学生明确本次课的教学目标、形成相应的心理定式、激发学生学习动机和产生学习的需要；回顾先前学过的有关内容，形成从已有知识到新授内容的适当学习坡度；自然而贴切地引出新的教学内容；揭示新的教学内容的关键所在，并抓住重点、突出难点、解决疑点；安排新学内容的应用，对此应做循序渐进的练习安排，即先易后难、先具体后抽象、先单项后综合；最后，教学过程中对学生给予及时反馈和应有的评价。

（2）讨论课。讨论课是组织学生就某一教学内容发表看法、展开讨论的一种课型。此课型的教学组织一般有课堂讨论的准备、展开和总结三个阶段。在讨论准备阶段，组织的讨论应针对教学内容中的重点、难点，或具有不确定性、不一致性的论题，同时应把握讨论内容的量和难度，一般每次确定一两个论题即可，难易则应适度，顾及多数学生的状况，避免过易或过难。在讨论展开阶段，教师要发扬民主、鼓励发言，给讨论的展开提供各种必要的支持，使讨论紧紧围绕论题中心，避免纠缠于细枝末节，还要注意讨论中出现的具有普遍性的典型看法，善于发现讨论中出现的论争焦点，善于引导讨论使问题得以明朗。在讨论结束阶段，教师应对讨论涉及的诸多方面做出明确的结论或做出明确的表态。

（3）复习课。复习课是巩固所教内容的一种重要课型。复习时的拾遗补阙还可加深对所教内容的理解，为后续学习打下更好的基础。复习课的教学组织应力求"旧中有新、新中有旧"。这种"新"是指有新意。为此应注意：复习时同一内容应以不同形式呈现，以不同事例做佐证；复习时应抓准重点、难点和问题症结，力求复习有针对性；复习时应把已教内容做系统的梳理，帮助学生形成知识脉络，加深对所学内容的理解和把握，提高复习后应用所学知识的能力和迁移水平。

四、分析教学对象

学习者作为教学对象始终是教学过程中的重要角色，因此对学习者的若干重要情况予以分析也是教学设计的一个必要环节。这种分析包括学习者的学习态度、起始能力、背景知识。

（一）分析学习者的学习态度

态度是个体对特定对象所持的较为持久的有组织的内在反应倾向。它由认知、情感和行为倾向三种主要成分构成，能解释和预测个体的各种行为反应，如拥护或反对、接近或回避、主动或被动等。

学习者的学习态度也有认知、情感和行为倾向三种成分。它们既是其先前学习活动的某种结果，又是其后续学习活动的某种条件或原因。所以，在教学设计中分析教学对象时，这是一个必须予以关注的重要因素。

学习态度的认知成分，是学习者对教学活动的认识和理解，并由此会产生一定的评价。这种认识和评价通常表现为，领悟到了某门学科、某个教学内容、某种教学方法、某类课题作业等对个人和社会所具有的的价值。

学习态度的情感成分，是学习者对教学内容、教学方法、教学要求等的内心体验，并相应表现出来的喜爱或厌恶、热烈或冷淡等情绪反应。学习态度的行为倾向成分，是学习者的态度与其行动相联系的部分。它是个体学习行为的一种准备状态，即学习者产生了对教学活动做出操作反应的意向和抉择，如乐意去听某老师的讲座、踊跃参加某项课外活动、主动选择和阅读某类课外读物、积极收集和整理有关资料信息，等等。

显然，学习态度十分重要。诚如心理学家安德森所指出的："学习的每一种形式发展都对应着一种有实质性的态度系列，这种副产品常比正在教给这个人的初步技能更有调节作用。"所以，教学设计中了解学习者的学习态度就十分重要。这种了解一般有以下途径：①通过查阅有关文献资料或凭借所积累的教育教学经验对学习者的一般特点或可能具有的学习态度做出基本或大概的估计；②召开座谈会，听取有关人员主要是教师对学习者有关情况的介绍，据此对学习者的态度做出分析和了解；③运用问卷调查法，了解学习者对教学设计将涉及的有关内容、目标、教材、组织、方法、传媒等的看法、喜好和选择。

（二）分析学习者的起始能力

学习者的起始能力是不同教学设计的一项重要依据。心理学家加涅关于学习结果的分类和关于教学的任务分析，为把握学习者起始能力提供了基本思路。

加涅关于学习结果的分类在前面论及"确定教学目标"时已有介绍。这里需指出，加涅的这一分类也是一个层级结构。它具有层次性、累积性、独立性的特点，即后继的学习比先前的更为复杂，后继习得的包含了先前的学习内容，每一后继学习都增加了新的不同于先前内容的成分。

基于学习结果的层级结构的特点，加涅指出教学前须进行任务分析，要求教师必须首先明确教学目标，或者说要使学生获得哪一层级的教学结果，然后确定为得到这样的结果，学生须具备哪些次一级的构成能力，若要获得这些次一级能力，学生又该具有哪些更次一级的能力，直至把需要的各层次所有的从属能力及其关系都分析清楚。

（三）分析学习者的知识背景

教学时，新授内容必然与学习者已有的知识背景发生这样那样的联系。学习者的已有知识不管是正规途径习得的，还是非正规途径习得的，都会在接受新知识、理解新知识、重构新知识、形成新的认知结构中发生作用，因此，教学设计时必须分析学习者的知识背景。

教学设计中，人们一般对学习者已经具备的有助于获得新知识的原观念较为重视，而对那些会妨碍新知识获得的旧知识，尤其是对那些从非正规途径获得的旧知识往往不够重视和缺乏分析。所以，我们主要就后者做些分析，以了解其来源及应采取的有关措施。

不利于新知识学习的背景知识通常源自三方面：

1. 非正规途径获得的错误知识

这类知识主要有三种情况：一是在新内容教学前，学习者已由某种途径获得了非科学的日常概念。例如，学生把生活中见到的线段作为"直线"、竖线作为"垂线"。又如，学生对鸟按"会不会飞"来判别，认为鸭不是鸟而蜜蜂才是鸟。二是在接受某些科学教育后，学习者头脑中仍可能保留着与科学概念不一致的日常概念。其原因主要是，学习者易于对那些与原认知结构中协调一致的内容进行重构并予以保持，而对那些与已有知识不一致甚至可能相矛盾的内容难以"决裂"。离如，尽管已经学了有理数的内容，但受"越加越多"这一日常生活经验的影响，有的学生对"$2+a > 2$"这一表述仍会做出肯定的判断。三是新知识的教学没有达到预期要求，学习者重构新材料意义时把它与原有观念中某些不科学的内容建立了联系。如有的学生学了加法交换律，但面对"$2-3+4$"时却认为这题没法算，因为没有真正理解加法交换律与"两个数的次序是无关的"。

2. 正规途径获得的有关知识的遗忘

新知识的学习须以学习者具有了卜属知识、技能为基础，它们是学习的一个前提条件。即使有关知识、技能已通过正规的教学途径获得，但如果发生了遗忘，那么学习者肯定仍难以学习新的知识和技能。如先前的教学已讲授了圆的周长、面积的含义及计算，但学生忘了计算方式，那么要学习圆柱的体积和表面积的计算就会发生困难，如果要学习圆锥的体积计算就更困难了。

3. 正规途径获得的有关知识不清晰、未分化

现代认知心理学指出，如果个体认知结构中与新知识相联系的原有知识不清晰、不稳定，就难以同化新知识，即难以为认知结构获得、接纳新知识提供适当的联系和有力的支点、泊位，有时会使新知识与原有知识产生混淆。如在关于多音节形容词的比较级和最高级的表达的教学之前，虽然学习者已比较牢固地掌握了单音节形容词的比较级和最高级表达时的构词规则，如果该规则在其认知结构中不稳固不清晰，就会对在某些形容词前是用 more/most 还是在词后加 er/est 感到困惑。

基于以上分析，教学设计中应注意：①须全面了解学习者有哪些有关知识是通过非正规途径获得的，其中又有哪些是与科学概念相悖的，它们会对新知识的教学造成怎样不当的甚至错误的影响。这样便于教学时注意防止这些不当信息的干扰。②须重视那些与新授内容紧密相关的原有观念。在新知识教学前可适当复习相关的旧观念，这样可避免原观念的不清晰、未分化带来的对同化新观念的干扰，也可以防止这些原有观念的可利用性的下降，从而排除了同化新观念的障碍。③重视奥苏贝尔提倡的"先行组织者"在教学中的运用。当然，运用要有针对性。如果学习材料对学习者来说是全新的未接触过的，通常用陈述性组织者；如果新材料与学习者已有知识有某种交叉，则运用比较性组织者为宜。

五、选择教学形式、方法、策略

教学活动是在某种策略的导引下准备以某种形式展开，并运用某种具体方法来使学习者获得新的知识和技能，所以，教学设计中对教学形式、方法、策略的分析和选择也是十分重要的。

（一）关于四种教学形式

教学形式涉及安排怎样的情境，以及怎样使学生对所组织的教学内容做出反应。这样的形式大体有四种，它们各有长处和短处，即各有其适用性和局限性。

1. 讲解的形式

讲解的形式是一种以教师说明、解释为主来达到教学目的的教学形式，它能够把教学涉及的大量新信息、新内容较快地向较多的学生传输。不过这是一种单向的教学形式，学生不能经常、及时地对教学各环节做出反应，教师也不能及时地获得、了解学生的反馈信息。

2. 提问的形式

提问的形式是以教师提出较多的适当的问题为主。它使教师能够及时地了解学生的种种情况,它要求教师预先充分准备好问题一览表和简洁扼要的讲解,还要娴熟地按学生的反应做必要的说明和进一步的提问。不过,这一形式颇受个别差异的影响,由此会降低教学的效果,如群体稍大就更难以兼顾全体,问题提得深了差生无法适应、提高,浅了又会使多数学生兴味索然。

3. 小组的形式

小组的形式是教学时将班级分成若干个小组,让学生在小群体内通过交谈来学习,故又叫蜂音学习。这种形式使小组中每个成员都卷入学习活动,这能提高每个人的学习积极性,而且还有助于发展成员之间的人际关系。该教学形式的关键是分组要适当。研究表明,分组应按人际关系,且每组以 5~6 人、每次交谈约 6 分钟为宜。

4. 讨论的形式

讨论式教学是按有关论题来呈现教材、组织讨论、得出结论,从而使学生掌握教学内容。在人文和社会科学的教学中,这一教学形式能使学生彼此启迪、深化认识。不过,它不适宜于低年级的或心理发展水平尚低及缺乏有关知识背景的学生,也不适宜于某些学科(如数学、语言等)的基础内容的教学。

需要指出,选择教学形式时除了考虑上述各形式的长短外,还应考虑学科性质、具体内容、不同课型、学生特点及教学方法、教学策略等问题,同时还可以针对具体情况和条件把上述各教学形式加以不同组织后予以运用。

(二)关于归纳与演绎的教学方法

在概念、公式或原理的教学中,归纳法和演绎法是两种普遍使用的方法。

归纳法是按教学内容的要求先为学生提供所教的有关概念、公式或原理的具体实例,同时让学生观察或操作,在比较和分析之后,最后得出有关概念的名称和定义,以及相应的有关公式和原理。如学习平衡原理,教师先提供并让学生观察或操作各不同重量的砝码及其所处的位置,学生目睹天平如何平衡,并且比较和分析了各种情况下的数据后,最后可归纳得出"合力矩为零"的平衡原理。

演绎法则相反,教学时先按教学内容的要求对有关的概念下定义,或陈述有关的公式和原理,然后列举例证或让学生举例来加以说明。如同样是学习上述平衡原理，教师可先直接提出该原理，然后按照该原理来变化砝码的重量或力点的距离，使天平依然保持平衡，从而证明了平衡原理确实是"合力矩为零"。

一般认为，运用归纳法的教学，易于由浅入深、由具体到抽象，是较为符合学校学生年龄特点的教学方法。但是，归纳法所花的教学时间一般比演绎法多，且归纳的对象和现象有时很难穷尽。另外，从发展理论思维和培养创造性来考察，归纳法的教学逊于演绎法。

对归纳的和演绎的教学方法的选择，一般应做如下的考虑：①学生年龄较小、年级较低或所教的概念、公式和原理本身较为抽象，则应考虑用归纳的教学方法。不过，在教学进程中，要注意引导学生不只是观察对象的现象，更要看其本质的属性和联系。②学生年龄较大、年级较高，或所教的概念、公式和原理较为具体，则应考虑用演绎的教学方法。不过，在教学过程中，要注意引导学生必须按定义、公式或原理中词语及符号内涵来进行分析和理解。③随着学生知识经验的扩展、生活经历的丰富，以及智力水平的提高，教学应注意尽可能地从使用归纳的方法转到使用演绎的方法上，以便促进学生思维能力发展和创造性的发展。

（三）关于指导与发现的教学策略

教学的具体方法，除上述归纳法和演绎法之外，还有不少。而种种方法和技术在某种意义上又分别属于指导的和发现的两大教学策略。指导的教学策略，就是教师按教学要求事先制定教学程序，学生在教师的系统讲授和直接指导下学习。发现的教学策略，就是让学生自己去观察、操作、比较有关的学习材料，自己去发现知识，获得概念、公式和原理。

在两种教学策略中，一种策略值得肯定的地方，往往恰是另一种策略的不足之处。所以，下面我们仅就发现的教学策略的优点和问题进行分析。

发现的教学策略的主要优点是：①学习时学习者自己动手动脑，这样所学知识一般更为巩固，也更容易运用；②通过学习懂得怎样思考、怎样获取知识和解决问题，从而使学习者能掌握一定的认知策略；③教学无固定程式因而显得生动活泼，这就易于激发学生的好奇心和探究心理，使之产生更强的学习兴趣；④它不仅能使学生的逻辑思维能力得到锻炼，而且更能够使形象的、直觉的思维能力得到锻炼，颇有助于发展学习者的智力；⑤它能使学生减少对教师的依赖和对书本的迷信，颇有助于培养学习者的独立性和创造性。

发现的教学策略也会带来这样那样的问题，其中主要是：①发现的策略要随情境的千变万化去加以灵活运用，一般教师常感到难以掌握；②实际操作中难免偶尔驾驭不当，这时就会变成"放野马"，这不仅使学习所获甚微，还会挫伤学生的学习积极性，故教学上该策略是有一定的失控的风险的；③发现过程中，因学生的个别差异，主要是智力水平和个性特点的不同，常会发生先发现者干扰其他同学的思路的情况；④发现过程中常会因纠缠于细节问题而大大减缓了教学进度。有人指出，发现的策略较之传统方法在教学上多花1.3~1.5倍时间。这使学校教学失去了这样一个主要特点，即在最短的时间内以最快的速度使学生掌握必要的基本知识和技能。

近期，有人提出了有指导的发现法，即试图在教学中把两者结合起来。这种策略是，先有计划地把学生引入教学的内容，如提问或出示材料；然后有步骤按计划地向学生提供诱发、引导性的线索，如已有的知识或相关的经验；最后则强调由学生自己来得出有关的概念、公式或原理。

第二节 教学模式

一、教学模式的含义

学生的学习内容非常广泛，既包含不同学科的知识学习，也包含智能或身体动作的技能学习。学习的内容不同，教学的方式也应该有所不同。另一方面，不同学生的学习习惯、原有的知识结构、接受知识的快慢也各不相同，每个教师面临的都是一个多样而复杂的教学环境。那么，究竟哪种教学方式最有利于学生习得新的知识和技能，能最有效地培养学生从事创造性活动和科学探究的能力呢？

（一）什么是教学模式

教学是一种由师生共同完成的有目的、有组织的活动，它是教与学的有机统一。从目标角度看，学是教学的主体，教学活动的最终目的是使学生掌握知识技能、热爱学习、具备自我学习的能力。但是，在向教学目标趋近的教学活动过程中，起主导作用的却是教师的教。教什么、如何教直接影响学生学习的主动性和积极性。影响教学的效率和质量，也关系到教学目标能否实现、教学任务能否完成。对优秀教师的教学经验进行考察，我们发现，他们取得成功的关键在于对教学内容（教什么）和教学方法（如何教）的合理组合，即能按某一种或几种有效的教学模式进行教学。所谓教学模式，就是指符合特定的教学理论逻辑的、为特定教学目标服务的相对稳定的教学活动结构。它能够帮助教师根据一定程式设计课程，安排教学材料，指导课堂教学等。

在实际教学环境中，由于每堂课的教学目标和教学内容各异，学生情况又各有不同，因此相应地就有各种各样的教学模式。可以说，没有哪一种模式是普遍适用的、最好的，即所谓教学有法却无定法，教无定法是为至法。教学过程中，具体采用哪种教学模式要视具体情况而定。即使采用同一种模式，优秀的教师也会匠心独运，有所创造。另外，任何教学模式都是通过对大量的教学经验加以总结、提炼形成的，有经验的教师完全可以根据自己的教学经验和有关教学模式的理论原理构建适合自己所教的课程、学生学习特点的教学模式。

（二）教学模式的构成

任何一种教学模式都包含以下四方面内容：步骤安排、师生交往系统、反馈方式和支持系统。

1. 步骤安排

步骤安排指对教学活动顺序、阶段的安排。每个教学模式都包含一系列独特的、有顺序的活动，告诉使用模式的教师如何组织教学活动，第一步做什么，接下来再做什么——是先呈示各种各样例子，还是先让学生了解例子背后的原理。

2. 师生交往系统

师生交往系统指教师在教学活动中扮演的角色、应注意的事项及师生间的相互关系。依照教学过程中教师所起的主导作用的大小，可以把师生关系分成三种类型：第一种是高度集中型，教师作为教学活动的中心，有步骤地向学生呈示知识信息，组织、协调学生在课堂上的活动；第二种是温和型，教师对教学活动的集中控制作用较第一种弱，学生有一定的自主活动空间，教师与学生的作用相当；第三种是松散型，教学活动以学生的自主活动为主，教师鼓励学生独立思考，自己寻找问题的答案。不同的教学模式对教师在教学过程中应起作用的大小、学生应有多大的自主活动空间，都有不同的作用。

3. 反馈方式

反馈方式指教师如何看待学生，如何对学生的表现进行反应。由于各种模式所要达到的目的各不相同，对教师的反应也就有不同的规定。在某些模式中，教师要公开奖励学生的某些行为，以此来塑造良好的行为习惯；在另一些模式中，教师对学生的行为不急于做出评价，而是任由学生自由发挥，充分调动学生的创造力，培养学生的自主独立性。

4. 支持系统

支持系统指为了使特定的教学模式达到预期目的，必须具备的前提条件。有些模式的实施要求具备一定物质条件，如需要配备特定的图书资料、声像设备等。有些模式则可能对教师的心理准备有特殊的要求，如"非指导性模式"要求教师要特别有耐心，对学生的活动不能多加干涉。

步骤安排、师生交往系统、反馈方式、支持系统是每一种教学模式都必须重视的四项内容。有经验的教师在总结教学经验、形成自己的教学模式时，也应该从这四方面入手，才能做出对一种教学模式全面的理论阐述。

（三）教学模式的种类

教学模式的种类很多，有些是教学第一线的教师提出来的，有些出自教育学、心理学研究者之手，还有一些来自理论家、哲学家。总的来说，尽管不同教学模式的设计目的、着眼点不尽相同，大致上仍可归为如下四类：

1. 信息加工模式

信息加工模式的共同倾向是，重视教学的信息加工过程，着眼于如何充分发挥每个学生的信息加工能力，以及如何提高这种能力。我们已经知道，信息加工涉及对外界刺激物特征的感知，主体根据已有的经验和知识、技能结构对信息资料进行组织、归纳，问题解决等。对信息加工过程的侧重点不同，就形成了众多有关的教学模式。例如，有些模式重视提高学习者分析问题、解决问题的能力，要求教师创设丰富的问题情境，启发学生思考，由一个个小问题一步步把学生引向问题的答案，特别强调逻辑思维能力的培养。有些模式可能更关心一般的智力发展问题，要求教师根据学生的年龄特点，有步骤、有针对性地培养学生的观察力、理解力，最终达到促进学生整体智能发展的目的。信息加工模式的另一个共同特点是，在强调智能因素的同时，还普遍重视学生社会化的进程，重视每一个学生作为一个独特的个体的自我发展过程，只不过选择的途径是通过提高个体的认知能力来实现促进个体整体发展的目标。

2.个人模式

个人模式类模式的共同特点是，重视个人及自我的发展，重视个人知识、经验的建构。它们通常采用个别或小班教学的方式，比较关注每个学生的个人情感体验，重点帮助学生建立一种与环境间的创造性的互动关系。它们都要求学生把自己看成一个有能力的人，有信心建立更丰富的人际关系，以更自信、积极的态度对待学校学习，进而提高信息加工能力。

3.社会相互作用模式

社会相互作用模式都很重视个体与社会或其他人之间的关系，认为每个人眼中的"现实世界"都是不同的，它实际上是一个个体与社会、他人签订协议的过程。每个人把他和社会、周围人的关系的状况、性质纳入他的"现实世界"，决定了他对待社会、他人的态度，同时也决定了他对自我的认识，影响其学习态度和行为。所以，这类模式致力于改善人际关系，鼓励学生积极参与社会工作，提高社会活动能力；通过提高个体对社会的适应能力，提高他对学习的适应能力。此外，这类模式也比较重视意识与自我的发展，注重学习的过程。

4.行为模式

行为模式类模式以行为主义为理论基础，重视的是学习者的外部行为，而不是内部心理结构和不可见的心理活动，强调教师的及时反馈、强化、行为塑造、知识技能在学习中的决定作用。行为模式在教学过程中倾向于把学习任务分解成一系列小的、有顺序的步骤，由教师决定对什么行为给予强化，对什么行为不给予强化，学习情境的控制权一般都掌握在教师手中。

（四）教学模式的运用

以上我们介绍的四大类模式，每一类又有很多具体而细微的小模式。如何在教育实践中应用这些模式呢？

首先，不同的教学模式强调的是学习过程中的不同方面。每一种模式从不同的着眼点入手安排教学活动，对课堂活动的组织是具体而细微的，所能达到的教学目的也是有限的。因此，一门课程甚至一堂课的教学如果只用某一类的一个模式显然是不够的。任何一个教学环境都应致力于帮助学生更好地理解他们自身，完成个人同一性的发展；学会与人合作，在群体中更有效地工作；掌握获得、处理信息的方式，学会自我学习；培养形成良好的行为习惯。这就需要教师灵活地运用个人模式、社会模式、信息加工模式、行为模式，只要充分理解了各种教学模式的内在逻辑，随着教学经验的积累，做到这一点是不会有困难的。

其次，决定具体选择哪些教学模式、需要考虑课程性质和学生的情况等问题。比如，就社会科学类课程而言，如果是较高年级的学生，除了注重知识传授外，可以兼顾社会关系教学模式，以便使学生把知识与自身的社会经验结合起来。

二、概念形成的教学模式

自 20 世纪 60 年代以来，各国教育家普遍开始重视学生的概念学习。以美国为例，随着"学术改革运动"的兴起，很多领域的学者开始关注"学科结构"而不仅仅是知识内容的教学，教科书也开始围绕"学科的中心概念"进行编写，由此产生了许多概念形成的教学模式，其中以布鲁纳等人的教学模式最为著名。

（一）概念形成教学模式的基本原理

布鲁纳认为，虽然人所处的环境复杂而多样，但人却能轻易地分辨不同的客体和事物的各个方面，把它们分别加以登记并作为一个个独特的个体进行反应，这就是分类活动所起的作用。换句话说，人类为了应付复杂多变的环境，发明了类别并创造了概念。所谓概念就是代表一类享有共同特性的人、物、事件或观念的符号。概念使我们能够把面目各异但具有共同本质特性的客体归成一类，然后再根据它们所属的类别做出反应，这样就大大降低了环境的复杂性。比如，小汽车的品牌很多，各种牌子车的车型、大小、颜色、内部设施、性能也有很大差异，但只要了解了"小汽车"这个概念（或类属）的含义，就能一眼把它们和卡车、大客车、摩托车区分开来。分类也使我们大大提高了反应的效率，使我们不必每次面对一个新事物都要从头进行一番学习。比如，苹果和梨是我们很熟悉的水果，那么对于这两者的嫁接产品"苹果梨"，即使从未见过，我们也能大致猜到它的形状和滋味。布鲁纳认为，所有的分类活动都是依据一定的标准对事物加以分辨，并把它们归入某一类别，同时又排斥其他事物的过程。这种分类过程也正是概念形成的基础。

儿童的概念习得也有一个发展的过程，通常具体事物的概念可由生活经验直接获得，形成较早。大多数抽象概念的获得是学习和教育的结果，同时也依赖于儿童对不同事物进行归纳的思维能力的发展。归纳能力的发展是儿童得以获得抽象概念的心理基础，反过来，抽象概念的掌握又能促进思维能力的发展。所以，概念的教学不仅是学科知识教授的重点，对智能发展也十分重要。概念形成教学模式的目的就在于通过分类、抽象的过程，使学生形成并掌握科学概念，学会用概念思考已获得的知识。

布鲁纳的研究结果表明，任何概念都含有五个要素，即名称、范例（正例和反例）、属性、属性值和规则。

名称是概念的标识，如水果、狗、房子、植物都是概念的名称。一个概念的名称代表了一类具有某种共同特征的事物。

范例指属于或不属于一个概念的元素。属于概念的元素叫正例，不属于概念的元素叫反例。比如"苹果""梨""樱桃"都是"水果"的范例。范例有正例也有反例，比如"半夏"和"阿司匹林"都是"药"这一概念的正例，但如果概念是"中药"，那么只有"半夏"是正例，"阿司匹林"则成了反例。将那些看似正例其实却是反例的事项加以甄别，可以帮助学生更直观地明确概念所涵盖的事物范围。

属性是指能使我们将某些范例归于同一类别中去的那些共同特征或特点。属性有基本属性与次要属性之分。拿水果来说，果肉内裹有核、甜（或酸）、可食、多汁等，是它的基本属性。它们在市场上的标价、个体大小、果皮厚度等则是次要属性。

属性值是指概念的各个属性的取值范围。如果我们面对的各种事物都整齐划一，那么概念化就是一件很容易的事，但实际上即使同一类事物在某些方面也有着种种不同。事物属性的取值是否超出其所属概念的范围，可以决定它是否能被归属于该概念。以苹果的颜色属性为例，常见的有青、红、黄，这中间还有种种浓淡、间色的差异，但我们仍把它们都看成是苹果的颜色。这一颜色的取值范围，就是概念的属性值。我们一般不把紫色作为苹果的颜色，原因就在于紫色超出了通常公认的苹果颜色的属性值。如果我们看到一个圆乎乎、紫色的东西，多半会把它当作茄子而不会是苹果。当然，也不是所有的概念属性都有取值范围，比如"唱片"这个概念，其形状属性就只有圆这一个值，没有取值范围可言。

　　规则是对一个概念的基本属性所做的定义或说明。比如"三角形是一个平面上由三条直线围绕构成的封闭图形"就是三角形这个概念的规则。只有掌握了规则才说明真正掌握了概念。日常生活中，我们通常以为假如我们了解了一个概念的典型范例，就等于我们理解了这个概念。例如，我们认识麻雀、鸽子，它们是鸟，因此我们也就知道什么是鸟。那么，鸡、鸭是不是鸟呢？很多人要想一想才能回答，有些人甚至会说它们不是鸟，因为他们实际上不了解"鸟"这个概念的定义，不了解什么是"鸟"的基本属性。因此，掌握规则是科学地掌握概念的关键。规则通常在概念形成过程的最后才确定下来，教师可以教学生用它来总结他们对概念各个要素的探索的结果。如果学生能够正确陈述概念的规则，就说明他已经能够成功地运用该概念的其他要素，知道怎样区别正例和反例，哪些是一个概念的基本属性，哪些是次要属性，属性值分别是什么。

　　概念的五个要素的组合构成了把一个概念与其他概念区分开来的标准。通过对这五个要素掌握程度的了解，教师可以判断学生在什么时候已完全获得概念，什么时候他们只是在进行语词重复，并没有真正掌握概念。

　　在布鲁纳看来，"概念获得教学模式"除了使学生获得特定概念之外，还担负有对学生概念化过程本身加以研究的任务。我们知道，概念形成是归纳思维的结果，从一类事物中抽取出它们的共同特性并把它们和其他事物区分开来，就是一个思维过程。在这个过程中，人们会自觉或不自觉地使用各种策略。"策略"是人们面对概念的范例时所采取的思维模式。思维策略通常并不为人们所意识，它们也不是固定不变的，当概念的性质、环境中的压力、行为的结果发生变化时，人们会不自觉地采用不同的思维策略。因此，在概念获得教学中，教师不仅要注意学生最终的答案是否正确，还要帮助他们了解自己是如何思考的、哪种思维策略最有效。

（二）概念获得教学模式的结构

1. 步骤安排

　　概念获得教学模式有四个阶段。第一个阶段，提出概念名称。第二个阶段，呈现资料。教师向学生呈现的资料是一个个彼此独立的正例或反例。它们可以是事件、人物、物品、故事，也可以是图片或任何可分辨的事物，要求学生逐一指出每一个事物是否属于提出的概念。第三个阶段，反馈和分析。对第二阶段学生的反应进行评价，告诉学生哪些分类对了、哪些分类错了，要求学生进一步分析属于概念的事物有哪些共同特性，反应错误的原因是什么。第四个阶段，明确规则。引导学生根据第三阶段的分析，得出概念的规则。

2. 师生交往系统

在概念获得教学活动展开之前，教师要选择合适的概念，制作概念的范例（正例和反例），安排范例呈现的次序。大多数教科书上陈列的概念都不符合教育心理学指出的儿童习得概念的规律，所以教师在教学中必须加以重新编排和组织。重新编排的教材要做到属性清晰，兼有正例和反例。教师在课堂上所起的作用主要是记录、给予提示和补充材料，所以在刚开始实施这种教学模式时，可以采用结构比较强的形式，由教师占主导地位，以后慢慢可以采取较松散的结构。

3. 反馈方式

教师在教学过程中，要对学生的反应持鼓励的态度，要营造一种对话的教学环境，教师提问学生回答，或学生提问教师回答。

4. 支持系统

教学中每一个概念都要有大量的资料、范例，学生的工作就是掌握教师事先选好的这个概念，而不是创造一个新概念。因此，资料和概念间的关系应很清晰，教学活动要按逻辑的顺序进行。

三、科学探究的教学模式

（一）科学探究教学模式的原理

科学探究教学模式是理查德·苏赫曼通过观察、分析科学家的创造性探索活动概括而成的。它的目的是使学生了解如何对一种陌生的现象进行科学探究，找出它的原因，教会学生掌握科学家在研究中所用的技能和术语。

苏赫曼认为，人有一种好奇的倾向，这种自发的倾向促使人们在面对陌生的现象时尽力找到其发生的原因。因此，教师在教学中的作用应该是，当学生好奇心大发时，指导他们如何提问、如何收集资料，教给他们发现事物变化规律的一般的思维方式。

像布鲁纳等人一样，苏赫曼坚信学生本能地对一切新奇的事物感兴趣，想弄明白这些新奇事物的背后究竟发生了什么。教师可以利用这个机会教会学生从事科学研究的方法。他还指出，一般来说，人们总是把"好奇心"以一种原始的方式保存着，未能意识到这是一种进行科学研究的可贵动力和心理资源。在这种情况下，我们就很难对自身的思想方式加以分析和改进。为此，教师在教学中应该帮助学生意识到他们是怎么思考问题的，这种思维方式的优缺点是什么。在此基础上，教师就可以向学生传授科学的思维策略。教师要使学生形成善于听取各种不同的建议和意见，以及随时准备发现新事物的习惯。

苏赫曼在这些理论观点的基础上构筑了科学探究教学模式的总体框架：首先，由教师向学生呈现一个他们不知道答案的问题情境（如一种奇特的自然现象或一则难猜的谜语），但问题最终必须是可以解决的，因为目的是让学生体验到理智探险的愉快，提高他们探索未知世界的兴趣和勇气。问题产生以后，学生本能地就会有一种想知道"怎么回事"的冲动，这种冲动激起的探索的必然结果是出现新的领悟、新的概念和新的理论。这时候，教师的任务是鼓励学生向自己提问，使他们通过不断地提问，形成假设，最后找到问题的答案。学生在提问过程中只能对问题做出某种假设，由教师判定假设是否正确，而不能要求教师替他们进行解释，学生必须设法自己解决问题。比如，"天为什么会下雨"，学生不能问"天上的云是怎么形成的？"但可以问"江河里的水蒸发到天上，凝结在一起是不是就变成了云？"学生提第一个问题时，并不知道自己究竟想了解什么样的知识，他们需要教师替他们找到答案，替他们完成概念化的过程。表面看起来，学生提出了问题，在积极主动地学习，但从知识的形式上看，他们仍然是在被动地接受现成的知识，第二个问题的提出却要求学生把液态水、热、蒸发、水汽、凝结、云这些不同的概念联结在一起，教师的任务仅仅是证实假设的真伪，回答"是"或"否"。这时，学生的注意力放在探究问题情境中各种变量关系上了。如果学生背离了这种探究模式，教师应该提醒他们："你们能不能重新说一遍问题，让我可以用'是'或'否'来回答你们？"经过一段时间练习以后，学生很快就能明白探究的第一步是收集并证实各种事例，弄清事物发生的条件和特点，脑中自然而然地形成了一系列假设。这些假设可以指导进一步探究的方向，使学生把注意力转向问题情境中各种变量间的关系上。这时候，学生可以通过提问，继续要求教师来证实他们的假设，也可以根据已有的假设，自己做一些实验来验证这些因果关系。例如，如果学生"以为下雨的过程是江河里的水蒸发变成水汽，水汽升到天上遇到冷空气，互相凝结在一起变成云，云越长越大，最后变成雨又落到地上"，那么学生就可以用一根试管装些水放到火上，模拟一下大自然中水的循环过程。在实验中，学生还可以引入一个新的条件或改变一个已有的条件，把各个变量隔离开来，了解它们如何相互影响。通常，学生总是满足于那些表面上看起来很完美的解释，但教师仍然要鼓励学生再找一找别的假设。

苏赫曼提出科学模式的宗旨是，要人们意识到并掌握科学探究的过程，而不仅仅是重视任何问题情境的内容或答案。与此同时他也指出，科学探究是个复杂的过程，很难简单地程序化，探究的策略也多种多样，不管我们把探究的过程分成几个阶段，整体上都必须按逻辑顺序进行。

（二）科学探究教学模式的结构

1. 步骤安排

科学探究教学模式共有五个阶段：第一个阶段，要求教师向学生呈现一个令人困惑的问题情境，同时把提问的程序、提问的目的和提问的方式告诉他们。教师所提的问题都是要动动脑子才能回答的，提问的最终目的是让学生能够像真正的学者一样体验新知识的创造过程。问题情境的一个显著特点是其中含有非逻辑的东西，其表现有悖于我们的现实观念。所有的问题情境都应该既含有一定的知识背景，又要有一定的难度。第二个阶段，证实、收集有关的信息。第三个阶段，实验。学生可以把一些新的因素引入问题情境，看看会不会产生不同的结果。从理论上说，这两个阶段是不同的、互相独立的，但实际上它们是收集资料和数据过程中两个可以互换的不同方面。实验的用处主要有两个：一是实验能够提供探索的途径；二是实验可以训练学生根据实验结果推导理论的能力。把一个理论假设演变成一个可操作的实验是一件很不容易的事，有时甚至根本行不通。另外，检验一个理论可能要做很多个实验，要证实很多假设，没有哪种理论可能用一个实验就能证明是对还是错。所以，教师在学生的实验过程中要防止学生轻率地丢弃变量，以免得出片面的结论。同时，教师还要不断丰富学生获得的信息，拓宽其探究活动的范围。第四个阶段，教师要求学生对问题做出解释，对有些学生来说，从收集信息到对信息做出合理的解释之间仍是有一定难度的。这时候，他们一方面很容易丢掉一些重要的细节，出一些不恰当的解释；另一方面，根据同样的资料也可能得出不同的解释。针对这两种情况，教师可以鼓励学生发表自己的见解，通过讨论，集体得出一个完整的解释。第五个阶段，对探究模式和探究类型进行分析。在这个阶段教师要组织学生讨论解决问题过程中哪些信息是必需的，所提的问题中哪些问题最有效。

这一阶段的重要性体现在它能帮助学生意识到探究的过程，系统地推进科学探究的策略。

2. 师生交往系统

科学探究模型是高度结构化的，师生交往大部分由教师控制，目的是要让师生关系变成一种既合作又严密的关系。尽管如此，这一理智的环境还是应当向所有的观点开放，师生可以平等地探讨，每个学生都能自由地发表自己的见解，教师也应该尽可能地鼓励探究。

教师控制的探究经过一段时间的训练后，可以逐渐由学生自己来控制。可以采取讨论、分头独立收集资料、进行实验等多种灵活的方式，教师则作为教学的管理者和监督者退居一旁。

在这整个教学模式施行过程中，教师最初的责任是选择或建构问题情境，然后按探究程序进行评判，对学生的提问做出"是"或"否"的回答。教师必须帮助刚起步的探究者找一个着眼点，为学生探究问题情境提供有利条件。

3. 反馈方式

如果学生的提问不能用"是"或"否"来回答，教师应要求他们重新安排问题，促使他们再去收集资料，把资料和问题情境联系起来，推进探究过程。

4. 支持系统

支持系统主要是准备一系列有一定知识背景的问题材料及有关的参考资料，教师可以根据教材内容自己编排，也可以参照科普读物编排内容。

四、创造性培养的教学模式

"集体研究制"是威廉戈登和他的同事们发明的一种发展创造力的新方法。戈登的工作最初是围绕建立一个"创造性群体"，把一群人聚集在一起接受训练，使他们成为问题解决或新产品开发者而进行的。

（一）创造性培养教学模式的基本原理

戈登认为，要进行创造性培养，首先要改变传统的创造力观念。人们总以为只有音乐、艺术创作或科学发明才需要创造力，其实创造力是我们日常生活和工作的一部分。培养创造力就是要提高人们解决问题、创造性表达自己观点的能力，以及对社会关系的洞察力。其次，传统的观点认为，创造力是一种神秘的、天生的、纯个人的能力。戈登则认为，创造的过程一点儿也不神秘，也不是不可言传的，它可以直接训练，只要人们能理解创造的过程，就能提高创造力。因此，我们可以把创造力训练用于学校教学。最后，传统观念认为，艺术讲求创造。科学讲究发明，两者互不相干。戈登则认为，创造发明在所有领域都是类似的，其背后隐藏着同样的认知过程。传统观点还认为，创造是一种纯个人的体验，戈登则指出，群体与个人一样也能进行创造性思维。

戈登指出，借助集体研究制进行创造力训练有三个要点：第一，提高个人和群体的创造力，都必须把创造的过程从暗处移到明处，上升到意识层面，同时再制定出一些增强创造力的具体办法。第二，创造力是新的心理形式的发展，在这个过程中，情绪因素重于智力因素、非理性因素重于理性因素。非理性因素所起的作用在于使心灵空其所有，拓展产生新概念的最佳心理环境。但戈登也不低估理智的作用，他认为非理性因素为新观念的产生做了准备，最后的决策却要依靠逻辑的力量。因此，创造过程从根本上说是一个情绪过程，一个需要由非理性因素去推动智力活动的过程。第三，必须提高对那些情绪性的非理性因素的认识，以提高问题解决的概率和对非理性因素的控制能力。对非理性因素的控制可以通过隐喻活动（类推）实现，隐喻是"集体研究制"创造力培养的主要途径。

所谓隐喻就是用一个事物替代另一个事物来对不同的事物或观念进行比较的方法。通过隐喻，熟悉的东西与不熟悉的东西可联系在一起，建立起一种相似的关系，或从熟悉的观念中创造出一个新的观念。这时，创造活动也就开始了。比如，我们可以让学生把人体想象成一个复杂的运输系统，这样我们就建立起了一个结构或一个隐喻，学生就能以一种新的方式去考虑习以为常的东西。这样做的目的，在于启发学生的想象力和洞察力。

隐喻活动的练习有如下三种类型：①个人类推。它要求学生把自己化为所要比较的观念或事物中去，想象自己是所要解决的问题的一个自然因素，可能是一个人，也可能是植物、动物或无生命的东西。比如，可以问："假如你是一台汽车发动机，你会有什么感觉？当你在清晨被点火发动时或在电池耗尽的时候，你又会有什么感觉？"个人类推的重点是移情介入，它要求个人失去一部分自我，忘记个人的人格特点和需要。失去自我后所产生的观念与正常情况差异越大，类推就越新颖，越富于创新性。②直接类推。它是对两个物体或概念进行简单比较。这种比较并不是在所有方面都一一对应的，它的作用只是将现实的问题转换一下，以便换一个角度提出新的点子。这其中要涉及与人、植物、动物或非生物的认同。例如，工程师发现蚂蚱细长的腿灵活而有力，即便在松软的沙土里，它也能跳跃自如。受此启发，工程师造出了和蚂蚱一样长着细长腿的月球车。③强迫冲突。它用两个截然相反的词来描述一个对象，如疲劳而好斗，友好的对头，救生杀手，温润的火焰，安全攻击，等等。戈登认为，强迫冲突最富创造性，它反映出学生把一个对象置于两个参照系中加以合成的能力，参照系之间的距离越远，则心理的灵活性就越大。

（二）创造性培养教学模式的结构

把"集体研究制"应用于教学环境，有两种教学模式可供选用。一种教学模式让学生以一种新的、更富创造性的眼光去审视旧问题、旧观点，我们把它称为模式甲。另一种教学模式让学生把新的、不熟悉的观点变得更有意义，即把陌生的东西变成熟悉的，我们把它称为模式乙。虽然这两种模式的目标不同，实施的步骤也不尽相同，但它们都要用到隐喻活动的类推方式。

1. 步骤安排

模式甲要求学生以一种陌生的眼光来看待习以为常的事物，具体的做法是用类推来拉开概念间的距离。其步骤是：①要求学生描述他们正面临的情境或所要谈论的话题。②由学生提出各种直接类推，选出一个并依此展开进一步的讨论。③学生通过移情"移入"刚才选定的类推。④要求学生对②③两个步骤进行描述，提出几个强迫冲突的成对词，并从中选出一个。⑤要求学生根据强迫冲突的成对词，再次进行直接类推。⑥让学生使用最后得到的类推，回到最初的任务或问题上去。

模式乙的目标是使陌生的东西变成熟悉的东西。在这个模式中，类推的作用是分析，即对熟悉事物的特征进行分析，并与陌生的东西加以比较。其步骤是：①由教师提出一个新的话题并提供有关信息。②教师提出直接类推，由学生对这一类推进行描述。③教师使学生"移入"这一类推。④学生确定类推的两个事物间的相似之处并加以解释。⑤让学生指出新东西的哪些方面不适合做类推。⑥回到原来的话题，让学生用自己的话进行阐述。⑦由学生提出自己的类推，探讨两事物间相似的与不同的地方。

模式甲与模式乙的主要区别在于，它们对类推的用法不同。在模式甲中，学生进行一系列不受逻辑限制的类推，逐渐拉开概念间的距离，进行自由联想；在模式乙中，学生要把两个不同的观念联系起来，并在类推过程中找出它们的共同之处。在教学过程中，究竟采用哪种模式要视具体的教学目的而定。

2. 师生交往系统

总的来说，创造力培养模式的结构既不松也不紧，教师起着发动和帮助学生合理思考的作用，学生有进行随意讨论的自由。在教学过程中，师生要彼此合作，教师要帮助学生既要动脑子，也要有好的心情，以便能在学习活动中获得乐趣。

3. 反馈方式

一方面，教师要使学生保持一种能充分发挥创造力的心理状态，让他们尽情去幻想，摆脱理智的刻板的约束；另一方面，由于教师举出的范例非常重要，因此，教学前教师自己先要学会接受让人疑惑的、异乎寻常的类推。在模式乙中，教师还要防止学生进行不成熟的分析，应该对学习的进程即学生解决问题的行为进行总结。

4. 支持系统

创造力培养模式的关键，是要有一位懂得"集体研究制"原理和程序的领导者。此外，如果探究的是科学问题，还要有实验室之类的设施。一般来说，几十个人的班级规模太大，教师不易引导每个学生积极参与讨论，搞"集体研究制"需要把班级分成小组。

五、刺激控制与强化的教学模式

（一）刺激控制与强化模式的基本原理

行为主义者把人的行为看成是环境（一系列诱发刺激和强化刺激）的函数。刺激控制与强化的教学模式就是在对反应和强化刺激间关系的研究基础上形成的。

我们知道，环境中任何能够提高一个特定反应出现概率的事物都是强化。强化有各种不同的形式，也有各种呈现的程序。一般情况下，人们采用的强化方式，通常是在特定的时间内个体出现一个受期望的反应，即伴随呈现一次强化。这种刺激与强化间的对应叫作列联，对强化刺激的系统控制就是列联安排。刺激控制与强化教学模式的核心，就是要制订一个合理的列联安排计划。一个设计列联安排的教师，必须确定学生的哪些反应是好的，哪些反应是不合需要的，并且仔细观察环境中有哪些新的刺激能够诱发不合需要的反应。这样，教师就能够通过减少环境中的不良刺激，增加良好反应的诱发刺激，逐渐消除不良行为。例如，在辅导一个注意力不集中的学生做作业时，我们就可以使他远离已经做完作业正在游戏的其他同学，在一个安静而空着的小房间里单独完成作业。

单就提高反应的概率而言，我们既可采用正强化，也可采用负强化，但负强化的效果往往不如正强化稳定，而且可能带来一些副作用，所以列联安排一般都采用正强化的强化形式。可用作正强化的强化物很多，列联安排中用得最多的有社会强化、物质强化和活动强化三种。社会强化包括微笑、赞扬、拥抱等，这种强化对儿童特别有效，没有一个儿童对社会强化无动于衷。物质强化是用可消费的物品作强化物，如食物、玩具等。活动强化指以一些有趣的活动作为强化物，教师和家长经常使用这种强化方式，如儿童完成一定量作业后，给予一段自由活动时间。此外，休息、看电视、朗读优秀的作品等都可以作为活动强化。在选择活动强化物时，教师要注意观察学生的个人爱好，以及环境中哪些刺激容易诱发不良反应。

实施强化可以采用各种不同的方式，如持续强化，只要反应出现一次就给予一次正强化，而间歇强化则不一定每个反应都能得到强化。一般来说，在学习的初始阶段，使用持续强化是建立一个良好反应的最便捷的方式，但间歇强化的结果通常更稳定，保持的时间也更长。所以，最佳的强化程序是，在新行为建立的开始阶段使用持续强化，待新行为模式内化后，则使用间歇强化。

任何列联安排的最终目的都是建立新的适应性行为，并使之内化为个体自身的行为方式。列联安排的用途包括减少过分依赖、攻击、被动、抑郁、退缩等不良行为，把它们移出日常生活的强化链，同时建立一个新的适应性更好的行为方式，以取代不良反应。此外，列联安排还可用于发展新的技能，如学术技能、社会技能、自我控制技能等；改变情绪状态，如害怕或焦虑，增强和保持已有的良好行为。

（二）刺激控制与强化教学模式的结构

1. 步骤安排

刺激控制与强化（或列联安排）由五个阶段组成。

（1）定义目标行为。这一阶段的目的是确立期望建立的行为反应，即确立通过教学要改变哪些不良行为、习惯，建立哪些行为方式，获得哪些技能或知识。在这个阶段具体要做两件事：一是准确阐述要改变的行为和要强化的反应，二是制定一种测量行为的程序。测量和记录行为的简便方法有两种，分别是行为取样法和序列取样法。行为取样法是观察和记录某个行为出现的时间和次数；序列取样法是按时间顺序取样。选择哪种测量方法取决于待观察的行为和其他环境条件。

（2）评价初始行为。这一阶段要对目标行为出现的频率进行详细记录，了解行为在什么时间、什么条件下对谁发生，目的是确诊最初的诊断，确立一个行为发生的基准线，以便确定列联计划的速度和有效性，为计划实施后的比较提供依据。

（3）制订列联计划。这一阶段涉及的任务包括构造环境或情境、选择强化物和强化序列、制订行为塑造计划。列联计划中的强化物必须针对每个人而设定，强化不是对每个学生在任何时候都适用的。影响强化成功的因素有以下几种：年龄小的儿童很喜欢社会强化，但大孩子和成人对社会强化不太敏感；由地位高的成年人实施强化比地位低的成年人更有效；由关系密切的人实施强化较关系一般的人实施强化效果更好；环境中的强化物如果太多，特意安排的强化作用就不会很大。所以，制订列联计划时要考虑个人的不同学习风格。此外，所制订的列联计划必须能够说明学生在逐渐逼近良好行为过程中所取得的进步，要有一个周密布置的逐步强化程序。

（4）实施列联计划。这一阶段包括布置组织教学的环境，制订列联说明，根据制订的强化程序和塑造计划对学生的反应进行强化。一般来说，在实施列联计划时，教师有必要使学生了解教师期望的反应和强化物，因为知识因素在自我控制和心理发展中的作用正越来越受到心理学家的重视。教师和学生一起讨论不良行为的后果、改进的方法，有利于培养学生的自我认知控制。在课堂强化方面，教师还可以运用一种颇为有效的"暂停"技术，即撤掉所有的强化物，把有问题行为的学生放到一个没有任何物品或人的地方单独待一会儿。这能使学生集中思想参加集体活动，使他们学会对自己的行为负责。

（5）评价列联计划。这一阶段要对目标行为再次测量，观察如果重现旧的强化，原有的不良反应是否还会出现。这是对列联计划成功与否的证明。

2. 师生交往系统

列联安排通常都是高度结构化的，环境和奖励系统由教师控制，但有时候列联计划中的强化物和强化程序也可以由教师和学生一起协商决定。

3. 反馈方式

教师的反馈主要根据列联计划进行，一般来说，包括忽视学生的不良行为反应和强化良好行为反应，如有必要也可采用暂停技术。

4. 支持系统

简单的个人行为计划一般不需要满足任何特殊的要求，但大多数列联安排计划都要求具备一定的物质强化物和强化程序，有详尽的活动安排计划，有时候还需要一个个人化的学习环境。制订和实施计划的人都要有足够的耐心和坚持不懈的恒心。

六、智能训练的教学模式

要达到对儿童进行智能训练，提高他们思维发展的水平这一目的，我们面临的第二个问题是如何准确评价儿童的智能发展水平。这一节中，我们将着重介绍皮亚杰关于智力发展阶段的理论，然后在评价学习者发展阶段的基础上，提出提高儿童智能水平的教学模式。

（一）智能训练教学模式的基本原理

1. 皮亚杰的发展理论

皮亚杰认为，儿童的成长要经历一系列发展阶段，每个阶段都有一定的智力结构。他用一个专门术语"图式"来表示这种结构。"图式"决定了主体以什么方式看待世界（比如早期的图式是以自我为中心的，儿童往往把自己当作宇宙的中心），同时它也是个体与环境相互作用的程式或策略。

儿童智力的发展，始终贯穿着同化与顺应这一对矛盾统一体的运动。日常生活中，儿童要不断地获取经验，把新的经验纳入已有的行为模式，这就是同化。同化意味着接纳，如同吃东西和消化一样。另外，随着个体的发展，旧的模式会渐渐不适应新的经验，这时，旧的结构（图式）解体，新的图式形成，个体就发生了由前一阶段到后一阶段的飞跃。这种改变主体认识结构以适应环境的变化，称为顺应。

图式是皮亚杰儿童发展理论的核心概念。他认为图式是儿童与环境的中介，儿童通过图式获得对环境的认识。儿童的智力发展就是通过不断的同化和顺应形成越来越复杂的图式。

儿童从出生到成年，其智力要经历四个发展阶段：第一个阶段，感觉—运动期（出生到两岁），儿童主要依靠生理反射的图式获得食物，取得关心、爱护，应对当前的世界。第二个阶段，前运算期（2~7岁），随着语言能力的获得，儿童开始学会用符号和内部想象去思维，但这时的思考是无系统和不合逻辑的，它与成人的思想极不相同。第三个阶段，具体运算期（7~11岁），儿童发展了有条不紊思维的能力，但这时的思考抽象性还很差，只有借助于具体的对象及其活动才能进行。第四个阶段，形式运算期（11岁到成年），形成了真正抽象和假设的水平上逻辑思维的能力。

在皮亚杰看来，图式发展的顺序是不变的，虽然儿童可以用不同的速度通过各个发展阶段，但都要以同样的次序经历各个阶段。在图式发展的特定阶段，智力结构有一个相对稳定的时期，这时，经验与图式互相匹配，儿童以特定的方式进行思维操作。一旦新的经验难以纳入现有结构，平衡遭到破坏，这时就需要认知重组，向预定的下一阶段发展。因此早期的阶段是后一阶段的基础。

2. 皮亚杰的学习与教育理论

皮亚杰认为，教学是创造环境以便使学生的认知结构发生改变，教学的目的是提供学习经验，练习特定的运算。儿童在学习环境中，会自发地去学那些与他的认知结构相匹配的知识，只有当儿童获得了自己的学习经验后，他们的智力结构才会发展。教师如果教得太快，超出了儿童认知结构，而当时的认知结构又未达到解体的时机，学习就无法进行。因此，在教学过程中，学生是学习的主体，他们在学习中构筑自己的知识大厦，而不是被动地接受知识的灌输；他们有自己特定的思维方式，而不是照搬成人的观点。为了适应儿童的特点，教师在传授知识时，应该给予每个学生足够的操纵环境的机会和丰富的感性经验。

皮亚杰认为，人们通常所说的知识可以分成三类，即物理知识、社会知识和逻辑知识。物理知识指个体对物体本质的认知；社会知识是个体在与他人自由交往中获得的反馈；逻辑知识则是和数学、逻辑有关的知识体系。不同的知识应该通过不同的途径开展教学。如社会知识可以借助角色扮演的方式获得，教师的任务是安排好与儿童智力发展阶段相适应的学习经验，让他们在自发的活动中发现自我。逻辑和物理知识最好也能够通过讨论从其他儿童那儿习得，因为儿童在讨论中互相提供有关的信息，这些信息的语言形式符合每个孩子自身的语言结构。教师在这种知识的教学中，要为学生提供提问的机会，以及实验其构筑知识体系的场所。教师不能满足于直接给出的答案，而要鼓励学生开展探索和思考，必须允许他们出现各种错误的答案。

3. 皮亚杰的临床研究法

临床法又称谈话法，是皮亚杰独创的一种研究方法，它起源于皮亚杰对纯粹观察和测验法的不满。皮亚杰认为，儿童研究中常用的纯观察法，往往不能揭示儿童内部结构的发展，而测验法则是把成人的语词、成人的语言习惯强加给儿童，使儿童按成人的方式回答问题，常常会得出错误的结论，难以正确诊断儿童的智力发展水平。临床法是一种既有一定结构又很灵活的研究方法，它通过研究者与儿童的自由交谈，让儿童自由地回答问题，确定儿童智能发展的水平。在谈话过程中，如果儿童能正确回答问题，也能为自己的回答提供合乎逻辑的证明，拒绝研究者的反向暗示，并能完成相互的操作任务，就说明儿童的智能发展达到了特定的阶段。谈话法是智能训练教学的基础。

（二）智能训练教学模式的结构

根据谈话法的原理，智能训练教学模式要求教师提出任务，观察学生对问题的反应，然后对学生的行为做出相应的反应。教师必须通过评价，决定学生智能发展的大致阶段，去掉课程中与学生发展水平不符的任务。

1. 步骤安排

智能训练可分三个阶段进行。第一个阶段，由教师提出问题，问题的实质和形式都必须符合学生的智能发展阶段。问题情境一方面必须是学生熟悉的，以便于他们同化；另一方面，也要有足够的新内容，要求学生顺应。问题的形式（语言或非语言）和对环境的操纵，取决于学生智力发展的水平。第二个阶段，启发学生对问题进行回答。根据安排的任务的性质，教师最初所提的问题可以是开放性的，如"你认为怎么样？""你看到了什么？"也可以是封闭性的，如"两者的数量一样多吗？""看看哪一行更多？"对于封闭性问题，提问时要穷尽各种可能的答案（如相等、多一些、少一些等）让学生选择，防止学生一味附和教师。提问的目的就是使学生找到正确的答案，一旦找到正确答案，就要求学生说出其之所以这么回答的理由。为了巩固学生的正确推理方式，这时教师可以提供若干个反面意见（反向暗示），要求学生加以辨别并说明拒绝的理由。第三个阶段，迁移。教师提出一个类似的问题，再按上述步骤重复进行，促使学生在类似的任务中运用获得的推理方式。

2.师生交往系统

智能训练教学可以采用初步结构化的方式,也可以采用高度结构化的方式,但总体上都是以教师控制为主。由于这一教学模式的对象大都是儿童,因此,教师的作用就尤为重要。

3.反馈方式

教师要尽可能创设一个轻松自如的学习环境,使学生能自由地回答问题,而不是一味猜测教师的意图。对于学生的回答,不管是对还是错的,教师都要求他们说出理由,有时候还可以要求学生从生活中找一个与问题类似的情境。在提问过程中,教师要不断用反向暗示考验学生的推理,直到达到目的。

4.支持系统

教师必须对发展理论很熟悉,配有一整套适合各年龄阶段儿童的问题、任务及相关的反向暗示。

第七章　教师心理与学生心理健康维护

教师是学校教育教学工作的承担者。教师的人格特点、教育能力、威信及心理健康水平等对教师自身和学生的发展，对教育教学质量的提高等都具有重要影响。加强对教师心理和学生心理的研究，不仅有利于促进学生的全面发展和教师的专业成长，而且还有利于提高教育质量、推动教学改革。

第一节　教师的职业心理分析

教师是专业的教育工作者，与其他各种非专职教育者，如孩子的父母亲相比，其角色的内涵和功能有着很大的差别，这也正是教师这一角色的重要特征。教师要根据不同年龄阶段儿童在心理发展水平和特点上的差异，对自己的角色行为进行调整，不断完善自身的职业心理品质，以完成社会赋予的教书育人的使命。

一、教师的职业角色

1966 年，国际劳工组织、联合国教科文组织发表的联合建议《关于教员地位的建议》中明确："教育工作应被视为专门职业（profession）。这种职业是一种要求教员具备经过严格而持续不断的研究才能获得并维持专业知识及专门技能的公共业务；它要求对所辖学生的教育和福利具有个人的及共同的责任感。"

教师的职业角色是教师在教育系统中的特定地位及其相关联的行为模式。教师角色是社会对教师的要求，它不仅规定了教师的职业责任，而且规定了教师的职业行为方式。社会对教师角色的要求与期望称为教师角色期待。这种期望可以来自自身，也可以来自相关的他人。教师按照教师角色的要求规范自己的行为，履行自己职责的过程就是角色扮演。

教师专业教育者角色的特殊身份和与这个身份相适应的行为规范要求教师在其角色行为方式上表现出与其他职业不同的特点。

第一，教师的工作在教学手段的选择、教学形式的组织等方面都具有很强的自主性。对于相同的教育目标，不同的教师个体可以采取各种不同的方式去达到。

第二，教师的劳动是复杂的脑力劳动，这种劳动只能是个体的，无论是在时间还是在空间上，教师的工作都是以个人活动为主；教师成绩的提高与自身的发展也主要是靠个体的活动来完成的。

第三，教师不仅要通过自己掌握的知识去影响学生，还要通过自己人格和道德力量，通过自己的言传身教去影响和感染学生，这要求教师注意自己的人格和道德方面的修养，并在实际的教育教学中注意自己人格因素对学生所起的影响作用。

第四，随着时代的进步和社会的发展，人们对教师的要求也在不断提高，教师的责任也随之加重，需扮演的角色也自然增多。教师既是社会的传道者、榜样和模范公民，又是学生学习的指导者、灵魂的塑造者、人际关系的协调者和心理保健者等，对此后文将有详述。

教育与社会的关系、教师与教育及教育与学生发展的关系决定了教师是专业教育者的角色，即教师是社会的代表，为社会培育下一代，使之成为社会所期望和需要的人。所以说，教师既是社会的传道者、学生学习的榜样，又是学生学习的指导者，人格、品德的塑造者，交往、行为的引导者，身心健康的保护者。

第一，在人类社会的发展中，教师处于承上启下的地位，起着传递人类文明的作用。教师是学生认识社会、适应社会并走向社会生活的重要领路人，是社会的传道者。在学生、家长及其他公民的心目中，教师是知识的象征，是一部活的教科书。教师的作用就是把知识和技能传授给学生，这一角色要求教师具有精深的专业知识和较高的教学业务能力。

第二，教师是教育者，人们理所当然地要求其成为学生和公民的榜样。在学生心目中，教师是知识的源泉，是智慧的化身与行为的典范，教师所有的言行举止都无疑会成为学生模仿和学习的表率。因此，教师不仅在学校教育情境中要严格要求自己，在日常生活中也应注意自己的行为修养。

第三，在教学过程中，教师要做"领航员"，根据教育教学的规律和学生身心发展的特点，通过知识、学习过程背后所蕴含的意义、价值来引导学生，调动学生学习的积极性，以使他们牢固地掌握科学文化知识，发展多方面的能力。随着学生获取知识途径的逐渐增多，教师指导学生如何学习的功能日趋增强。同时，教师的任务还包括激励学生学习、思考；认识、掌握新的学习资源、学习途径、学习方法和学习方式；启发学生思维，发展学生的问题解决能力，以达到学会学习和促进思维。因此，教师应为学生创设主动学习、合作学习的环境与机会，使他们体验在新的学习方式中的收获与成就感。

第四，教师不仅要向学生传授知识，培养其能力，而且作为学生灵魂的塑造者，还要通过有效指导学生在与社会生活互动中引发的种种具体问题，培养学生正确的世界观、人生观和远大理想，培养他们丰富而高尚的精神境界，培养他们追求真理、热爱科学、热爱和平，促使他们不断完善自己的品质。

第五，教师还要帮助学生建立良好的同学关系，注意引导其正确择友，通过帮助他们建立积极的友谊，以良好的同辈力量影响学生的健康发展。除此之外，教师还要协调和处理教学过程中方方面面的关系，要加强沟通，促进彼此之间的相互了解。

第六，教师是学生的心理保健者，在学生遭受心理挫折后，教师要设法创造一种谅解和宽容的气氛，帮助学生减轻焦虑或紧张，并及时提供帮助和咨询，给学生以心理方面的支持，以增强他们克服困难、走出挫折的自尊心和自信心。此外，教师还应通过创造良好的课堂心理氛围，不断提高学生的心理素质。同时，教师还应承担起学生心理问题的解决与疏导工作。

二、教师的职业心理品质

教师的职业心理品质是指教师这一特殊职业所必需的心理品质，主要包括教师的教育能力和人格特点两方面内容。

（一）教师的教育能力

教育能力是指教师成功地进行教育活动所必须具备的心理特征的总和。教师的教育能力是影响教育教学效果的最直接和最基本的因素。它主要包括以下几种能力：

1. 教育预见能力

所谓教育预见能力就是教师在教育活动开始以前对自己进行该活动的能力、教育对象的身心状况、教育内容的适合性、各种因素的干扰性及教育效果的估计能力。

教师的教育预见能力是学校教育的目的性、计划性和组织性所要求的。教师只有对自己、教育对象、教育内容、影响因素和效果有一个比较客观的、准确的估计，才能最大限度地保证教育活动目的的实现。教师的教育预见能力影响着教师对学生的期待和指导，影响着教师对教育工作的努力程度，以及在遇到困难时的坚持程度。教师教育预见能力的核心是教育思维。教师只有对自己、教育对象和教育内容有足够的、充分的认识和了解，只有对各种影响因素的产生基础有充分的了解，才能对教育活动做出分析、判断，达到比较科学的估价。

2. 教育传导能力

教育传导能力是指教师将处理过的信息向学生输出，使其作用于学生身心的能力。教师的教育传导能力包括教师组织教学的能力和表达能力两个方面。

组织教学的能力主要表现在制订教学计划和组织课堂教学两个方面。制订教学计划是教师上好每一节课、对学生施加有效教育影响的前提。

表达能力是教师教育传导能力的核心，包括言语表达能力和非言语表达能力两种。言语表达能力是教师借助于社会约定俗成的符号系统向学生传递信息的能力，包括口头言语表达能力和书面语言表达能力。教师的非言语表达包括其面部表情、身体动作、空间和触摸、语音、语调、语速、言语中的停顿、服装及其他装饰品等，是言语表达的补充。

3. 教育监控能力

教师的教育监控能力是指教师为了达到预定的教育目标，在教育的全过程中将自己所进行的教育活动和行为本身作为意识的对象，不断地对其进行积极、主动、自觉的计划、监察、反馈、评价、反思和调节的能力。

教师的教育监控能力具体可以分为以下四方面：

第一，计划与准备能力。教师在进行具体的教育活动之前，要分析所要面临和解决的教育任务及教育情境中的相关因素，结合自己的教育教学能力、风格、特点和经验，确立适宜的教育目标，制订教育计划，选择教育的策略，安排教育的步骤，预测可能出现的问题与可能达到的教育效果等。

第二，反馈与评价能力。在教育过程中，教师作为反馈的主体要随时监控班级的状况，不断获取教育活动各要素变化情况的反馈信息，并根据学生的反馈或是自己所获得的自我反馈信息，客观地认识和评价自己的教育过程、教育方法、教育策略、教育效果、教育行为以及学生发展和进步的状况。

第三，控制与调节能力。在教育过程中，教师要根据反馈信息和新情况有意识地、自觉地发现和分析教育过程中存在的问题及其原因，并据此及时调节教育活动的各个方面和环节，对自己下一步要进行的教育活动和教育行为进行调整与修正。

第四，反思与校正能力。在一次或一个阶段的教育活动完成之后，教师要对自己完成的教育活动的全过程进行深入的总结和反思，并进行相应的校正。

上述四方面是一个过程性、动态性的结构，同时它还是一个各方面相互联系的循环性结构。

4. 教育机智

教育机智是指教师对学生的各种表现，特别是对意外情况和偶发事件能够及时做出灵敏的反应，并采取恰当措施以解决问题的特殊能力。教育机智是教师观察的敏锐性、思维的深刻性和灵活性、意志的果断性等在教育工作中的有机结合，是教师优良的心理品质和高超教育技能的概括，也是教师迅速地了解学生和机敏地影响学生的教育艺术。教育机智无固定的模式可循，但无论采用什么方法，教师都要善于掌握分寸，做到实事求是、分析中肯、判断恰当、结论合理，对学生做到要求适当，使学生心服口服。

（二）教师的人格特点

教师的人格特点直接影响着其对教育方法、教学组织形式的选择，影响着师生的互动过程和教育结果。

1. 教师的教育观念

教师的教育观念是教师从事教育教学工作的心理背景，是教师对学生发展和教育的基本观念与看法的总和，是教师进行教育的基础和心理依据。教师总是按照自己对教育的理解，即自身的教育观念来组织教育和教学。教师的教育观念直接决定着教育策略和教育态度，进而表现为不同的教育行为，并直接决定了教师工作的实际效果，影响学生的发展。

教师根据对学生的总体印象形成对不同学生的不同期望，受不同期望的引导和影响，教师对不同学生采取不同性质、水平的接触，以及不同的教学、评价态度等。当教师对学生具有积极期望时，其对待学生的方式也更倾向于积极。相反，如果教师对学生持有消极期望，则常会以消极的方式对待学生。而教师不同的期望与对待，又直接影响着学生形成不同的自我概念和行为动机，进而影响其各方面的发展。可以说，教师期望与学生发展的实际状况之间存在着明显的良性循环和恶性循环。

2. 教师的情感

教师的情感不仅对教育活动具有动力作用，而且对学生具有感染力，从而影响整个教育过程。对教育事业的热爱和对学生的热爱是教师情感的核心。

一个对教育事业充满热爱的教师，在工作时间的任何时候和任何情况下，都会按照教师职业的职责规范和要求做好本职工作。

热爱学生是指教师在教育活动中对学生饱含发自内心的、诚挚的亲密情感。热爱学生，不仅是教师的一种基本道德要求，更是教师应该具备的一项基本素质。热爱学生是教师从事教育工作的基础，只有热爱学生，教师才可能真正全身心地教育学生，并在教育过程中尊重、理解学生，民主、平等地对待学生。

3. 教师的意志品质

良好的意志品质是教师顺利而有效地实现教育目标的根本保证。因为教育活动复杂多变，教育任务完成的过程正是教师不断克服困难的过程。当教育过程中出现问题时，坚韧果敢的意志品质能使教师以旺盛的精力和百折不挠的毅力及时地做出反应，明辨是非果断地做出处理；当发现自己的决定有误时，又能及时地改变或停止执行这一决定。

4. 教师的性格

在教育活动中，面对活泼、富有朝气并具有极强活动力和"向师性"的学生，教师要有强烈的与之交往的意向，要有阐述自己思想的健谈风格和热情乐观的待人习惯。教师不是法官，冷峻、倔强固执和不近人情是教师之大忌。教育活动要求教师具有随和、体贴、热情等良好的性格特征。

5. 教师的自我意识

自我意识是人格的自我调节系统。教师对自己具有比较全面、实际和最接近真实的看法，将有助于其进行正确的自我剖析和自我调控。"高"自我的教师，倾向于以积极的方式看待自己，能够正确地、现实地看待他们自己及其环境，对他人有深切的认同感，对自己则具有自我满足感、自我信赖感和自我价值感。

三、教师的威信与师爱

教师的威信与师爱是教师与学生之间良好关系的反映，是教师有效影响学生的基础和前提。形成和维护教师的威信，保持真挚的师爱，既是教师进行有效教育的重要条件，又是教师建立和谐师生关系的前提。

（一）教师的威信

教师的威信是指教师具有的一种使学生感到尊敬而信服的精神感召力量，是教师对学生在心理上和行为上所产生的一种崇高的影响力，是师生间的一种积极肯定的人际关系的反映。有威信的教师是以其人格、能力、学识及教育艺术等自然地对学生的心理和行为产生影响，使学生自觉地接受教师的教诲，其心理和行为上的变化是自愿和主动的。

教师的威信在教育过程中发挥着巨大的作用。第一，教师的威信是学生接受教诲的基础和前提。有威信的教师能够获得学生的敬重和爱戴，使他们乐意接受他的教育。第二，教师的威信是一种强有力的教育手段。有威信的教师本身就是一种巨大的教育力量。有威信的教师的教育效果是真实、深刻而持久的，即使教师不在场，学生也会自觉地实践教师的期望和要求。

教师威信形成的决定因素是教师自身的主观因素，具体包括以下几方面：

第一，良好的职业心理品质是教师获得威信的基本条件。较强的教育能力和独特的人格魅力是教师获得威信所不可或缺的。

第二，教师的仪表、生活习惯和工作作风等对其获得威信有重要影响。教师衣着整洁朴素，仪表端庄大方，可给学生以稳重、积极向上的感觉。良好的生活习惯和工作作风也很重要。

第三，教师给学生留下的第一印象也会影响其威信的形成。因此，教师必须高度重视与学生的第一次见面和开始的几节课，力求给学生留下良好的第一印象，树立初步的威信。

第四，珍惜"自然威信"，有助于"自觉威信"的形成。"自然威信"是在师生交往的初期，由学生对教师自发的信任和尊敬而产生的威信，它是建立在教师角色所赋予的权威、权力和影响力基础之上的，是教师职业本身所带来的一种不自觉的威信。教师在"自然威信"的基础上，运用自己的品格、学识和智慧去赢得学生发自内心的尊敬和爱戴，就会形成稳定的"自觉威信"。

第五，教师的威信是在和学生长期的交往中形成的。在日常的师生交往中，教师要以自己"角色"的言行对学生施加教育影响，学生可以从老师那里获得各种心理需要的满足，学到课堂上、书本上学不到的为人处世的道理和态度。

形成教师威信的主客观条件总是处于不断变化之中，所以说威信不是一成不变的。教师威信变化的性质主要取决于教师个人的心理素质的变化状态。因此，教师要特别注意维护和提高自己的威信。教师威信的维护与提高应从以下几方面入手：

第一，要正确认识和合理运用已形成的威信。教师建立威信不是为了确立自己在学生心目中的形象，而是为了更好地发挥教育效能，切忌滥用教师的权威，以免损害学生的自尊心，这会损伤学生学习的积极性和对教师的亲近感，削弱学生对教师的信赖和爱戴。

第二，要适应社会要求的变化，不断进取。教师要根据社会的要求和学生的发展变化不断地更新自己的知识、观念，提高自己的科学文化素养，使学生获得成长。

第三，教师要勇于正视自己尚存的不足，扬长补短，积极进取，不断提高自己在学生当中的威信。

第四，教师要不断增强自己的角色意识，时时意识到自己教师的身份，处处注意检点自己的言行。

（二）师爱

师爱即教师对学生的爱，是指教师在教育活动中对学生发自内心的、诚挚的亲密情感。师爱既是教师对学生的一种积极、肯定的情感，是一种强大的教育力量和手段，同时又是建立良好师生关系的感情基础。

师爱是无条件的，教育者的角色要求教师必须热爱学生，因为没有爱就没有教育。师爱是博大无私的，它表现为教师对所有学生的一视同仁。同时，师爱又是一种"疏离式的关爱"，即教师在关心学生的同时，宜自觉且有意识地与学生保持适度的距离。适度的疏离可以使教师客观公正地看待、评价学生的发展与学习情况。另外，适度的疏离还可以增进教育的公平性，如果教师与学生的关系过于密切，很容易对某一两位学生产生特殊的情感，进而导致教育的不公平。

在教育活动中，师爱作为一种特殊的社会性情感对学生的心理和行为具有独特的心理功能，主要表现在以下几方面：

第一，激励功能。对师爱的渴望往往是学生在校期间学习行为的主导性动机。为了博得老师的喜爱，获得老师的赞扬和注意，学生会努力满足老师提出的各种要求，遵守学校的规章制度。事实证明，学生对老师的态度与其学科兴趣、学习成绩之间存在着正相关，即学生喜欢的老师所教的学科容易引起学生的兴趣，学生对该学科的学习努力程度高，学习成绩也好。

第二，调节功能。师爱作为学生受教育的一种心理背景，对教师的教育和指导起着过滤和催化的作用，具有心理调节器的功能。学生往往把师爱与教师对自己的评价联系在一起，他们会以师爱为信号，在形成积极自我概念的基础上，不断地调节自己的心理和行为。同时，由于师爱的作用，学生愿意向老师打开心扉，使教师更清楚地了解学生复杂的内心世界，从而不断调节自己的教育方式和方法，有的放矢地进行教育。

第三，感化功能。师爱作为一种巨大的潜移默化的教育力量，使自卑者自尊、后进者上进、悲观者看到希望、冷漠者充满激情。师爱使学生的人格受到感化，使他们的情操得到陶冶，这种感化功能是其他任何教育手段都难以替代的。

第四，榜样功能。师爱可以使学生产生模仿老师的意向，使教师成为学生学习的榜样和楷模。师爱的榜样功能表现为学生对老师的情感的模仿和对老师的兴趣、爱好、衣着、姿态等的模仿。老师本身成了学生"活"的教科书，对学生起着莫大的教育作用。

师爱主要表现在以下几方面：

首先，了解和关爱学生。深入了解学生是师爱的起点。关心和爱护学生是师爱的最基本的方面，因为爱是学生健康成长的最基本前提和需要。

其次，尊重和信任学生。受到尊重是学生的权利和成长的需要。教师尊重与信任学生是师爱的重要体现。教师对学生的尊重表现在两方面。一是容忍并尊重学生的差异。二是尊重并促进每个学生富有个性、充分的发展。

再次，理解和同情学生。教师对学生的理解主要表现在对学生内心世界的理解上。教师要从学生身心发展的特点和规律出发去认识和评价学生的言行举止，正确认识和对待学生的各种各样的行为表现，并透过现象去寻找合情合理的解释。此外，教师对学生的同情可以唤醒他们的上进心、自信心和自尊心，排除他们的烦恼和悲伤。同情是以理解为基础的，没有理解就没有同情。

最后，严格要求学生。教师对学生的严格要求恰恰是师爱的强烈表现。"爱"是教师对学生的态度，"严"是教师对学生的要求，"严"出于"爱"，"爱"寓于"严"，"严"和"爱"相济才能教育好学生。当然"严"要"严"得合理，要适度，能让学生理解。

第二节　教师的职业压力管理与心理健康维护

教师心理的健康与否，不仅对其个人的工作成败有重大影响，而且更重要的是它直接或间接地影响着学生的心理和行为，对学生的心理健康水平和人格的发展有着极其重大的作用。但目前，教师的职业压力比较大，其心理健康问题是客观存在的。因此，无论是教师自身还是学校管理工作者，乃至全社会都应该关注并重视教师心理的健康和维护。

一、教师的职业压力管理

教师是一个高压力的职业，当前，教师的职业压力已经成为一个全球性的普遍问题。充分认识教师的职业压力并采取积极的应对方式，对促进教师的专业发展具有重要意义。

（一）教师的职业压力

教师的职业压力是指由教师的工作要求、期许和职责等产生的负向情感的反应症状。它包含两方面的内容：教师的压力情境和压力反应。前者是指产生压力的客观环境或事件，后者指个人主观对外界刺激所做的适应或因此引起的紧张压迫感。

教师的职业压力源是多方面的，包括环境、教学、组织和人际关系等。可能的压力源经过教师个人的评估成为实际的压力源，再经过教师自身的人格调节和压力源评估，进而成为慢性的压力症状。压力的产生是一个动态的过程，包括刺激发生、感受刺激、认知威胁和压力反应四个环节。

（二）教师的压力反应

当教师面临压力时会产生一系列生理、心理和行为上的反应，具体如下：

1. 生理反应

教师面对压力时的生理反应主要表现在自主神经系统、内分泌系统和免疫系统等方面，如心率加快、血压增高、呼吸急促、激素分泌增加、消化道蠕动和分泌减少、出汗等。

2. 心理反应

压力引起的心理反应有警觉、注意力集中、思维敏捷、精神振奋等。适度的压力有助于教师适应环境，如教师在有适度压力的竞争条件下容易取得更好的成绩。但是过度的压力则会使教师产生消极的情绪，如忧虑、焦躁、愤怒、沮丧、悲观失望、抑郁等，它会使教师的思维狭窄、自我评价降低、自信心减弱、注意力分散、记忆力下降。

3. 行为反应

教师面临压力时的行为反应取决于压力的程度及其所处的环境，可分为直接反应和间接反应。前者指直接面对造成压力的刺激时，为了消除压力源而做出的反应。后者指借助某些物质暂时减轻与压力体验有关的苦恼等。

上述反应在一定程度上是机体主动适应环境变化的需要，它能唤起和发挥机体的潜能。但是如果反应过于强烈或持久，就可能导致生理和心理功能的紊乱，引发职业倦怠，危害教师的身心健康，甚至殃及学生。

（三）教师职业压力的自我管理

虽然教师职业压力的缓解需要全社会的支持和参与，但是教师自身才是消解职业压力的主体，教师职业压力的自我管理应从以下几方面入手：

1. 建立理性信念

理性信念可以帮助教师达到其基本目标，非理性信念导致错误、歪曲和有破坏性的自我评价，阻碍教师实现基本目标。

首先，理性认识教师的职业压力。生活中处处有压力，教师的职业压力是一种客观存在。适度的压力可以变成动力，使人走向更大的成功；超负荷的压力可能损害身心健康，甚至产生心理疾病。

其次，确定理性的目标和期望。通过对现状的客观评估，确定一个稍高于实际水平的目标，只有通过努力才能够使目标实现；目标的水平也不要过高，只要通过努力就能使目标实现。

再次，进行理性归因。教师在反思时都会对行为结果进行原因分析。理性归因包括：对行为结果进行客观的分析，尊重客观事实；多进行可控因素的归因，如付出的努力；把成功的结果多归因于能力，有助于提高信心。

最后，善于识别非理性信念。非理性信念是对事实的歪曲或误解，这常常是过分夸大压力事件及其导致的不良结果的重要原因。学会识别常见的非理性信念有助于合理信念的建立。非理性信念有三个典型特征，即绝对化要求、过分概括化、糟糕至极。教师可根据非理性信念的特征找出自己有哪些非理性信念，通过与非理性信念的质辩，从而建立理性信念。

2. 提高压弹能力

压弹能力是指个体面对压力不被压垮的能力。压弹是"压"与"弹"的完美结合。面对职业压力时，教师既需要有耐压力，也需要有排压力。

3. 主动寻求社会支持

社会支持是指个体社会性发展所依托的各种社会关系给予个体的心理和物理的支持。良好的社会支持系统是教师应对压力的重要资源，教师要善于营造良好的人际关系氛围，面对压力时要主动与家庭成员、同事、朋友等进行沟通，寻求帮助和支持。尤其要建立良好的师生关系，因为教师与学生的接触最多，且多数问题都与学生有关，一旦得到了学生的理解和支持，教师的消极情绪就会得到消解。当自己不能使消极情绪得到有效排解时，教师要善于寻求专业的心理帮助。

4. 科学管理时间

守时的职业特点是造成教师职业压力的一个重要因素。教师可从以下方面做出努力，对自己的时间进行科学管理：考察自己时间管理的特点；将每件工作依重要性和紧迫性排序，要有效计划和安排时间；改正自己的做事偏好，提高做事的效率；学会积零成整，学会合理拒绝。

5. 掌握缓解压力的方法

调整自己的身心状态可使压力得到缓解。常用的方法有以下几种：

（1）身心放松法。常用的放松方法：深呼吸，肌肉放松，冥想放松。

（2）想象调节法。利用想象对现实生活中的压力事件及其预期结果进行预演，在想象的情境中放松自己、从容应对，并使之迁移到现实的情境中。

（3）积极暗示法。心理学研究表明，暗示对人的心理活动和行为具有显著影响。暗示可以是积极的，也可以是消极的。教师在压力情境下更容易对自己进行消极的心理暗示，使压力加强。如果教师学会了对自己进行积极心理暗示的话，就会使压力得到很大的缓解。

（四）教师职业倦怠与对策

教师职业倦怠是指教师不能顺利应对工作压力时所处的情绪、态度和行为的衰竭状态，具体表现为情绪衰竭、去个性化及个人成就感丧失等。教师的职业倦怠直接影响教育教学效果，损害身心健康，使教师处于人际关系紧张的处境，并最终导致教师队伍的高流失率，严重影响教师队伍的稳定。

1. 教师职业倦怠的症状

有职业倦怠的教师通常在以下方面表现出一定的症状：

第一，生理方面。具有职业倦怠的教师在生理上会表现出一种慢性衰竭，如深度疲劳、睡眠障碍、食欲异常（厌食或贪食）、胸闷、内分泌紊乱、免疫力降低等，甚至还会出现更为严重的肠胃问题和高血压等。

第二，心理方面。在智力上，教师观察力、记忆力下降，思维反应迟钝，想象力贫乏。在情感方面，对工作失去兴趣，害怕或者故意避免参与竞争，没有竞争热情，对学校或学生有强烈排斥感、厌倦感甚至恐惧感，情绪波动大，经常感觉抑郁、焦虑和烦恼等。在意志方面，畏难而退，甚至疏于自我管理。

第三，行为方面。职业倦怠的身心症状都会在一定程度上反映到行为方面，常出现职业退缩行为，如对工作敷衍了事、藐视行政管理、不愿与人交往、倾向于自我贬损。

2. 教师职业倦怠产生的原因

导致教师产生职业倦怠的因素是多方面的，既与社会大环境下的教师职业特点有关，也与学校环境及教师的人格特征相联系。

第一，教师的职业特点。首先，社会对教师的期望较高，但教师的社会地位及物质生活水平较低，易造成教师的认知不平衡，使其对教师职业失去热情，甚至可能产生离开教师岗位的念头。其次，教师工作本身的长期性、复杂性、重复性和负荷大等特点，使教师面临着重重压力。最后，角色冲突导致教师的角色负荷过大。教师本身是一种多角色的职业，教师要随环境的变化频繁地在多重角色间进行转换，一旦转换不力，即产生角色冲突，影响行为效果。

第二，学校环境。学校的教学情境、人际关系状态及组织氛围也会导致教师产生职业倦怠。

第三，教师的人格特征。高自尊的教师易于缓解职业倦怠，具有外控倾向的教师易于产生职业倦怠，低教学效能感教师的职业倦怠程度较高。

3. 教师职业倦怠的干预措施

对教师职业倦怠的干预可以从以下两方面入手：

第一，内部干预。内部干预的方法主要有改变认知、放松身心、有效管理时间和压力、提高社会认知能力和社交技巧等。通过改变教师自身的某些人格特点，提高教师的自我效能感、自尊、应对压力的能力和技巧，改变归因方式等，以增强适应教师职业的能力。

第二，外部干预。改造和改善对教师个体以外的工作情境，就是外部干预。外部干预的措施主要包括提高教师的社会地位和工资待遇、减少教师过度的工作时间和工作负荷、客观公正地评定教师的工作业绩、为教师创造一个良好的学校氛围，等等。

由于职业倦怠在很大程度上是由教师的职业特点和组织因素决定的，所以最有效的干预是把外部干预与内部干预有机地结合起来。

二、常见的教师心理健康问题

当教师的心理状态与心理健康标准中描述的内容不相符合，并达到一定程度时，即为教师的心理健康问题。教师的心理健康问题可分为不良状态、心理障碍和心理疾病三个等级。其中，不良状态又称第三状态，是介于健康状态与疾病状态之间的状态，是正常教师群中常见的一种亚健康状态，如"很累""没劲""不高兴""应付"等。它是由教师个人的心理素质、生活事件、身体不良状况等因素引起的，具有时间短、损害轻、能自控等特点。心理障碍是指教师心理状态的某一方面（或几方面）发展的超前、停滞、延迟、退缩或偏离，具有不协调性、针对性、损害较大、需求助于心理医生等特点。心理疾病是指由于教师个人及外界因素所引起的大脑功能紊乱而导致的心理与行为的异常反应，并伴有明显的躯体不适感，具有强烈而异常的心理反应、明显的躯体不适感、损害大及需心理医生的治疗等特点。

不同的问题教师表现出来的心理健康问题是不一样的。常见的教师心理健康问题有以下几种：

（一）自我意识混乱

所谓自我意识的混乱是指个体无法形成正确的自我概念和适宜的自我态度，以致不能达到自我和谐，无法获得安定、平衡的心理状态。特别是当理想的自我与现实的自我产生矛盾冲突时，个体会感受到由此带来的焦虑、痛苦或抑郁等不良的情绪。对教师来说，自我意识的混乱，主要有以下两大原因：

1. 教师的自我期望过高

人类灵魂工程师的美誉要求教师塑造出一个完美无缺的"理想自我"，因此教师比一般人具有更强烈的自尊需要、荣誉需要和成就需要。自我评价过高使得个体的"现实自我"一旦靠近不了"理想自我"时，便产生巨大的心理落差，造成各种心理障碍。随着竞争机制逐渐引入教师队伍，这种情况越来越普遍。一贯优秀的"老教师"开始走上竞聘台，面对来自"新教师""新教育理念"的挑战，如何正确认识自己，评价自身，科学看待自己的成功与失败，是每一个心理健康的教师首要考虑的问题。

2. 教师的自我职业认识不够全面和科学

一些教师自我职业认识方面不够全面和科学，甚至背离了职业道德。物质社会的飞速发展，"按劳取酬，利义并重"价值观念向传统的教师价值观提出了新的挑战，有些教师为了"创收"，强迫学生参加自己组织的"课外辅导班"，更有甚者为了鼓励学生参加"有偿辅导"，课内授课"留一手"，课外授课"无保留"。

（二）职业的适应性问题

教学工作既是具有挑战的脑力劳动，同时也是高强度的体力劳动。社会发展及教育的不断变革对处于相对封闭环境中的教师造成了较大的影响和震撼，如教学过程中要求教师具有驾驭教材、加工整理和运用教材的能力，以及掌握灵活多样的教学方式、方法，加强对课堂的管理和掌控调节能力等。如果教师没有很好地适应这些变化，就会产生职业的适应性问题，具体表现为以下几方面：

第一，不喜欢教育工作或现有的教育工作，缺少职业自豪感，甚至根本看不起教师职业，并为此而经常感到心理不平衡。

第二，自我效能感较差。所谓教师自我效能感，指的是教师相信自身能够成功完成教育教学任务的一种主观体验。面对同样的教学任务，自我效能感高的教师能够积极面对现实，冷静分析，创造性地完成教学任务；而自我效能感低的教师则通常会畏惧困难，不愿意尝试新的教学方式，教育能力发展呈现出停滞的状态。

第三，个人能力有所欠缺。有的教师尽管辛辛苦苦工作，但在能力素质上仍然不能让领导或学生满意，心理压力感倍增。有些教师虽然通过不懈努力会取得一定成绩，但由于种种原因，这些成绩多是以巨大的精力和时间的消耗为代价，导致生理机能状态失调，易产生焦急、抑郁和早期衰老病症。

第四，压力过大。学校教学节奏的加快、学生家长及学校领导的多方压力，使一些教师处于极度紧张、烦恼、压抑、自卑的心理困扰之中，以致产生厌倦心理和弃教行为，严重影响了身心健康和个人的发展。

（三）人际关系问题

良好的人际关系状况是个体心理发展、个性保持健康和生活具有幸福感的重要条件之一，也是影响教师心理健康的关键因素。目前，教师人际关系状况不容乐观。由于认知的偏差，如自负、过度自卑，以及首因效应、近因效应、晕轮效应、定势效应等，教师缺乏人际吸引力，容易主观武断，偏听偏信，误解他人，进而导致紧张的人际关系。

一般来说，教师在人际关系方面的障碍和适应不良主要表现为以下三方面：

第一，不良人格和个性特征影响正常交往，如自卑、自负、偏执、强迫等。

第二，缺乏交往意识和欲望，很少与人沟通和交往。

第三，缺乏必要的交往技能和手段，沉溺于倾诉自己的不满，不听他人的劝告，交往容易受挫。

（四）情绪问题

教师也是普通人，特别是由于从事着与人打交道的职业，感情特别丰富而细腻。教师的情绪不仅仅会影响自身，如果控制不当也会影响教育教学工作。职业适应不良及人际关系问题都会表现为情绪问题。情绪问题主要表现为性情急躁、反应过敏、容易冲动、不善控制或过于冷漠等，严重者可导致心因性的生理症状，如失眠、食欲不振、咽喉肿痛、腰部酸痛、恶心、心动过速、呼吸困难、头痛、眩晕等。

（五）障碍性心理问题

障碍性心理问题也称为"心理障碍""心理疾病"，其特征一是个体持久地感受到痛苦（一般为 6 个月）；二是社会功能受损，表现为人际关系糟糕，容易产生对抗甚至敌对行为；三是表现出非当地文化类型的特殊行为。教师在遭遇人际关系的严重冲突、重大挫折、重大创伤或面临重大抉择时，一般都会表现出极度的情绪焦虑、恐惧或者抑郁。有的表现出沮丧、退缩、自暴自弃，或者异常愤怒甚至冲动报复。教师长期持续的心理障碍如果得不到适当的调适，就容易导致精神疾病，产生比较严重的后果。

（六）角色冲突

角色就是人的面具。每一个人都有很多不同的人格面具，在不同的场合使用不同的人格面具，是各种社会角色的综合体。

教师的角色冲突包括角色之间的冲突和角色内冲突。教师在社会生活中拥有多种社会身份与地位，扮演着多种社会角色，仅在学校教育中就有10多种。教师除了具有教师这一职业角色，还有父母、儿女等角色，也是多种社会角色的集合体。多种社会角色之间的冲突，就会造成教师人际关系和社会适应的不良，导致心理障碍。

据研究，教师的角色冲突有两个主要来源：一是人们期望教师提供给学生高质量的教育，但教师又缺乏选择自己认为最好的教学方法和教材的自主权；二是教师有维持纪律的责任，但教师又没有足够的权威。在不同的角色之下，教师要表现出与角色相适应的行为方式，形成与角色作用相适应的角色技能，导致角色负荷过度，压力不断增加。

（七）神经症

神经症又称神经官能症，是一组非精神病性的功能性障碍，具有精神和躯体两方面的症状。教师中较常见的神经症有焦虑症、抑郁症、恐惧症、强迫症等。

三、教师心理健康的维护

预防心理健康问题的关键在于尽量减少教师的各种心理压力，帮助教师提高自己的心理承受能力以适应环境，并为教师提供必要的专业帮助。教师心理健康问题产生的原因既有社会、学校和家庭的因素，也有教师自身的因素，因此，要促进和维护教师心理健康，需要各方的理解、支持和关怀，更需要教师自身的调适和努力。

（一）社会方面

众所周知，社会的发展离不开教育，教育的发展离不开教师，教师担负着为社会培养下一代的重任。只有身心健康的教师，才能培养出身心健康的高素质的下一代。因此，全社会都应该支持教育、关心教师，具体来说应从以下几方面入手：

第一，弘扬我国传统的尊师重道的精神，努力提高教师的社会地位，以减轻少数教师目前所存在的自卑心理。

第二，要切实提高教师的工资待遇，改善教师的生存环境，减轻教师的生存压力，尽力解除教师的后顾之忧，使教师能全身心地投入到教育教学工作中。

第三，在舆论上不要对老师有过多过分苛刻的要求。教师也是普通人，也有正常人的心理和需要，社会对教师角色的期待不能过于神圣化、对教师的要求不能过于苛刻。社会媒体对优秀教师的宣传不宜夸大事实，对个别教师失范案例的报道也不宜过度渲染。

第四，社区应广设托儿所、幼儿园及敬老院等，以解决许多教师的后顾之忧。在社区建立必要的社会支持系统，以增强教师的社会责任感、力量感和安全感。

总之，社会对待教师要多一份理解、多一份宽容，要尽量避免给教师的心理带来不必要的压力。

（二）教育行政方面

教育行政部门也要参与做好教师心理健康维护，制定一系列与教师切身相关的政策措施，营造一种尊重教师、帮助教师的氛围。具体如下：

第一，教育行政部门应该通过制定各种政策，提高教师的社会地位，形成尊师重教的社会风气。

第二，教育行政决策主管部门应加强师范教育，培养身心健康的老师。

第三，教育行政部门要以自己的实际行动率先尊师。

第四，提高教育行政人员的素质，使其在观念上真正认识并重视教师在发挥教育功能上的重要作用。

（三）学校方面

学校环境是教师身在其中的微观环境，学校方面的很多因素直接影响着教师的心理健康状况，因此，要切实而有效地提高教师的心理健康水平，还必须做好学校方面的工作。

第一，适度提高教师之待遇，使其不至于因不能维持日常生活而不安，进而防止其另兼他职或其他副业，影响教学工作。

第二，学校行政领导要尊重教师的学术地位，做好服务工作；要尽可能地减少教师的课业和行政负担，使其有较多的休闲和进修时间，调剂其紧张的生活。很多研究表明，教师的心理健康问题与他们的工作过于繁重密切相关。长期的超负荷劳动使不少教师身心俱疲，甚至积劳成疾。因此，学校要尽量减轻教师的工作负担，以防止教师心理问题的产生。

第三，制定公平公正的评价奖惩制度，完善教师进修制度等。评价教师不能只看学历学位，更要看教师的能力；不能只注重教师所教班级的成绩和分数，更要注重所教学生的素质和潜质，还要关注教师的教育教学过程和发展；不能只采用某种单一的评价方式（如学生评价或领导评价），而应采用多种评价相结合的方式（如学生评价、领导评价、同行互评、教师自评相结合等）。科学、合理的评价、奖惩机制能够提高教师的工作积极性，激励教师积极进取，减少教师心理问题的发生。

第四，加强教师的心理健康教育，帮助新进教师解决所遭遇的困扰和问题，使其更好、更快地适应，并寻找机会组织、鼓励教师多参与有益身心的活动。

第五，要建立和谐的人际关系，为教师营造轻松愉快的心理环境。良好的师生关系是开展教育教学工作的前提，团结协作的同事关系有利于教师专业发展，和谐的教师与领导的关系有利于学校教育教学效率的提高，友善的教师与学生家长的关系，有利于减轻教师的心理压力。因此，学校要尽力营造一种互相尊重、平等相待、彼此关怀的人际环境，以减少甚至避免教师心理问题的产生。

（四）教师个人方面

对教师心理健康的维护，关键还是取决于教师内在的因素。因此，要保持健康的心理就需要教师自身的调整与适应。

第一，教师要保持身体健康，因为健康的心理寓于健康的体魄。

第二，教师要客观地认识自己和自己所从事的职业。既不能自卑，也不能有过高的期望值。尤其是不能盲目地跟别人或别的职业进行简单的比较，要看到自己所从事职业的价值，要不断提高自己的职业认同感，树立坚定的职业信念。同时，教师要树立正确的教育观念，善于缓解工作压力。

第三，教师要加强自身修养，学会自我调适，提高抗挫耐压能力。人生不如意之事十之八九，工作和生活中遭遇挫折和困难是难免的。因此，教师要注重培养自己平和、宽容的心态，遇到挫折和困难要及时疏导、排遣不良情绪和心理困扰，不断提高自己的心理调控能力。这就要求教师在认知上要正确地看待挫折和冲突，同时要对挫折和冲突进行冷静的分析和思考。之后在分析的基础上，采取补救或改进的措施，及时地从挫折和冲突中走出来。

第四，教师要合理地安排生活，注意张弛有度。压力太大时要注意放松，过于轻松时要适当加压。千万不能让自己长时间处于高压状态，也不能长时间地放纵自己或使自己处于无聊状态，否则，心理就容易失去平衡。

第五，教师要掌握自我心理调节的方法和措施，如合理宣泄、升华、转移、移情（换位思考）、自我对话等。

第三节　学生常见心理问题及成因分析

学生的心理状态尚未稳定，心理表现比成人更为敏感、复杂，容易受环境、情绪和社会因素等的影响，引发许多心理问题，如学习问题、人际交往问题、情绪问题等。本节主要对学生这些常见心理问题及其形成原因进行详细分析。

一、学生常见心理问题

（一）学习心理问题

学生常见的学习心理问题，有的表现为学习效率不高，或担心和惧怕考试，产生焦虑情绪；有的学习目标迷失，缺乏学习主动性，经常感到迷惘失落，动力不足，兴趣不高，甚至出现厌学情绪；有的由于学习方法不适应，因而产生心理上的困扰。总的来说，就是学习压力过大、厌学及学习困难等。

1.学习压力

一般地讲，适度的学习压力能唤起学生的学习斗志，调动学生的学习动机，促进学生的学习，但过大的学习压力会造成学生的紧张不安、失眠烦躁、思维混乱、行为反常、学习能力降低、学业成绩下滑。当前，我国学生的学习压力普遍偏高，特别是高中生的学习压力尤为突出，虽然大学在不断扩招，但是参加高考的人数也在不断增加。可见，学习压力是学生最大的压力来源，是学生心理适应不良的关键诱因。

2.厌学

厌学是学生学习活动中比较突出的问题，表现为对学习心烦意乱、焦躁不安，学习行为消极，对学习要求有抵触或对抗情绪，学习成绩不好，甚至旷课、逃学或辍学。而且，不仅学习成绩差的学生不愿意学习，甚至一些成绩好的学生也会出现厌学情绪，这应引起教育者的高度重视。

3.学习困难

学习困难是由个体自身因素及内外环境造成的学习适应不良。学习困难者在学习自信心及自我调控水平等方面明显不足，难以跟上学习进度，

学习效果差。学习困难既是心理健康问题的表现，同时又影响着学生的心理健康。

（二）人际交往心理问题

学生的人际交往主要包括与同伴、父母和教师的交往。受应试教育和独生子女家庭环境的影响，多数学生在人际关系方面较为封闭，交往能力较差。同时，每个人待人接物的态度不同，个性特征不同，再加上青春期常见的羞怯、敏感和冲动，都使学生在人际交往过程中不可避免地遇到各种困难。例如，缺乏交往的信心和勇气，不敢或不会与人交往，经常在一些公共场合不能自如应对，出现尴尬，故而形成怀疑他人、怀疑一切的心理，对他人的言行敏感、多疑，对同学的善意帮助持怀疑态度，对教师的教育怀有现僵局和冷场。当人际关系发生冲突时，由于社交技能有限，常不能克制自己，不尊重别人意见，不知如何应付；尤其是性格内向、心理承受力较弱而自尊心又极强的学生，怕得罪同学，常封闭自己的心理，很容易在集体中感到压抑和孤独，从而导致性格孤僻和心理焦虑。

1.人际孤独

多数学生在入校之初常有一种无依无靠、孤单烦闷的孤独感。事实上，每个人都会感到孤独，都曾有过孤独感。孤独是人存在的感受标志，适当的孤独

能使人更好地认识自己、完善自己，但时间过长或者孤独感特别严重就不好了。

2. 人际沟通不良

学校是以集体生活为特征的，同学和室友分别来自不同地域、不同民族、不同家庭，学生在思想观念、价值标准、风俗、习惯、语言、性格、爱好等方面不尽相同，这就难免会造成有些学生虽有良好的沟通愿望，但结果往往适得其反，引起误解，想解决却又不得其法，从而造成心理障碍。

3. 人际关系失调

有的学生时常苦恼自己对同学朋友坦诚相见，又乐于助人，可在人际交往中常常受到伤害。事实上，是因为他们在表现自己坦诚这一优点的同时不注意小节，忽视了群体，暴露了他人隐私，等等。

4. 人际冲突

现在很多学生是独生子女，自小生活在父母无微不至的爱护中，过分以自我为中心，苛求、挑剔别人，甚至讽刺挖苦他人；在交往中缺乏基本的尊重和理解，有了误会不沟通，有了冲突不忍让，甚至采取报复手段，不仅伤害了别人，而且伤害了自己，造成内心的痛苦，甚至有人还钻进了牛角尖，难以自拔。

5. 人际交往恐惧

有的学生严重自卑，因担心别人瞧不起自己，不敢与人交往；缺乏交往技巧，因担心自己不会说话或说错话，不敢与人交往；曾经被人拒绝的人因害怕再次被拒绝，不敢与人交往；更有人因追求完美、思虑过多，不敢与人交往。缺少人际交往，久而久之造成心理封闭。

（三）情绪问题

学生阅历较浅，社会经验不足，对人生和社会问题的看法往往飘忽不定，容易出现各式各样的心理矛盾，很容易受外界各种因素的干扰和影响，会因一点小的胜利而沾沾自喜，也易为一次小考失利而一蹶不振，自我控制和调整能力较差，并由此导致心理和行为偏差。大多数学生通过各种方式成功化解了自己的情绪问题，迅速呈现出积极的精神面貌，但是一部分学生在泥潭里越陷越深，甚至走向极端。一般来说，常见的学生情绪问题主要表现为抑郁、焦虑和挫折。

1. 抑郁

抑郁是一种持久的心境低落状态，主要表现为自我评价低，对前途悲观失望，自卑和自责，精神不振，不愿与人交往。长期的抑郁使学生学习动机丧失、失眠、食欲缺乏等，严重的会产生轻生念头。

2. 焦虑

焦虑指个体对当前预计到的对自尊心有潜在威胁的情境所产生的一种担心、紧张或忧虑的情绪反应。焦虑是学生严重的心理问题之一。学生的焦虑主要是学习压力过大、精神负担过重造成的。学生的某些不良人格特征，如过分敏感、神经质、自卑等也容易导致焦虑的产生。

3. 挫折

对学生而言，考试成绩不理想、同伴交往受挫、他人的粗暴对待、个人兴趣和愿望受到限制、自我感觉很好却未能当选班干部等，都能引起挫折感。挫折常会引起学生的悲伤、焦虑、愤怒等紧张情绪状态，严重的还会产生攻击甚至自杀行为。

（四）网络心理问题

目前，互联网高速发展，电脑已经进入千家万户，网络在学生生活中的地位日益突显，其作用逐渐与电视、报纸、广播等传统媒体相抗衡。网络是学生获取知识和信息的重要途径，合理利用可以提高学习效果，提高综合素质。但学生易沉溺于网络，诱发网络成瘾症。学生中因网络成瘾而引发的心理障碍或社会适应障碍等案例正逐渐增多。网络成瘾导致学生学习成绩下降，行为异常，心理错位。在极端情况下，有些网络成瘾者甚至混淆了虚拟和现实世界，使得他们的人际关系和社会生活受到严重影响，从而阻碍了学习、生活的正常进行。

网络心理问题主要表现：上网时精神极度亢奋并乐此不疲，下网后情绪低落、对学习丧失兴趣、荒废学业、生物钟紊乱、食欲下降、白天昏昏欲睡、精力不足、自我评价能力降低、思维迟缓、人际交往技能退化，甚至在网络中陷得太深而不能自拔。

（五）适应心理问题

目前，有很多学校属于全封闭式教学，学生需要住校，这就使很多学生产生了适应心理问题。学生来到学校，发现这与自己以往的家庭环境、受教育环境、成长经历和学习基础等相差很大，在自我认知、同学交往、自然环境等方面都面临着全面的调整适应。但是，学生的自理能力、适应能力和调整能力普遍较弱，难以很好地适应环境的变化，从而产生了生活自理能力差、心理承受能力差、人际交往能力差等心理问题，表现为失眠、神经衰弱、烦躁不安、严重焦虑，甚至想退学等。

（六）家长意志引发的心理问题

家长望子成龙心切，想方设法阻止学生的一切业余爱好。多才多艺的同学，在活动中脱颖而出，而受家长压制的学生，除学习外没有一技之长，很自卑。有的家长强迫学生念自己不喜欢的学校，以至于学生上学后，对学校没感情，对学习没兴趣，有的甚至想退学。

二、学生常见心理问题的成因

遗传因素、心理环境因素、教育环境因素、家庭环境因素、社会文化因素、经济因素及心理服务体系因素等。

（一）生物遗传因素

个体作为身心兼备的整体，与遗传因素的关系十分密切。特别是个体的气质、智力、神经过程的活动特点等，受遗传因素的影响明显。现代科学研究发现，精神分裂症病人的家族成员比一般人群患同类精神病的发病率要高得多，基因在人们形成瘾癖方面所起的作用估计可以达到 50%~60%。可见，生物遗传因素与人的心理疾病的发生密切相关。

（二）心理环境因素

心理环境因素主要包括认知、情绪和人格因素及心理发展水平等。认知是指人对客观事物的认识、理解和评价。个体的认知因素一旦不正常或几种认知因素的关系失调，就会产生认知矛盾，引起紧张、烦躁和焦虑等负面情绪，损坏人格的协调性和完整性，甚至导致人格变态。

心理发展水平是个体心理过程和个性心理特征的发展水平。学生的心理问题常与心理发展水平密切相关。尤其是处于青春期的学生，由于生理发育与心理发展的不平衡，出现许多困惑、烦恼和躁动不安，产生心理问题。学生在青春期身体发育急剧变化，他们阅历浅，知识和经验不足，认识力、理解力、思维力都远远落后于成年人，因而表现出各种特有的成长期的心理问题，如对成人的逆反心理、自我意识的冲突等。

（三）教育环境因素

由于学生相当多的时间是在学校和家庭环境中度过的，因此，学校中的各种因素对其心理的影响更大，具体表现在以下几方面：

第一，教师和家长的要求、期望过高，教学难度过大，超出了学生的实际能力与可能，导致过大的心理压力。

第二，管理方面非人性化的管、卡、压现象，不顾学生的自尊心和有关心理需要，要求过高，批评过重，惩罚过严，却未取得学生的认同、理解。

第三，教育内容脱离学生实际需要，教育方法简单粗暴，教育方式单调乏味。

第四，教学中重知识的记忆与再现，而忽视非智力心理能力的培养，导致能力畸形发展。

第五，教育者自身对学生的心理发展规律了解不清，对自身应有的角色不明，对教育科学不懂，再加上自身的心理素质不良，以致弄巧成拙、事与愿违，甚至出现不堪设想的后果。

（四）家庭环境因素

家庭是学生成长的第一环境，团结、祥和、温馨的家庭氛围有利于孩子健康成长，促进孩子健康人格的发展；父母关系紧张、充满冲突，则易使孩子焦虑和抑郁。家庭的人际关系、父母的教养方式、家庭的结构、家庭的氛围等都与学生的心理健康有密切的关系。

1.父母的教养方式

教养方式是父母对孩子教育和抚养的观念、行为及其情感表露的组合方式，是亲子交往的实质。父母的教养方式是影响学生心理健康的重要因素。父母教养方式分为以下四种类型：

第一，民主型。父母对子女严格要求，理解满足孩子的合理需求及兴趣爱好，对孩子关爱支持。

第二，溺爱型。父母过分宠爱迁就孩子，凡事包办代替，无论孩子的需求是否合理都有求必应。

第三，专制型。父母强迫孩子服从自己的意愿和安排，孩子达不到要求时，就用体罚和粗暴的态度对待孩子。

第四，放任型。父母对孩子的成长漠不关心，放任自流，使孩子缺乏必要的管教和引导。

研究表明，父母教养方式是情感温暖、理解型的，子女的心理健康问题较少；而不良的父母教养方式，如惩罚、过分严厉或干涉、拒绝否认、过度保护等，子女的心理健康问题较多。

2. 家庭结构

家庭结构是家庭人员数量、代辈关系等因素构成的组织状态。一般来说，离异家庭学生的心理健康问题比正常家庭学生要严重，主要表现为不良情绪，性格、品行障碍和社会适应不良，学习成绩差。

3. 家庭社会地位

家庭社会地位是由父母的职业、教育程度和经济收入所决定的。一般来说，社会地位高的父母，对子女较为民主，情感投入较多，重视培养子女的理想、积极情感、创新性、独立性、好奇心和自我控制力；社会地位低的父母，则喜欢使用权威，忽略子女的个人需要，强调子女顺从尊重他人和少惹麻烦。

（五）社会文化因素

每个人都处在特定的社会文化关系中，当社会文化发生变动时，如果个体缺乏相应的调整和适应机制，就会出现与社会文化关系的失调，导致心理异常。学生的自我意识尚未完全成熟，价值选择或判断缺乏稳定而统一的标准，加之外来文化移入产生的文化刺激的泛滥，各种思潮的影响，使学生在处理价值冲突问题上易出现心理紧张或心理困惑，产生较多的适应障碍，影响学生的心理健康。

（六）经济因素

对一些从偏远农村进入城市的学生来说，经济上的负担远比其他负担更为沉重。贫困学生的经济救助一直是社会关注的焦点，其实他们的精神求助同样不容忽视。沉重的经济负担使很多学生心理压力大，产生自卑心理、焦虑心理、狭隘心理、文饰心理等。由于家庭经济困难，一些学生长期节衣缩食使其产生一种自卑心理，情绪低落，性格内向，总觉得穷是没面子的事，与同学相处敏感而自卑，不愿意主动与人交往，采取逃避、自闭的做法，不爱参加班级活动，经常独来独往；有的对别人消费优越而产生排斥、憎恨、猜忌心理，有的在消费行为上表现为想超越他人优于自己的方面，而出现物质欲望受到限制的心理矛盾冲突。这种心理的存在有可能会引发偷盗行为。在经济贫困的压力下，有的学生甚至发展成自闭症、抑郁症而不得不退学，令人惋惜。

（七）心理服务体系因素

为了维护学生的身体健康，学校需开设体育课，开展各种体育活动，增强学生的体质，以预防疾病的发生。与此同时，学校还需设立医护室，以治疗学生一般的常见身体疾病。然而，对于心理健康，很多学校没有建立起必要的心理健康服务保障体系。在社会心理服务体系不健全的情况下，学校也缺乏应有的心理辅导机制，既没有开设预防心理问题、帮助解决一般性心理问题的心育课，也没有专职甚至兼职的心理咨询辅导工作者，致使心理出现问题的学生有话无处说、有苦无处诉、有忧无人排，有心病无人知，处于孤立无援的境地。

总之，上述影响学生心理健康的因素是彼此联系，相互制约，共同起作用的。因此，在分析和解决学生心理问题时，要着眼于整体。

第四节　学生心理健康教育的内容与途径

一、学生心理健康教育的内容

根据教育部《关于加强普通高等学校大学生心理健康教育工作的意见》和《普通高等学校大学生心理健康教育工作实施纲要（试行）》的规定，高等学校心理健康教育工作主要是从学生心理健康维护、学生心理行为矫正、学生潜能激发和创造力开发等几个方面开展教育活动，具体地说，主要包括以下内容：

（一）智力因素发展教育

智力正常是心理健康的前提。智力是人在认识客观世界的过程中逐渐形成的一系列稳定心理特点的总和，它由观察力、记忆力、想象力、思维力、注意力五种基本心理因素组成。对学生进行发展因素教育，重点是使学生了解智力发展的规律、分布特点及自身智力发展的水平与特点，通过培养学生的观察力、记忆力、想象力、思维力等，掌握有效的、科学的学习方法，养成良好的学习习惯，提高学习效率，挖掘并开发学生智力潜能，培养创新精神和实践能力。

（二）非智力因素发展教育

非智力因素是指动机、兴趣、情绪、意志这四种基本的心理因素，并分解出 12 种心理素质，即成就动机、求知欲望、学习热情、自尊心、自信心、好胜心、责任感、义务感、荣誉感、自主性、坚持性、独立性。这些非智力心理因素对人的认知过程有重要的影响，对行为有推动和制约作用。对大学生来说，非智力因素与智力因素同样重要，它的水平和优劣直接影响着学生的成长历程，优良的非智力因素可以推动学生成才，相反则会阻碍学生成才。一般来说，大学生的智力水平相差不大，但非智力因素水平差别却很大，这是由于各人所受环境及教育的影响不同，参加社会实践活动及主观努力不同，导致个人的非智力因素差别日益凸显。

对学生进行非智力因素的教育，主要是让他们了解非智力因素的内容及对自身成才的影响，了解良好非智力因素的特征及培养方法。在当前的时代背景下，培养非智力因素主要在于激发学生的成才动机，具体包括学习心理指导、健全人格培养、兴趣的培养、自我心理修养的指导和情绪情感教育等，重点在于使学生了解人的情绪成熟的标准及情绪变化特点，掌握调节情绪的方法，保持乐观的情绪和良好的心境，形成适度的情绪反应能力和较强的抗干扰能力。

学习心理指导是指帮助学生对学习活动的本质建立科学认识，培养学生形成健康积极的学习态度和学习动机的同时，矫正围绕学习活动产生的心理行为问题（如考试焦虑、厌学等）的指导。

健全人格培养是指让学生了解健康人格的理论和特征，分解自己心理活动规律和心理特点，客观分析自己，扬长避短，培养开朗、活泼、富有同情心、正义感的良好个性品质，克服自卑感，增强自信心，避免说谎等心理变态和人格异常的教育活动。

兴趣的培养是指通过相关活动的开展，促进学生积极探究某种事物或进行某种活动倾向的教育指导。

自我心理修养的指导是指通过训练与教导，帮助学生对自己建立科学的认识，并在自身的发展变化中始终能做到较好地悦纳自己的教育活动。

情绪情感教育是指导学生学会表达和体察自己和他人的情绪情感，学会有效控制、调节和合理疏泄消极情绪情感，并针对抑郁、恐惧、紧张等负性情绪问题，开展诸如敏感性训练和放松训练等有关技巧的训练。

（三）环境适应教育

人的成长离不开环境，且只有与环境协调才能顺利成长。适应能力是人的各种能力的基础，它直接影响人在社会活动中的过程和效率，也是判别人心理健康标准的重要组成部分。

学生的环境适应教育就是因生活、学习地理位置、周边人物和社会发展等空间环境、交往环境、发展环境之变化，而对学生所进行的正视现实、调节心态、转变角色的指导，提高心理承受能力，以充分的心理准备和较强的适应能力去迎接多种变化的教育，使学生了解未来社会的变化趋势和特点，通过模拟训练及频繁的社会接触，正确认识社会并与社会保持协调、良好的适应关系。

学生心理适应涉及学校环境、学习、生活、交往、恋爱、自我心理认识和发展、竞争、择业等许多方面的内容。学生除了依靠自身努力增强社会适应能力和心理承受能力，主动进行自我调节和心理适应外，还有赖于心理健康教育帮助其提高心理适应水平。

对大学生进行环境适应教育，从时间上看，有两个关键时期，一是新生入学教育，二是毕业生的毕业前教育。前者主要解决新生对大学生活环境、学习、人际关系等方面的不适应，后者主要解决毕业生对社会现实的不适应。从内容上看，一方面应让大学生正确了解自身与社会之间的关系，了解当前社会的现状和特点，了解社会发展的趋势和规律，鼓励和帮助他们主动接触社会。另一方面，应帮助大学生正确了解自身与他人之间的关系，了解协调人际关系的意义，帮助他们掌握一定的人际关系知识和技能，鼓励他们树立信心，克服困难，积极主动地与他人交往，以形成良好的人际关系支持系统，这无论对他们的心理健康还是未来的工作都是非常重要的。

（四）人格健康教育

人格健康教育是在使学生了解健全人格的理论与特征，了解健康人格的标准及培养途径，在客观准确地认识自我、评价自我的基础上，了解自己心理活动的规律和个性特点，学会修身养性，增强自我教育能力，矫正不良个性，善于把自己的认识和行为统一起来。人格健康教育要做到面向全体学生的发展性教育和对个别学生的矫正性指导相结合，使每一个学生的人格都得到健康发展。

（五）人际和谐教育

人际和谐教育是在帮助学生把握人际关系基本知识和人际交往特点规律的基础上，通过有意识地对学生进行训练，使学生掌握一定的人际交往技能技巧和人际交往艺术，具备逐步建立并保持良好人际关系的知识和技能，学会在群体中与人和睦相处，与教师、同学、家长、朋友、异性等保持融洽的人际关系，懂得尊重他人、悦纳他人、悦纳自己，善于在群体中发挥自己的才干，达到高水平的自我实现。同时，处理好与异性交往的关系，自觉接受社会对青年性问题的正确引导与控制。

学会交往、善于沟通，是学生建立良好的人际关系、提高自己的社会活动能力，从而实现自身理想与价值的重要途径和有效手段。因此，人际和谐教育要指导学生正确认识人与人之间一切直接或间接的相互作用，并通过这种动态的相互作用所形成的情感联系关系的本质，学会处理人际互动中各种问题的技巧与原则，让学生学会合作与竞争，学会拒绝与接纳，解决好冲突等技巧，从而建立和谐人际关系，促进自身健康成长与发展。

（六）意志力优化教育

意志力优化教育是使学生充分了解意志在成才中的作用和自身意志品质的弱点，协助学生提高调节自我、克服困难的主观能动性，学会调节激情，应对挫折刺激，增强心理承受能力，克服内部困难，提高意志行为水平，不为偶发诱因所驱使，具有意志自觉、果断、坚持、自制的优良品质。

（七）学生潜能激发和创造力开发教育

潜能是指人具有但又未表现出来的能力，它分为生理潜能和心理潜能。正因为潜能的隐蔽性，许多人不能有效地认识和开发自己的潜能。潜能的激发存在着极大的心理因素，因此从广义上讲，任何潜能都属于心理潜能。创造力是指产生新思想、发现和创新事物的能力，是一系列复杂的高水平的心理活动。因而创造力从一定程度上讲也是一种心理潜能。潜能激发和创造力的开发就是通过一定的途径，对学生进行判断能力、推理能力、逻辑思维、直觉思维、发散思维及创造思维等各种能力和坚强意志的训练与培养的教育活动。潜能激发和创造力开发不仅是个人脱颖而出和走向成功的重要方面，而且也是国家经济社会发展所需的重要支撑。

（八）情绪稳定教育

情绪稳定教育是使大学生了解他人及自身情绪变化的特点，学会用有效手段，科学调控自己的情绪，使自己经常保持良好的心境和乐观的情绪，形成适度的情绪反映能力和抗干扰能力，避免情绪的大起大落、两极波动，避免心理失衡。情绪是引发大学生心理问题的主要因素，大学生生活中发生的各种各样过激性行为，很多都是因为不良情绪失控引起的。

（九）心理疾病预防教育

心理疾病是指个体无法有效地按公认的社会规范或适宜方式适应日常生活要求所表现出的心理异常或行为偏离。目前，高校大学生中反映出来的心理疾病一般都属较轻层次，严重的心理疾病为数不多，但影响却很大。心理健康教育的任务之一就是防治不同程度的心理疾病，以免其发展到较重的程度。

有人认为心理疾病的预防可分为三级：一是初级预防。这种预防是把整个人群或社区及某些特殊人群（如少数民族、破裂家庭儿童或父母患精神病的儿童）作为对象，从精神上改善人们的生活质量，动员全社会的人都来预防心理障碍的发生。二是二级预防，即尽早发现心理已不正常的人，从而尽早进行心理和医学干预，同时设法缩短病人的病程，降低复发率。三是三级预防，目的是要降低心理障碍的危害。主要对象是患有严重精神疾病的病人。防止住院病人的精神疾病转为慢性，使他们能够尽快恢复社会生产和自主活动的能力。三级预防名义上是预防，实际上与初级和二级预防的目的和方法无关。大多数心理卫生保健工作是在三级预防水平上进行的。

防治心理疾病的教育应该包括以下三方面：

第一，普及心理卫生知识。通过课堂学习及课外讲座、活动等形式，使学生了解心理卫生的有关知识，学会心理调节的一般方法，树立心理保健的意识，自觉维护心理健康。

第二，进行挫折教育。使学生了解挫折对人生的意义、挫折产生的原因、应对挫折的有效方法，提高挫折承受能力，做到在逆境条件下不气馁、不放弃，增强克服困难的勇气。

第三，心理疾病防治教育。使学生了解心理疾病的类型、产生的原因、表现形式，以及预防心理疾病的方法与途径，初步了解心理治疗的理论、方法，对心理疾病有正确的、科学的态度。

（十）心理疾病送治教育

心理疾病送治教育大体上可以分为两大类：一类是心理治疗法，可以简称为"心理治疗"。这种治疗方法不是用药物去治疗，而是根据心理学的原则改变心理失常人的行为，让他们的心理恢复正常的状态。另一类是身体治疗法，是根据生理学的原则，用药物或其他物理、化学的方法，改变心理失常人的行为，让他们的心理恢复正常的状态。

二、学生心理健康教育的途径

学生心理健康教育是一项系统工程，它只有与学校各项教育相互结合、互相促进，才能实现心理健康教育的最终目标，必须把学生心理健康教育全面渗透整个学校教育过程。同时，学生心理健康教育也离不开学生家庭的配合和社会环境系统的支持。因此，应综合运用多种途径和渠道，积极探索最适合本学校、本地区的心理健康教育的模式。

就大学生而言，全方位开展学生心理健康教育主要通过以下途径：

（一）开设心理健康课程，普及心理健康知识

《世界卫生组织宪章》中写道："为了使人类达到最充分的健康状况，就必须向所有人普及医学的、心理的和其他有关的知识。"普及大学生心理健康知识，是提高大学生心理健康意识的最佳途径之一。它既可以帮助大学生认识健康心理对成长成才的重要意义，也可以帮助大学生形成正确的心理观念，预防心理疾患的产生，克服患有心理障碍与心理疾病时的不知所措，而且有助于发展学生多方面的能力。设置心理健康教育课程，就是将"心理健康教育"从课外引入课内，排入课表，依据学生不同的年龄层次，开展不同内容的心理教育活动。通过课堂教学，教师精心创设各种情境，鼓励学生参与，让他们在参与活动中体验各种情绪和感受，接受各种行为训练和实践，从中领悟道理，增强积极的情绪和行为，让学生学会自我调节的原理和方法，从而克服消极情绪，矫正行为偏差，促进心理健康。

心理健康教育课程是一种开放系统，以学生的认知、情感、行为的发展为指向，通过其亲身经历的各种活动为依托，在活动中发展学生的各种心理机能，这是一个主动探究、积极的自我建构、心理自主发展的实践进程。它不同于传

统课程的以教师为中心的知识传授，而是以学生为中心的设计，以学生的需要为起点，以满足学生发展良好的心理品质为归宿。为了便于学生乐于接受并取得实效，课程的开设既要做到内容充实，又要方法多样。内容充实是指讲授知识除应包括大学生心理健康综述、学习心理健康、情绪心理健康、挫折心理与调适、人际交往心理、健康人格塑造、恋爱与性心理健康、网络心理健康、择业心理等内容外，还应包括常见心理问题的识别与预防等方面。方法多样是指知识传授应注意启发式、解说式、讨论式、研究式等课堂气氛生动、活泼、和谐的形式。

（二）加强心理训练，提高心理健康水平

大学生心理训练，就是通过诸如社会实践、辩论、趣味游戏等主动性强、覆盖面广的活动形式，运用放松、暗示、心理剧和影片欣赏等切实可行的心理学技术与方法，结合其他辅助手段和设施，设计特定的情景使参与的学生在其中积极活动，最终达到使参与的学生缓解心理困惑，提升心理张力，改变心理面貌，养成所预期的技能、习惯与行为，提高心理素质，促进人格全面发展的目的。大学生大多是从学校到学校，受社会阅历浅、长期应试教育和在家庭中养成的以己为中心等成长经历单一的影响，他们的心理素质相对较差。要提高他们的心理健康水平，必须加强心理训练。

加强心理训练，首先要从大学生的智力发展、正当需要的满足、兴趣爱好的扩展、动机水平的激发与培养、自信心训练等方面提高大学生的心理活动强度；其次，要根据心理教育和训练的特殊需要，有目的、有计划、创造性地开展各类课外心理训练活动，如心理放松训练、社会交往能力训练、抗挫折能力训练等，从而达到预防和减少心理障碍，改变精神面貌，提高心理健康水平的目的；最后，要从调节认知的各个方面和过程，情感表达方式、强度和指向，需要、兴趣和动机的趋向水平，行为的指向和方式等方面来完善大学生的自我调节能力与适应能力。

（三）开展心理咨询和行为指导，加强危机干预

咨询与辅导是通过人际关系，运用心理学方法达到的一种帮助过程、教育过程和增长过程。心理咨询是一种补救性的措施，也可以说是一种干预机制，它通常所用的让学生倾吐烦恼、宣泄郁闷、寻求理解和慰藉等方式，也是一种治疗心理疾病的手段。心理咨询与辅导工作在学校的心理健康教育活动中承担

着重要的角色和任务，是达到学校心理健康教育整体目标的重要途径。学校应通过建立学生心理咨询与辅导中心或专门活动室，配备相应的专职兼职教师，对学生进行认真、耐心、科学的心理辅导，帮助学生消除心理问题和心理障碍，恢复心理健康，增强心理素质。

第一，建立心理咨询与治疗室。心理咨询与治疗室是学校开展心理健康教育工作的管理与服务机构，它规划全校心理健康教育工作并为学生提供心理辅导服务。

第二，开辟"心理健康教育专栏"。通过开辟心理健康教育专栏，普及心理健康知识，解答心理咨询中遇到的典型问题，扩大心理健康教育的影响力，提高学生对心理健康的认识，使越来越多的人加入心理保健的行列。

第三，设立立信箱或热线电话。信箱是为学生提供书信咨询服务和预约咨询服务的一种有效形式。有的学生遇到问题羞于启齿，可以通过书信的形式进行咨询。有问题的学生还可以通过电话咨询，咨询员在电话中热情真诚地启发引导，能使学生将心里不愉快的感受尽情地诉说，让学生感觉到被关注、被重视、被理解，从而通过鼓励与安慰帮助学生振作精神，提高与心理障碍做斗争和应付危机的能力。

与此同时，心理咨询与危机干预是心理健康教育中两个不可分割的重要环节，通过心理咨询可以发现危机，危机干预则是心理咨询的延伸，只有两者相互结合，才能达到心理健康教育的目的，否则，双方都失去了存在的意义。因此，在积极进行心理咨询的同时，学校建立大学生心理危机排查、预警、处置、追踪与反馈等干预机制，是心理健康教育的又一有效途径。

（四）开展系列心理辅导游戏

学校还应针对学生共同的心理需要和普遍存在的问题，开展系列心理辅导游戏，指导学生自觉遵守心理卫生原则，掌握心理保健方法。任何心理保健措施都必须依靠学生的内因而起作用，学生拥有心理卫生知识这一随身利器，是维护心理健康最积极的办法。

（五）积极鼓励自我心理调节

自我调节是心理保健的核心内容，包括调整认知结构、情绪状态，锻炼意志品质，改善适应能力等。它着重保持心理平衡，注意调整和加强心理训练，锻炼意志品质，保持健康的情绪状态。在现实生活中，我们常常会不知不觉地被一些消极情绪困扰而变得心浮气躁，这时就要找出影响情绪的主客观原因，然后自觉地调节情绪，多参加一些室外活动、文娱体育活动，排除一切杂念，使内心保持平静愉快。

（六）建立多方支持系统，全面渗透

大学生心理健康受诸多因素的影响，提高其心理健康水平，尽管学校教育具有不可替代的作用，但社会与家庭等校外因素的影响是不可忽视和低估的，社会与家庭等校外教育途径更是不能放弃的。只有多方相互支持、配合、联动，大学生心理健康教育才会有效，提高大学生心理健康水平也可事半功倍。

建立多方支持系统，从宏观上而言，政府应鼓励、扶持社会支持系统的建立，要在个体成长的各个阶段有针对性地开展相关教育，营造一种社会各界尤其是公共媒体等关心、支持大学生心理健康教育的氛围，使得高校对大学生心理健康教育成为前期教育的延伸与提高。从微观上讲，要加强社会相关机构人员和家长的心理学知识的教育与培训，针对存在问题的个体，结合学校教育进行比较理性的引导，这种齐教共引是促进大学生心理健康水平提高不可缺少的环节。

不仅如此，心理健康教育还应渗透和融合到整个学校教育的全过程中，高校专业课教育、各项校园和社会活动、思想道德教育和辅导员工作等各方面，都要注重对学生进行心理健康的教育。教育工作者要增进心理健康教育的意识，自觉地使教育教学活动成为有助于提高学生心理素质的载体。学校、共青团、学生会等组织应该为学生心理素质的提高提供丰富多彩的活动，帮助学生掌握和理解一般的心理健康知识和自我教育的方法，培养良好的心理素质。

（七）重视心理疾病的预防

除上述途径外，学校还应重视心理疾病的预防，这要从以下几方面入手：

第一，根据学生的不同心理特点，制定保持心理健康的一般和特殊的心理卫生原则和方法。学生的心理健康标准除包括行为方面的要求以外，更多的是关于自我认识和自我约束方面的，因此对他们的心理卫生工作既包括行为方面的引导，又包括促使其进行客观的自我认识与反省。

第二，要制定培养和锻炼健全人格的心理卫生原则和措施。健全的人格有助于人有效地适应变化着的社会环境，顺利地进行社会交往及正确处理人际关系，促进身心的健康发展，有利于促进个人事业上的成就并为社会做出更多的

贡献。在相似的环境压力下，具备某种人格特点的人更容易出现心理健康方面的问题。

第三，要提供学生在生活、工作和劳动的各个领域进行活动时所要注意的心理卫生原则和措施。环境本身的特点、工作方面的压力和要求、社会支持的特点等都会影响到心理健康水平的维持。无论是初到新的工作或生活环境，还是原来的工作或生活环境发生了变化，都需要及时调整生活的目标、方式或节奏，以保持良好的精神状态。

第五节　教师的专业素养

教师的专业素养，又称教师素养、教师素质、教师修养，是教师从事专业活动必须具备的专业品质。教师专业素养是直接影响课程与教学目标、教学内容、教学过程、教学方法、教学手段和课程评价等课程与教学因素的重要条件，直接制约着教学效率和教学质量，是一个十分重要的领域。教师的专业素养包括职业道德修养、专业知识素养、政治思想素养等，本节主要对其进行详细阐述。

一、职业道德修养

在职业活动中，教师能否承担"人类灵魂工程师"的光荣使命，首先取决于自身的职业道德修养。职业道德修养属于教师素质结构中的动力系统，为教师的教育活动和行为提供动力，对教育能力和专业水平的提高和发挥起着重要的保证作用。具体来说，教师的职业道德修养主要表现在以下几方面：

（一）爱岗敬业

教师的职业道德修养首先就是爱岗敬业，要忠于人民的教育事业。这是教师在对教育事业的意义和价值有着正确认识的基础上形成的态度和信念，也是决定其他师德素质的前提。

爱岗敬业首先表现在对教师角色的认同上。教师要勤于教育工作，热爱教育工作，能积极投入到工作中去，将自身的才能在教育工作中表现出来并由此获得成就感和满足感，免除不必要的忧虑。

教师职业是一种收入永远比付出少的职业，但教师的付出可以换来学生个体的发展、社会的进步，是一种功在社会、利在千秋的事业。所以教师要具有这种师德，认真履行教师的规范和职责，积极和创造性地进行教育活动，献身于国家的教育事业。如果不热爱教育事业，对教师职业的意义和价值认识不足，就会影响工作的态度和效果。

（二）热爱学生

热爱学生是教师忠诚于人民教育事业的具体表现。热爱学生，教师必须做到：全面关心学生；尊重和信任学生；严格要求学生；理解和宽容学生；解放和放飞学生。教育的无数实践证明，教师对学生理解、信任、尊重是教育学生的前提，是发挥学生自我教育作用的基础。师爱是不可缺少的教育因素，没有真诚的学生观，就没有真正的教育。正如苏联教育家捷尔仁斯基所言："谁爱孩子，孩子就爱他，只有爱孩子的人，他才可以教育孩子。"只有具有这种师德，教师才能像慈母一样关心新一代的成长，认真备好课教好书，严格要求学生和促进学生的全面发展，才能因材施教，公正地处理好学生出现的问题，为培养人才呕心沥血。

（三）团结协作

教育是一项系统工作，每个教师都是这项工作的工程师，需要通力合作，相互团结，共同为实现教育目而努力，每一个学生的成长发展都是教师集体共同努力的结果。所以教师应该具备团结协作精神，必须做到与同事、家长相互支持、相互配合；取长补短，不断进步。

（四）为人师表

教师劳动具有示范性特点，所以教师在日常工作和生活中要做到严于律己，以身作则，在教育、教学中教师要做到高度自觉，自我监控；以严谨的治学态度、高尚的人格影响学生，身教重于言教。

同时，鉴于教师职业的特殊性，教师要能正确地了解自我、体验自我和控制自我，能平衡自我与现实、理想与现实的关系。在教育活动中表现为：能根据自身的实际情况来确定工作目标和个人抱负；具有较高的个人教育效能感；能在教学活动中进行自我监督，并据此调整自己的教育观念，完善自己的知识结构，做出适当的教学行为；能通过他人认识自己，学生、同事的评价与自我的评价较为一致；在教育活动中具有自我控制、自我调适的能力。

此外，教师作为科学知识的传播者，首先要不断地学习，在"知识爆炸"、终身教育被广泛认同的时代，只有不断地学习，主动地更新知识和充实教学内容，传播科学真理，教师才能胜任本职工作，因此，教师还要学而不厌，养成终身学习的习惯。

二、专业知识素养

教师的专业知识素养是指教师应具备的一般的人文知识、社会科学和自然科学知识，以及基本的艺术素养。

（一）本体性知识

教师的本体性知识是指教师所具有的任教学科的知识。例如语文教师所具有的语言文学知识、数学教师所具有的数学知识，也称为"学科专业知识"。教师的学科专业知识要全面扎实。无论是数学、物理、化学、科学，还是语文、外语、历史、政治，教师都应精通所教学科的专业知识，做到扎扎实实、精益求精、融会贯通、举一反三，不可浮光掠影、一知半解。

具体来说，教师的本体性知识应该包括以下几个方面：

第一，掌握该学科的基本知识和基本技能。这是教学中要求学生必须掌握的内容，教师自己必须掌握。

第二，学科的思维方式和方法论。比如数学中的转化、抽象思维、符号化，哲学中的矛盾方法、发展眼光，等等。

第三，掌握该学科的知识结构体系及相关知识。这是保证教师从一个更高更深的层面上来把握自己所教的学科内容。

第四，学科发展的历史及趋势。既了解该学科历史，又了解该学科最新的研究成果和研究发展动向。当今时代知识更新迅速，科技发展速度加快，为了保证自己的教学内容不陈旧、不过时，能够适应知识更新的需要，教师必须始终站在该学科的最前沿。

要注意的是，教师的专业知识要精深灵活，既依据课程标准的要求，又深于它、广于它、"活"于它。这样，教师才能真正透彻地理解教材，灵活地处理教材，准确地讲授教材，带领学生在知识的海洋中遨游，起到向导的作用。

（二）条件性知识

教师的条件性知识主要是指教师必须具备的教育学、心理学和教育管理方面的知识。这类知识是用来支撑学科内容的本体性知识的，为教师的教学设计和实施提供教育学和心理学的基础，也称为必备的教育科学知识。

教育学从理论上系统地总结和揭示了教育的科学规律和方法，教师只有通过对教育学的系统学习，才能详细了解教育目的、教学原则和方法等一系列重要的教育理论和实践问题，才能自觉地运用教育规律，根据教学内容、学生实际，选择行之有效的教学手段，提高教学的效果。

心理学是研究人的心理现象及其规律的科学。它系统阐述了人的心理机制、心理过程及心理差异等心理发展的规律。作为教师，学习和掌握发展心理学、教育心理学、创造心理学、健康心理学等方面的知识，了解学生不同年龄阶段的心理特点和发展规律，对教学工作是很有帮助的。

（三）实践性知识

教师的实践性知识是教师在实现有目的的教学行为中所具有的课堂情境知识以及相关的学科教学法知识。这类知识包含着对具体教学目标、教学情境、教学策略和方法的相互关系的认识，它帮助教师解决"具体怎么教"的问题。

（四）边缘性知识

正在成长中的大学生兴趣广泛，思维活跃，求知欲强，上至天文，下至地理，从远古到未来，从宏观到微观，无所不想知，且通过各种渠道获得的新鲜事物也多，他们经常会向教师提出形形色色的、五花八门的问题。而各学科之间相互交叉、渗透，呈现出既高度分化又高度综合的趋势，许多新兴学科、边缘学科层出不穷，教师要适应这一趋势，就必须扩充自己的知识面，必须通观全局，博采众长，多方汲取新知识。因此，教师应广泛涉猎各种知识，以防止教学中可能出现的"冷门"，不能由于自己的浅薄无知而对学生的提问置之不理，甚至妄加斥责，挫伤学生求知的积极性。

三、政治思想素养

教师要承担为社会主义建设培养接班人的重任，就应具备与此宗旨相一致的政治思想。有科学的世界观和坚定的政治理想，才能科学地预测社会的发展变化，正确地理解党的教育方针政策，才能运用辩证唯物主义和历史唯物主义原理去分析处理教材信息和教育问题，运用有效的方法培养学生的智能和思想品德，否则就会使教育工作失去正确的方向，造成教育工作偏差。

四、教育理念素养

教育观念是人们对教育各问题的看法，包括学生观、教育观、教学观、教师观、人才观等。观念有先进与落后、正确与错误之分，教师需要树立正确的、先进的教育观念，而且要在自己的教育实践中真正体现先进的理念。教育部组织编写的《素质教育学习纲要》中就归纳了 30 条先进的教育理念。

五、专业能力素养

教育专业能力是个体在教育工作中体现出来的、制约教育工作效能的比较稳定的心理特征，具体包括教学能力、教育研究能力、组织管理能力和应变能力。

（一）教学能力

教学能力是教师应具备的基本素质，是课堂与课外教学的能力，具体包括以下几种能力：

第一，备课的能力。备好课是讲好课的前提和保证。备课有很多要求，教师要全面、准确地理解课程标准，融会贯通地把握教材，深入细致地了解学生。

第二，口头语言表达能力。教师与学生之间的沟通交流主要是通过口头语言进行的，这就要求教师能够根据不同的教学内容，准确地阐述相关的观点、知识、原理，把握语速、语调、语气，通过形象生动、风趣幽默的语言来吸引学生。

第三，课堂教学调控能力。课堂教学调控能力是指教师对教学进行状态的一种灵敏而强烈的感觉、感受和感知，并做出准确反应的能力。它是教师专业能力水平高低的一种反映，直接影响到教学的效果。要很好地调控课堂教学，教师要认真备课，讲授的内容要正确；要以饱满的状态进入课堂，全身心投入，以情动人，引起学生的共鸣；方法要多变，除了教师讲授，还可以采取讨论、辩论、演讲及看录像等形式；讲课要讲究节奏，要注意讲课空间的变化、讲课速度的变化、讲课声调的变化。

第四，教学基本功。其主要是指普通话、粉笔字及现代教育技术手段的运用能力。这里要注意的是，板书的设计与书写是教师必备的基本功，板书要做到内容简明扼要，量、份适当，使学生能够提纲挈领地掌握教学重点，要布局合理、工整美观。

第五，多媒体操作能力。信息传播技术、计算机等在教育过程中的广泛应用，要求教师具有驾驭现代教学手段和方法的能力，如电化教学的基本能力、电化教学的设计能力及计算机辅助教学的能力，充分发挥多种感官的功能，以实现教学优化。

（二）教育研究能力

教育研究能力是对教育问题开展科学研究的能力，具体包括发现问题、方案设计、搜集资料、资料分析、论著写作等方面的能力。在教育教学过程中，每个教师都会遇到这样或那样的问题，如怎样转化差生、怎样培养创新型人才、如何提高课堂教学的效率等。为解决这些问题，就要求教师必须进行教育科研。教师应具备科学研究的意识，掌握教育研究的基本方法，善于运用科学研究解决教育实践过程中的问题。

（三）组织管理能力

组织管理的能力主要包括教育教学工作的计划能力、课堂教学的组织能力、管理学生班集体的能力等。

第一，教育教学工作的计划能力，即教师根据课程方案、课程标准的要求，结合学生实际情况，全面安排自己的教学工作程序的能力。教师应把教学工作安排得科学合理、细致周密，并能根据计划开展工作，检查质量，总结经验，提高效率。

第二，课堂教学组织能力，即教师在课堂教学过程中，调动学生的学习积极性，维持课堂秩序，创设和谐的教学气氛，引导学生学习，顺利完成教学目标的能力。

第三，管理学生班集体的能力，即教师对班集体的组织、调控、监督、调节等能力。教师必须善于组织和培养班集体，善于确立班集体的奋斗目标，擅长了解学生，善于选择、培养和使用学生干部、学生典型和骨干，善于组织、指导班级的各种活动，善于培养班级积极健康的集体舆论。

（四）应变能力

应变能力是指教师面对突发事件，能够迅速而正确地做出判断，随机应变采取恰当而有效的教育措施解决问题的综合能力。教师的应变能力源自教师平时对教育问题的不断思考，也是教师对学生仔细观察了解的结果，是教师长期积累教育经验的反映。

六、职业心理素养

教师劳动是一种充满高度创造性的繁重的脑力劳动，又是一种兼有一定强度的体力劳动，所以教师必须有良好的职业身心素养做保证。教师的职业心理素养主要包括以下几方面：

首先，良好的性格特征。教师应该保持积极乐观的人生态度、开朗豁达的良好性格和对己对人的宽容精神。

其次，积极稳定的情绪特征。教师劳动和服务的对象是人，因此情绪健康对教师而言尤为重要。教师的工作性质使得其情绪波动会直接影响学生，因此，教师在任何时候都应以积极稳定的情绪状态投入教育活动中，积极调适不良情绪，绝不将生活中不愉快的情绪带入课堂，绝不迁怒于学生；能冷静地处理课堂环境中的不良事件；克制偏爱情绪，一视同仁地对待学生；不将工作中的不良情绪带入家庭。

最后，良好的情感特征。教师要真诚的热爱学生，热爱教育事业。教师热爱和关心学生的程度对学生的发展影响极大。

第六节　教师的成长与培养

一、教师的成长历程

（一）教师成长的基本历程

在当前的学术界，对于教师成长历程的看法主要有两种，即教师成长的三阶段论和教师成长的五阶段论。

1. 教师成长的三阶段论

教师成长的三阶段论是福勒和布朗在对教师的需要及在不同时期所关注的焦点问题进行充分考虑后提出的，具体内容如下：

（1）关注生存阶段

教师在这一阶段，大多是刚刚进入教师职业，更为关注的是自己的生存适应性。具体来说，处于这一阶段的教师最为在意的是学生是否喜欢自己、同事和领导如何看待自己等。因此，他们往往会花费较多的时间来与学生搞好关系，甚至会想方设法地控制学生，使自己成为良好的课堂管理者，获得同事和领导的认可。

（2）关注情境阶段

教师在这一阶段，大都已经获得了较好的生存适应性，因而其关注的问题发生了改变，即更为关注如何提高学生的成绩。为了有效解决这一问题，处于这一阶段的教师特别重视如何教好每一堂课，注重研究与教学情境相关的问题，如班级的大小、备课材料是否充分等。

（3）关注学生阶段

教师顺利进入这一阶段，意味着教师进入了一个新的成长阶段。通常来说，处于这一阶段的教师更为关注学生的成长，在教学过程中会充分考虑学生的个别差异、学生的不同需求及学生所具有的不同发展水平等，以确保教学活动能真正促进学生的成长。事实上，有不少教师在自己的整个职业生涯中，从未进入过这一阶段。

2. 教师成长的五阶段论

教师成长的五阶段论是由美国亚利桑那州立大学心理学教授伯林纳提出的，其认为教师的成长历程就是由新手教师成长为专家型教师的过程，期间会经历以下五个阶段：

（1）新手教师

新手教师即刚刚从事教师工作的教师，其在工作中十分注重积累经验，并认为经验比书本知识更为重要。同时，新手教师需要了解与教学有关的一些实际情况和具体的教学情境。此外，新手教师在处理问题时表现出以下几个鲜明的特点：

第一，处理问题时往往会提前进行深入的分析与思考。

第二，处理问题时过于僵化，缺少灵活性。

第三，处理问题时较为刻板，对特定的原则、规范和计划过于遵从。

（2）熟练新手教师

通常来说，熟练新手教师会表现出以下几个鲜明的特点：

第一，注重将书本知识与实践经验进行有机整合，并能逐步掌握教学过程中的内在联系。

第二，在教学方法、教学策略等方面积累了越来越多的知识与经验。

第三，在处理问题时，表现出一定的灵活性。

第四，在教学行为中，经验发挥的作用有所提高，但对于教学情境中的重要信息和无关信息还不能进行有效区分。

第五，对自己的教学行为还缺乏一定的责任感。

（3）胜任型教师

通常来说，胜任型教师会表现出以下几个鲜明的特点：

第一，在开展教学行为时，通常会具有明确的目的。

第二，能够对教学情境中的重要信息和无关信息进行有效区分。

第三，能够依据教学目标选择有效的教学方法或手段，以确保教学目标的实现。

第四，教学行为的快捷性、流畅性、灵活性还较为缺乏，但对于自己的教学行为结果表现出更多的责任。

第五，在面对教学工作的成败时会表现出强烈的情绪情感反应。

（4）业务精干型教师

通常来说，业务精干型教师会表现出以下几个鲜明的特点：

第一，直觉判断能力良好，能够更好地对教学中出现的与以往教学情境类似的情况进行直觉的观察与判断，并做出恰当的反应。

第二，不需太多的意识努力便能准确地判断、有效地处理教学情境，但离完全的认知自动化水平还有一定的差距。

第三，由于积累了丰富的知识与经验，能够快捷、流畅、灵活地开展教学行为。

（5）专家型教师

通常来说，专家型教师会表现出以下几个鲜明的特点：

第一，对教学情境进行观察与判断时，往往不需要进行深入的思考与分析，仅仅凭借直觉和经验便能准确地发现问题，并运用恰当的方法解决。

第二，能够快捷、流畅、灵活、无意识地对教学情境中出现的问题进行解决，已经达到了完全自动化的水平。

第三，在一般情况下很少表现出反省思维，只有问题的结果与预期不一致时才会对问题进行反思和分析。

通常来说，只有业务精干型教师中的一部分才可以发展成为专家型教师。

（二）教师成长历程中容易出现的问题

教师的成长历程往往不是一帆风顺的，而是会遇到各种各样问题。概括来说，教师在其成长历程中容易遇到的问题主要有以下几个：

1. 观念更新慢

教师要有效解决其在成长历程中遇到的问题，必须注意紧跟时代潮流，更新自己的教育观念。但事实上，教师的观念更新是十分缓慢的，这主要表现在以下两个方面：

第一，教师中的绝大部分都有着很强的责任心，但超负荷的工作也导致一些教师疲于应付，疏于学习，即便有学习的机会，也只是喜欢接受那些模式化的、简单易行的教学方法的训练，相当多的教师没有把学习看作提升自身素质的重要途径。因此，教师的主动发展观念是较为弱化的。

第二，一些教师对职后学习的认识肤浅，还对职后学习和教学科研有抵触心理或敷衍心理，采取消极应付的态度，甚至当成是额外的包袱，但求能够交差，应付检查。

2. 知识更新慢

在当前的时代，知识几乎是以几何级数递增的。面对如此快速增长的知识，教师要想更好地适应教育的要求、培养出真正适合社会发展要求的人才，必须注意对自己的知识进行更新。但是，由于我国教师教育的条件有限、水平不高及教师自我完善能力有限等，教师的知识更新是较为缓慢的。长此以往，不仅会制约教师的专业成长，而且会影响我国整体的教育质量与教育水平。

3. 技能发展缓慢

教学技能对教学效果有着重要的影响，因此教师在成长的过程中必须注重提高自己的教学技能。但事实上，不少教师的教学技能是较为缺乏的，特别是教育技术运用技能、发现和解决教育教学问题的技能、组织教育教学活动的技能等。因此，教师在专业成长过程中，必须注重发展自己的教学技能。

二、教师成长与发展的基本途径

教师成长与发展的基本途径主要有以下两个：一是通过师范教育培养新教师作为教师队伍的补充，二是通过实践训练提高在职教师素养。这两大途径又可细分为以下几方面：

（一）校本培训

校本培训就是在教育专家的指导下，由学校和教师共同发起与组织，以学校教育教学发展和改革所面临的各种实际问题为中心，充分利用校内外的教育资源，注重教师教、学、研的时空统一，有效实现教师专业发展的培训模式。

近年来，随着我国校本培训理论与实践的快速发展，有不少学者根据我国的实际情况提出了不同的对校本培训的理解。综合分析学者们的相关观点，我们可以发现，大多数学者的界定只是在具体的表述方式上有所不同，其实质基本上都是围绕着"为了学校、在学校中、基于学校"这三个基本原则来展开的。校本培训的基本内容，大致来说包括教育理论的学习、知识和技能的扩充、学校管理知识的学习、教育研究能力的训练。在选择校本培训的内容时，以下几方面要特别予以注意：第一，校本培训内容的选择需要经过参训教师的同意。校本培训内容无论是来自教师教育教学中的实际问题，还是来自行政部门和教育专家，在实施校本培训之前需征求参训教师的意见，获得他们的同意。第二，校本培训的内容要切实围绕着校本培训的目标来选择。就校本培训的总体目标而言，校本培训就是要克服教师在高校或专门教师进修机构接受培训的弊端，通过校本培训，促使培训与学校教育 教学活动相结合，以学校真实的教育教学情境为出发点和培训资源，以解决教师遭遇的教育教学中的问题为导向，最终促进学校发展和教师专业发展。第三，校本培训内容的确定需要专门机构和专家的协调。教师的需求是分散的，甚至有些教师的培训需求是不明确的，根据分散的、不明确的培训需求安排培训内容，需要专门机构来管理协调，甚至需要借助教育专家的力量来分析需求信息、提出合适的校本培训内容。同时，合适的校本培训内容并不意味着一定为教师所接受，因此需要对培训内容进行介绍，对教师的一些问题进行解释，这也需要专门的机构和专家来参与完成。第四，校本培训内容的选择要充分考虑到培训对象。校本培训要求根据培训对象的特殊性来选择培训内容。

校本培训最大的优势就是能够提供针对性、灵活性的培训项目，这里的针对性和灵活性是建立在分析教师特殊培训需求、提供个性化的培训项目基础之上的。

要想让校本培训真正发挥其效用，那么一定要重视实施的方式与过程，要营造良好的培训氛围，并进行灵活的控制和调整，使其高效运行。具体来说，在校本培训的实施过程中，需要做好以下几方面的工作：第一，注意营造良好的培训氛围。良好的校本培训氛围，能够有效调动起教师参与校本培训的积极性和主动性，继而有效促进教师的自我发展。培训氛围的营造并不是请专家做一场讲座、开一次全校动员大会就能解决的，而是需要寻求恰当的切入点。一般来说，需求是引起动机的因素，满足需求能提高人的积极性。所以，营造培训氛围应关注能引起培训需求的各种因素，将其作为切入点。此外，应该要倡导合作学习、开放学习。学校应促使教师认识到合作的重要性，并掌握合作学习的方法和途径，形成对合作的良好预期。同时，教师要以开放的心态面对培训和学习，克服自由表达意见的后顾之忧。这就需要校本培训充分体现民主和参与原则，使教师广泛参与培训规划的制订，参与校本培训管理，参与培训内容、方法、时间、场所的选择以及参与校本培训的评价等。第二，做好校本培训的管理。校本培训管理就是以提高校本培训的效果为目标，对校本培训涉及的人、财、物、信息、时间等资源进行合理调配的过程。科学合理的管理是校本培训活动持续、系统、高效开展的基本保障，可以保证校本培训活动有序、有效、持续、系统的开展。教师发展不是暂时性的工作，校本培训也不是一时之举，它需要持续地开展，而校本培训涉及培训计划的制订、培训学习安排、档案记录、培训的需求分析、培训者的选择、培训内容的确定和培训方式的安排等方面，是涉及学校人、财、物、信息、时间等各种资源的复杂活动，缺乏有效的管理，很难想象会有有序、有效而系统的校本培训活动。第三，有效控制校本培训的实施。在校本培训的实施过程中，不可避免地会遇到一些新情况和新问题。这时，必须采取一些有效的措施加以调节和控制，以使校本培训得到顺利实施，继而取得良好的效果。为实现这一点，在校本培训规划进入实施阶段之后，需要注意收集培训活动实施的资料，分析活动开展现状与培训规划之间的差距，并分析差距产生的原因，以便有针对性地采取措施纠正其中的偏差，并继续跟进落实培训规划。

（二）教育见习

在对师范生进行培养时，教育见习是十分重要的一个途径。它能帮助师范生获得实践性知识，不断提高教育教学实践能力，继而在真正走向工作岗位时能尽快适应工作，并取得良好的教育教学效果。

1.教育见习的内容

通常而言，师范生在参与教育见习时，需要涉及以下几方面的内容：

（1）教学工作见习

教学工作见习，是师范生在参与教育实习时必须要涉及的一项内容。通常而言，教学工作见习会经历一个较为复杂的过程，而且涉及众多的环节，包括课堂教学见习、教研活动见习、课后辅导见习、作业批改见习、成绩考评见习等。在这些环节中，课堂教学见习是重心，因而这里着重分析一下师范生的课堂教学见习。

对师范生来说，在参与课堂教学见习时，要对以下几方面的内容予以高度重视：第一，见习任课教师如何落实现代课堂教学的基本理念。教师在课堂教学中对现代课堂教学基本理念的落实以及落实的实际情况，是其课堂见习的一项重要内容。传统的课堂教学着眼于学科与知识，教学中只注重知识的传授和技能的培养。现代课堂教学则强调学生中心，关注学生的全面发展，这在教学理念上具体表现为学生发展为本位的教育价值观；注重全面发展，承认个体差异的教学过程观；着眼于学生成长的教学质量观等。第二，见习任课教师如何进行课堂教学设计。教师在教学过程中，为了实现一定的教学目标，通常会对教学活动进行系统的规划与合理的安排，这便是教学设计。成功的教学，很重要的一条在于成功的教学设计。师范生在见习任课教师的课堂教学设计时，应特别注意任课教师在进行教学目标设计时，是怎样考虑和处理教学中的教学环境、学习任务、学生学习需要等影响因素的，是怎样分析教学目标的难度以及是否符合学生的实际的，是如何向学生明确具体的教学目标，是怎样来实现教学目标的，是怎样明确教学目标是否能促进学生的发展的；任课教师在进行教学过程设计时，是如何确保教学过程与学生实际相符合的，是如何处理好教与学的关系的，是如何培养学生的独立思考、关注学生的发展的；任课教师在进行教学策略设计时，是依据什么来设计教学策略的，是如何运用教学策略的，以及常常用到的教学策略有哪些等。第三，见习任课教师如何运用教学技能与技巧。课堂教学的效果，会受到任课教师的教学技能和教学技巧的影响，因此掌握丰富的教学技能和教学技巧对教师而言是极为重要的。对师范生来说，在课堂教学见习中，要特别注意见习任课教师的语言艺术（如语言准确、清晰、富有感染力等）、教态（如精神振奋、情感饱满等）、教学组织技巧（如如何对教学时间进行合理分配、如何有效化解教学中出现的问题、如何对教学环节进行有效调控等）等。第四，见习任课教师对教学方法的选择和使用。正确地选择和使用教学方法，对教学质量的提高有着重要的影响。因此，师范生在课堂教学见习中要了解、学习和把握任课教师是如何正确地对教学方法进行选择和使用的；是如何依据教学的具体目的与任务、教材内容的特点、学生的实际情况及教师自身的水平来进行教学方法选择的；是如何使教学方法发挥出最大作用的。第五，见习任课教师如何对教学礼仪进行规范。教学礼仪是以教师个人礼仪为支点，以关心、尊重学生为核心，来建构一种和谐的教学氛围，以此激发学生的积极性、创造性。见习生要通过见习来了解和学习任课教师在课堂教学中是如何规范教学礼仪的，主要包括课前礼仪（如服装得体、准时到达课堂等）和教学对话礼仪（如声音适度、语速适中、用词文雅等）。

（2）班级管理见习

学校的教学活动是以教学班为单位开展的，班级管理工作对学校的整体教育工作有着重要的影响。这就要求师范生在参与教育见习时，不能忽视班级管理见习这一内容。此外，师范生在进行班级管理见习时，要做好见习班主任工作、见习班级建设工作、见习班级日常管理工作，从而为未来走上教师岗位积累全面的教育教学经验。

（3）教研活动见习

在教师的专业发展过程中，开展教研活动是一个不可或缺的环节。对师范生来说，通过对教研活动的见习，可以初步了解教研活动的基本状况、教研组活动的主要内容、组织形式及领导过程；可以了解当卜教育实践中任课教师对一些现代教育理论的新观点的理解程度，使他们从新的视角对教育实践背后的教育理论有新的了解。此外，师范生在见习教研活动时，要特别注意以下几个方面：第一，要注意观察和分析教研组是如何组织教师学习课程标准、研究教材的。第二，要注意观察教研组是如何开展教学专题研究活动和经验交流的。第三，要注意观察教研组是如何进行校本课程开发和校本教研的。

2. 教育见习的准备

师范生在参加教育见习时，必须做好以下几方面的准备：

（1）组织准备

师范生参加教育见习的组织准备，主要包括以下两方面的内容。第一，成立教育见习领导组织。强有力的教育见习领导组织是教育见习能够顺利取得成功的保障。第二，选择教育见习基地。教育见习是一项经常性工作，所以必须建立稳固的教育见习基地。

（2）理论准备

一般来说，师范生可从以下几方面着手进行教育见习的理论准备：第一，多阅读、学习教育学、心理学和相关学科教学论等教育教学理论，做好理论储备。第二，根据专业特点和见习学校具体情况，做好见习前相应的学识准备，包括熟悉相关教材，初步了解教学目标、知识点、重点和难点等。第三，积极探索如何将教育教学理论有效运用到实际教学之中。

（3）思想准备

一般来说，师范生可从以下几方面着手进行教育见习的思想准备：

第一，明确自己为何参加见习。师范生在参加见习前，要明确参加见习的目的、任务和内容，端正教育见习的态度，了解见习的纪律，搞清见习的具体要求。只有这样，才能更好地参与到见习活动之中。

第二，了解见习学校情况。做到熟悉情况、知己知彼，师范生在进入见习学校时才不会感到手足无措。因此，师范生在见习前，需要了解见习学校情况，如学校的校史和规模、基础教育的发展状况、普及义务教育及素质教育开展情况，学校的校风、教风、学风，相关年级课程的设置及任课教师的具体情况等。

第三，明确自身需要达到的见习生要求。例如，对见习生的修养行为的要求，包括见习生在仪容、仪态和言谈举止方面体现出现代师范生的修养，要求见习生见习前要了解见习班级学生情况、课程进度情况及本节课内容，做好听课记录准备，特别要针对准备时发现的问题和难点做重点记录，在课后进行讨论和评议，并要求写出个人的听课体会和建议，如对教材的重点和难点的处理、教学手段和方法、教学语言及板书、教师授课风格等。

（4）心理准备

教育见习是师范生走出象牙塔进入真实的教育情境中的第一站。见习生在准备阶段难免出现一些心理问题，所以在这个阶段，见习生有必要进行心理调控，做好充分的见习心理准备。这个阶段，有些见习生对即将到来的见习生活感到担心和害怕，出现恐惧现象。随着正式见习的临近，可能越来越坐立不安，甚至食不甘味、睡不安寝，出现焦虑现象。出现这种现象，一是要主动与同学、老师进行交流，释放恐惧和焦虑；二是要不断充实自己，用知识武装自己，战胜恐惧；三是要做些其他轻松的事情来转移自己的注意力，从而缓解恐惧、焦虑心理。

（5）物质准备

这里所说的物质准备，指的是见习生要根据见习学校的条件和见习的需要，收集、选带必用的和备用的材料，如相关学科课程标准、教材、教学参考资料、见习文件、字典、词典等工具书及其他材料。需要指出的一点是，见习前的物质准备要在指导教师的指导下，根据小组、个人和见习学校的实际需要，有目的、有重点地进行，切忌什么都抓，过于马虎敷衍。此外，物质准备工作力求发扬集体协作精神，相互帮助、相互配合，对原有物质基础较差的同学，应重点帮助，消除他们的思想顾虑，增强其信心。

3. 教育见习的总结与评价

教育见习结束后，应对见习工作进行一次全面系统的分析、总结与评价。只有切实做好见习总结，才能把见习从感性认识上升为理性认识，并用这一理性认识去指导今后的见习，不断提高见习质量。此外，通过教育见习的总结与评价，也能更好地反馈教育信息，不断推进师范院校教育教学改革，使之更切合教育实际的需要。

（三）反思教学经验

对教学经验的反思，又称反思性实践或反思性教学，这是一种思考教育问题的方式，要求教师具有做出理性选择并对这些选择承担责任的能力。

波斯纳提出了一个教师成长公式：经验＋反思＝成长。他还指出，没有反思的教龄是狭隘的经验，如果教师仅仅满足于获得经验而不对经验进行深入思考，那么他的发展将大受限制。

布鲁巴奇等人于1994年提出了以下四种反思方法：

1. 反思日记

在一天教学工作结束后，要求教师写下自己的经验，并与其指导教师共同分析。

2. 详细描述

教师相互观摩彼此的教学，详细描述他所看到的情景，并对此进行讨论分析。

3. 交流讨论

来自不同学校的教师聚集在一起，首先提出课堂上发生的问题，然后共同讨论解决的办法，最后得到的方案为所有教师及其他学校所共享。

4. 行动研究

为弄明白课堂上遇到的问题的实质，探索用以改进教学的行动方案，教师及研究者用以进行调查和实验的研究。它不同于研究者由外部进行的旨在探索普遍法则的研究，而是直接着眼于教学实践的改进。

（四）观摩和分析优秀教师的教学活动

课堂教学观摩可分为组织化观摩和非组织化观摩。组织化观摩是有计划、有目的地观摩；非组织化观摩则没有这些特征。一般来说，为培养提高新教师和教学经验欠缺的年轻教师易进行组织化观摩，这种观摩可以是现场观摩（如组织听课），也可以观看优秀教师的教学录像。非组织化观摩要求观摩者有相当完备的理论知识和洞察力，否则难以达到观摩学习的目的。通过观摩分析，学习优秀教师驾驭专业知识，进行教学管理，调动学生积极性等方面的教育机智和教学能力。

（五）开展微格教学

微格教学指以少数的学生为对象，在较短的时间内（5~20分钟），尝试做小型的课堂教学，可以把这种教学过程摄制成录像，课后再进行分析。微格教学的优势在于其观摩示范与模仿创新相结合，新时期训练与综合训练相结合；学习目的明确，重点突出；学习规模小、参与性强；教学实践过程声像化，反馈及时、客观；评价技术科学合理。因此，这是训练新教师、提高教学水平的一条重要途径。微格教学使教师分析自己的教学行为更加直接和深入，增强了改进教学的针对性，因而往往比正规课堂教学的经验更有效。

（六）实施教师资格考察制度

2001年4月1日起，国家开展了全面实施教师资格认定工作。这不仅有利于加强教师质量的管理与考核，而且为非师范专业毕业的大学生谋求教师职业开辟了道路，从而切实有效地充实了教师队伍。教师资格制度包括以下三层含义：

第一，教师资格制度是国家实行的一种职业资格制度。教师资格是由国家对符合相应教师资格条件并提出申请的人员认定的资格，是公民获得教师职位、从事教师工作的前提条件。

第二，教师资格制度是法律规定的，必须依法实施。《中华人民共和国教师法》对实施教师资格制度做出了原则性规定，国务院颁布的《教师资格条例》、教育部制定的《〈教师资格条例〉实施办法》对其实施做出了一系列具体的规定。教师资格作为国家法定的职业资格，一经取得，在全国范围内具有普遍适用的效力。教师资格的撤销，必须依照法律规定办理。

第三，教师资格是教师职业许可。自实行教师资格制度之日起，凡在教育行政部门依法批准举办的各级各类学校和其他教育机构中从事教育教学工作的教师，必须具有依法取得的相应教师资格，没有相应教师资格的人员不能聘为教师。同时，具备教师资格者只有在被某个学校依法聘任后方能成为教师，享有国家规定的教师权利，并履行相应的义务。

第七节　学校心理咨询与辅导

心理咨询作为一种专业的帮助他人正确应对心理问题的方式，是学校教育心理学的一个重要方面。目前，很多出现心理问题的大学生都不知道到哪里咨询，或者是不信任心理咨询机构、不熟悉心理咨询流程，因而拒绝进行心理咨询。为此，学校应深入研究、探讨心理咨询方面的内容，系统阐释大学生心理咨询的相关内容，开展大学生心理辅导。

一、学校心理咨询

心理咨询是指通过语言、文字等媒介，给咨询对象以帮助、启发和教育的过程。通过学校心理咨询过程，可以使学生的认识、情感和态度、行为有所变化，解决其在学习、工作、生活等方面出现的心理问题，从而更好地适应环境、保持身心健康。

（一）学校心理咨询的含义

学校心理咨询，是学校心理咨询人员运用心理健康学和积极心理学的原理和方法，对在校学生的学习、适应发展、择业等问题给予直接或间接的指导、帮助，并对有关心理障碍及轻微精神疾患进行诊断、矫治的过程。学校心理咨询的对象一般有三种。一是所有正常的在校学生。当他们在学习、生活、发展、择业遇到问题时，便可找学校心理咨询人员寻求帮助。二是心理偏常的学生。他们在认知、情感、意志行为等方面有轻微程度障碍，或存在轻度心理疾病。三是学校的教师、行政人员和学生家长。学校心理咨询为他们提供心理学的知识和劝导，从而帮助他们明确学生的身心特点。

（二）学校心理咨询的形式

根据咨询对象及咨询途径的不同，学校心理咨询有个别咨询、团体咨询、直接咨询、间接咨询、门诊咨询、电话咨询、书信咨询等多种形式。

1. 个别咨询

这是学校心理咨询最常用的形式。所谓个别咨询，指的是咨询者与求询者一对一的咨询活动。这种咨询活动既可以采用面谈的方式，也可以通过电话、信函等其他途径进行。个别咨询具有保密、易于交流、触及问题深刻、便于个案积累和因人制宜等优点，但这种咨询形式也有费时和社会影响较小等不足。

2. 团体咨询

团体咨询是与个别咨询相对而言的。当具有同类问题的求询者被咨询人员分成若干小组或较大的团体，进行共同商讨、指导或矫治时，这种咨询形式便称为团体咨询。这种咨询较之个别咨询，在节省咨询的人力和时间、扩大咨询的社会影响、集中解决学生中一些共同的和比较迫切的心理问题方面具有很大的优越性。团体咨询对于帮助那些具有害羞、孤独等人际交往障碍的学生，更有其特殊的功效。当然，团体心理咨询也有其固有的局限，主要是个人深层的问题不便暴露，个体的问题差异也难以照顾。因此，在团体咨询中注意适当的个别指导，将团体咨询与个别咨询有机结合起来，取长补短，是选择学校心理咨询形式应注意的一个问题。

3. 直接咨询

直接咨询是由学校心理咨询人员对具有心理疑难需要帮助、存在心理困扰需要排解或患有轻微心理疾病需要治疗的来访学生直接进行的咨询。直接咨询的特点是通过咨询者与求询者的直接交往和相互作用，使求询者的疑难问题得到解决，心理困扰或轻微心理疾病逐渐得到排解或减轻。

4. 间接咨询

由学校心理咨询人员对来访的教师、学校行政人员、学生家长所反映的当事学生的心理问题进行的咨询，称为间接咨询。在咨询者与当事学生之间增加了一道中转媒介，这是间接咨询的最大特点。当事学生的问题靠中转人向咨询者介绍，咨询者对当事学生的处理意见也要靠中转人权衡后付诸实施。

5. 门诊咨询

由学校系统的医疗机构开设的心理咨询门诊，就是门诊咨询。门诊咨询的特点是通过咨询医生和求询者的会谈活动，搞清求询者的问题症结或心理疾病本质，做出准确的病情判断，并施以相应的心理治疗。门诊咨询要求咨询医生不仅应具有一般的临床知识和经验，而且还要具备比较全面的心理学知识和心理咨询、心理治疗的专门技能。

6. 电话咨询

电话咨询是利用通电话的方式对求询者给予忠告、劝慰或对知情人进行危机处置指导的一种咨询形式，常用于紧急情况的处理。

7. 书信咨询

书信咨询是指由学校心理咨询机构以通信方式对求询的学生、教师进行咨询的。书信咨询的特点是不受居住条件限制，有问题者能随时通过信件诉说自己的苦恼或愿望；咨询机构在选择专家答疑解难时可有较大的回旋余地，但咨询效果会受到求询者的书面表达能力、理解能力和个性特点的影响。

（三）学校心理咨询的原则

1. 交友性原则

所谓交友性原则，就是心理咨询者和求询者交朋友，这是咨询工作顺利进行并富有成效的重要保证。

2. 发展性原则

发展性原则是指在心理咨询过程中，要充分尊重学生身心发展的特点和规律。如在确定咨询的具体目标、选择实施形式时，考虑学生不同年龄的特征。同时，还应用发展的眼光看待学生，辩证地看待学生存在的不足和局限，充分考虑学生发展变化的可能性，着眼于激发学生潜能，提高和促进学生的心理健康水平。学校心理辅导的目的不是治疗精神疾病，而是在于帮助来访学生走出困境，解决他们在成长过程中产生的各种心理问题，增强他们的适应性、自信心和战胜类似障碍的能力，以促进其人格的成长，因此应着眼于帮助学生选择积极的生活意义，达到"新的平衡"的过程。

3. 教育性原则

教育性原则是指咨询者要针对求询者的具体情况提出积极的分析意见，鼓励其培养积极进取的精神，树立正确的世界观、人生观和价值观。

4. 保密性原则

心理咨询是一项系统工程，是在对学生全面、客观了解的基础上进行的一种教育活动，在工作过程中必然会涉及学生的各种秘密、各种隐私。辅导人员有责任为来访学生的咨询内容保守秘密，来访学生的名誉和隐私权应受到道义上的维护和法律上的保证。只有这样，来访学生才会打消顾虑，将积压在内心的难以向他人启齿的"秘密"，甚至不能向父母言表的问题倾诉出来。也只有如此，咨询老师才能走进来访学生的内心，从而发现问题所在，并与来访学生一起，共同找到解决问题的办法。

5. 启发性原则

启发性原则是指咨询者要鼓励求询者吐露真情，启发他们准确地表达所要表达的思想。心理咨询坚持以"助人自助"为主，同时根据来访学生的特点，适当发表自己的意见，提出改进的建议，但不勉强对方接受，做到引导而不是训导，以帮助学生自己找到走出困境的方法和走向成熟的路径。辅导教师可以根据学生的实际情况，就咨询的问题与学生展开积极的讨论，通过多方面启发学生对其问题的认识，加强学生独立思考的能力，不断增强他们对自我的信心，从而选择解决问题的办法。辅导教师应力争全面、详细地帮助学生分析问题，通过不断的提问，启迪学生的思路，帮助学生反思、省悟，切忌教师"越俎代庖"帮学生选择和做决定。

6. 整体性原则

这一原则是指咨询者在咨询过程中，要运用系统论的观点指导工作。注意心理活动的有机联系，同时要善于抓住主要矛盾，使咨询工作更加迅速、准确、有效。

7. 共情性原则

共情性原则是指咨询老师设身处地体会来访学生的情绪、情感体验，能够将自身投射到来访学生的心理活动中去，分享其对外界事物的心理反应，以达到认知、情感与意向上的统一。咨询老师通常可以采用澄清、说明等手段进行主动沟通；也可以采取保持一定的沉默或重复的办法，被动地进行沟通。不管主动也好，被动也罢，共情都会使学生产生对咨询老师的信任，消除其精神顾虑和负担，真正打开学生的心扉，使心理咨询顺利、有效地完成。

8. 鼓励性原则

辅导教师坚持积极的人性观。相信每一位学生都有上进的愿望和潜能，协助学生克服自我挫败倾向，用尊重的态度和鼓励的方法去突出咨询学生身上的优点，达到自我改进、自我激励的辅导目的。鼓励比起惩罚更能使人转变，所以心理咨询教师要将自己的尊重传递给来访学生，让他感到自己是个有价值的人，他就会真正表现出进步。

9. 系统性原则

心理辅导是一种继续不断的教育过程，不仅在校学生需要辅导，而且学生毕业走上社会以后也应该进行追踪辅导。对少数适应不良的学生而言，短暂的辅导帮助他们解决了问题，但问题的产生是复杂的，学生也有反复的可能，因此辅导必须追根究底，以便使问题从根本上得到解决。所以心理辅导工作应根据学生身心发展的特点与规律系统地进行，使学生最终对自己有充分的了解和认识，能自己做出完善的选择与适应，从而促进学生身心得到健康的发展。

10. 咨询与治疗相结合的原则

咨询与治疗相结合的原则是指心理咨询者不应满足于了解求询者心理障碍和品质，向求询者说明产生这一障碍的原因、危害，而且应尽可能向他提供积极克服心理障碍的建议和增强心理健康的方法。

11. 积极聆听与支持原则

聆听与支持相结合原则是指在咨询过程中，咨询老师应集中精力认真倾听学生的讲述，给学生充分、足够的时间和机会讲完要讲的话，并表现出足够的同情、理解与支持。很多有心理问题的学生都渴望有一个安全、可靠、理解、支持的人来听一听自己内心的痛苦、压力、烦恼等。而认真倾听本身就会起到积极的安慰作用，学生通过讲述、宣泄心中的不快和苦恼，使自己的精神压抑得以解脱。因此，咨询老师应满腔热忱地为来访学生提供一个聆听的环境，让他们把压抑在内心里的不良情绪倾吐出来，从而缓解焦虑。

当来访学生倾诉了大量痛苦的内心体验后，咨询老师应表示同情、理解与支持。对他们的各种误解和担心，要给予耐心的、有说服力的解释，必要时给予心理上的支持，树立他们的信心，使他们能看到希望。

12. 非批评性原则

非批评性原则主要指对学生所暴露的思想、行为表现不给予任何的批评和是非评价，而是鼓励学生去自我认反、自我评价，自己判断自己的思想、行为表现。这里特别要强调，咨询老师一定不要以家长式的口吻与学生交谈，切忌教训人，不能以自己对事物的主观臆断、态度影响学生的认知、情感和意向变化，而只是着力加强与学生的情感沟通。无论来访学生说什么，咨询老师都不要以道德的观念去评判事情的对错，来访学生所做的一切都有他的理由，咨询老师应对来访学生抱着积极、关注的态度，不冷漠、不攻击，充分地信任来访学生。

13. 面向全体的原则

面向全体的原则要求学校心理咨询的对象是全体学生。学校中正常的学生是大多数，适应不良的学生毕竟是少数。这些适应不良的学生固然需要心理辅导，使其恢复正常，但大多数正常学生也需要进行心理辅导加以引导，以防止发展成为适应不良的学生。

14. 预防性原则

预防性原则是指咨询者在弄清求询者心理障碍的同时，应注意求询者的整个心理特点并及早提醒预防心理障碍的加深和可能出现的其他心理障碍，向全社会普及心理健康知识。

15. 非指导性原则

非指导性原则是指咨询老师对来访学生所咨询的问题不提供直接的建议或指示。这一原则不仅能避免咨询老师对学生过激、偶发思想所生成的行为承担不必要的责任，而且更有助于学生自助能力的培养。作为学校的心理咨询老师，在咨询中要放弃对学生的权威性影响，应该把自己当作学生信任、有共同语言的参谋、益友。所以，咨询老师一定注意不要将自己对学生咨询问题的认识、情感、意向等强加给学生，尽量避免对学生提出的问题予以直接的、正面的回答，力求保持中立立场。换言之，心理咨询老师对学生的思想、行为变化应起辅助作用，而不是主导作用。这样做一方面可以保持师生的平等友谊地位，产生最大的沟通效应；另一方面可以启迪学生的思维，提高学生的识别能力，使其掌握解决问题的主动权。

16. 一般与特殊相结合的原则

一般与特殊相结合的原则是指咨询者既要总结和遵循心理咨询中的一般特点和规律，又要注意到求询者的个别差异，因人而异。

（四）学校心理咨询的方法

1. 访谈法

访谈法是根据事先拟好的问题同被调查者进行谈话，以了解其心理特点的一种方法。访谈法主要有以下三种形式：

（1）控制式访谈

控制式访谈也叫结构式访谈，是以比较固定的方式和结构，根据编制的问题表进行提问的一种形式。其优点是重点突出，节约时间；缺点是单调刻板，缺乏深度，不易使被问者积极配合。

（2）无控制式访谈

无控制式访谈也叫无结构式访谈，即没有固定的结构和程序，以自由的方式进行交谈。其优点是比较灵活，使被提问者在轻松的气氛中倾吐内心的真实感受；缺点是费时较多，掌握困难，容易偏离主题、顾此失彼。

（3）半控制式访谈

半控制式访谈就是介于前两者之间的半结构式访谈，特点是既按事先准备的问题表，又不拘泥于固定的顺序或某种提问方式。一般来说，在学校心理咨询中，采用的访谈顺序应该是先采用半结构式访谈，即先天南海北地自由漫谈，打消咨询对象的顾虑，然后在轻松愉快的气氛中再提出一些问题，进行重点询问。访谈时可结合观察法，注意咨询对象的言谈举止，察言观色，秋毫不疏。如果出现"阻抗"现象，可向求询者做出严守诺言、绝对保密的保证。

2. 理性情绪疗法

理性情绪疗法被认为是认知疗法中最具代表性的一种方法。认知疗法就是通过改变人的认知过程和由这一过程中所产生的观念来纠正本人的适应不良的情绪或行为。它的目标不仅仅是针对行为、情绪这些外在表现，而且分析个体的思维活动和应付现实的策略，找出错误的认知加以纠正。

理性情绪疗法主要包括以下步骤：

第一，和学生一起找出他们的情绪困扰及问题所在，帮助学生认识到他们的思维方式及信念中不合理的地方。

第二，让学生明白自己为什么会产生这种非理性信念、非理性信念与自己的情绪困扰之间的关系，明确这些非理性信念导致了情绪困扰。

第三，帮助学生认识到自己的思维方式中不合理之处，进而改变这些不合理的认知。

3. 观察法

观察法是通过动作、言语、表情等外显行为，有目的、有计划地了解被观察者的心理活动的一种方法。在心理咨询过程中，一般采用门诊的自然观察，在全面观察的基础上，对与求询者提出的心理问题有关的内容进行重点观察。为了保证观察的客观性和精确性，可以利用各种辅助工具，如照相、录像、录音等设备，但使用时一般要征得咨询对象的同意。一些咨询机构为了使观察方法标准化，制定了各种心理状态评定量表，咨询者可以根据量表的项目逐项观察，填入表内，进行分析评定。

4. 放松训练法

肌肉的紧张与松弛是一对矛盾，它们是交互抑制的。可以通过训练使学生能随意地把自己的全身肌肉放松，达到保持心情轻松的目的。放松训练对应对紧张、忧虑、不安的情绪非常有效。例如，对于考试紧张的学生，可以让他学会简单的放松训练，在考场上遇到紧张情绪时就可以使用。深呼吸法也属于放松训练的一种。做放松训练时，要求房间安静整洁、光线柔和，配有合适的沙发或者床；学生尽量坐得使自己舒适，闭上眼睛；指导语的声音要低沉、轻柔和愉快。

5. 问卷法

问卷法是通过被调查者的书面回答来研究其心理活动的一种方法。问卷法是先由研究者根据研究目的制成问卷，要求被调查者逐项对问卷的问题进行回答，然后收回、整理统计。这种方法标准化程度高、收效快。问卷法能在短时间内调查很多研究对象，取得大量的资料，能对资料进行数量化处理，经济省时。但是问卷调查法也存在缺陷，如被调查者由于各种原因（如自我防卫、理解和记忆错误等）可能对问题做出虚假或错误的回答，在许多场合对问题这种回答要想加以确证又几乎是不可能的。

6. 个案法

个案法是通过收集与某人有关的个案资料，从而全面、深入、系统地了解一个人的心理特征的方法。个案资料的主要内容包括来访学生的姓名、年龄、性别、职业等身份特征，目前的主要心理障碍，过去的各方面资料，如学习情况、家庭背景、人格特征等。个案资料来源不仅可以由来访学生本身提供，也可以由其亲属、邻居、朋友、老师等提供。只要与来访学生所提出的问题有关的材料，都要全面收集，尽可能不遗漏。

7. 模仿法

模仿法又称示范法、观摩法，是指利用人类的模仿学习的能力，帮助具有不良行为的学生以适当的行为反应取代不适当的行为反应，或帮助某些缺乏某种行为的学生学习该行为。

8. 暴露法

暴露法又叫洪水法或满灌法。这种方法和系统脱敏法类似，但不排列恐怖或焦虑的等级层次，而是让来访学生直接接触敏感的事物，从而达到脱离情绪困扰的目的。但使用满灌法时要注意来访学生的身体状况，因为突然的刺激可能会让学生受不了，身体太弱或者胆子太小及有心脏病的学生都不太适用这种方法，这要根据实际情况选择使用。

9. 测验法

测验法是根据预先制定的测验量表来测定人的智能水平和个性特征的一种方法。测验的种类很多，常用的测验有智力测验和人格测验。无论是采用哪一种测验方法，都必须考虑咨询对象的特点和需要，要注意测验的信度和效度。

10. 行为塑造法

行为塑造法是指由心理老师给来访学生制定一个最终的行为目标，这个行为是学生原来所没有的。通过设置行为塑造程序来进行训练，一步一步对行为进行强化，达到目标行为。使用这个方法，首先要确定行为塑造最终的目标行为，同时要选择起始行为，还要拟定塑造终极行为的步骤。

（五）学校心理咨询人员的胜任条件

心理咨询是一项复杂、艰巨的活动，这就决定了必须具有高尚的职业道德、全面的知识结构和优秀的心理品质才能从事这项工作。

1. 高尚的职业道德

作为保证从业人员做好本职工作的必要条件，心理咨询人员的职业道德，就是规范心理咨询人员的行为，使之能适合本职业的要求，心理咨询人员的道德规范主要包含热爱心理咨询事业、保护咨询对象利益和钻研心理咨询业务三个方面。

2.全面的知识结构

心理咨询人员要有全面系统的知识结构，包括哲学知识、社会学知识、教育学知识、心理学知识、医学知识等。心理咨询人员具有全面的、系统的知识，对于建立感情、赢得信任、与咨询对象建立起良好的人际关系，对于提高咨询的效果，都有十分重要的意义。

3.优秀的心理品质

心理咨询人员应具有敏锐的观察力、流畅的言语、坚强的意志、创造性思维、深挚的情感、良好的记忆力、浓厚的兴趣及丰富的想象力等优秀心理品质，以一定的心理状态和特点从事本职工作。

二、学校心理辅导

（一）学校心理辅导的含义

学校心理辅导，是指教育者运用心理学、教育学、社会学、行为科学乃至精神医学等多种学科的理论与技术，通过集体辅导、个别辅导、教育教学中的心理辅导及家庭心理辅导等多种形式，帮助学生自我认识、自我接纳、自我调节，从而充分开发自身潜能，促进其心理健康与人格和谐发展的一种教育活动。

学校心理辅导，注重的是学生心理的发展、调适和矫正，其任务是预防和消除心理障碍，提高学生的心理健康水平和社会适应能力，使每个人的潜能得以充分发挥，旨在塑造个体的完善人格。学校心理辅导的内容包括心理卫生、学习生活、人际关系、环境适应、性心理教育、职业选择和消除心理障碍等，重视培养学生适应不同环境的能力；学校心理辅导工作者不代替学生做价值判断，而是培养学生的抉择能力，由学生自己做出合理的判断。

（二）学校心理辅导的发展

1.国外学校心理辅导的发展

国外学校心理辅导的起源可追溯到 1900 年的美国。当时，由于工业革命的影响，美国纽约和芝加哥等大城市工商业迅速发展，各地移民大量涌入，社会问题与日俱增，给人们的生活带来了许多忧虑和困难。在这种背景下，心理辅导工作应运而生。1907 年，美国密歇根中学校长戴维斯（J.B.Davis）在其督学的学区所辖学校的每周英语作文课上，都要留出一段时间对学生进行职业和道德辅导，这是最早开设的心理辅导课程。1908 年，帕森斯（F.Parsons）

成立了波士顿职业指导局，开始对公立中学的毕业生进行职业指导，他所创立的"波士顿模型"在当时的美国颇具影响力，他也因此被称为"心理辅导之父"。

同时，早期职业辅导计划成为一种具有代表性的职业辅导模式纷纷进入了美国大城市的一些学校，职业辅导运动的发展推动了学生心理辅导活动的开展。此后，心理辅导日益受到重视，国外许多国家的心理辅导工作都取得了成功经验，形成了比较繁荣的局面。例如，在美国，多数州要求大约每 300 名学生应配备一名专职辅导人员，从事学校心理辅导的人员必须达到由美国心理学会（APA）和全美学校心理学家学会（NASP）制定的专业标准，参加这两个机构审批认可的培养计划的培训并取得硕士、博士学位，还要持有州政府颁发的资格证书，才拥有可以从事学校心理辅导工作的机会。在日本，心理辅导的发展虽然吸收了西方心理学的精华，但在发展过程中避免了全盘西化的倾向，保持了其民族的传统，具有本土性和适应性，为亚洲其他国家的学生心理辅导发展提供了可借鉴的经验。

2. 国内学校心理辅导的发展

1916 年，清华大学校长周诒春开始大力倡导职业辅导工作。1917 年，中华职业教育社的正式成立标志着我国的职业辅导步入专业化轨道。后来，由于抗日战争的爆发，职业辅导方面的理论和实践工作被迫停止。直到 20 世纪 70 年代末，随着我国经济体制改革及外来文化思潮的影响，学校才开始普及心理咨询与心理健康教育工作，心理辅导的重要性重新被认识。20 世纪 80 年代初开始，我国一些学者和研究机构开始进行学生心理健康状况的调查，并发表了一系列有关报告，在教育界产生了广泛的影响。

（三）学校心理辅导的方法

1. 心理指导法

心理指导法是以心理科学的理论为指导，对受导者进行说理教育。心理健康教育中的说理教育，突出了心理理论指导的特点，通过心理理论的科普教育，提高受导者的心理认识水平，从而自觉地规范自己的行为。心理指导法以心理科学的理论为指导，帮助学生分析问题和处理问题应该注意，对性格不同的人要用不同的方式给予指导。

在学校心理辅导中运用心理指导法，要注意以下两点：

第一，要做到有的放矢、目的明确，论理要少而精，不能泛泛而谈、论理过深，要追求深入浅出的效果，多给能理解的观点，少说深奥费解的概念，使学生听得明白，听得入耳。每一个人都有自我防卫功能——向弱者发泄其不良情绪。不良的情绪需要发泄，但要做到合理，要学会正确地转移自己的不良情绪。在这种论理的基础上，再对学生进行转移的行为指导，效果就比简单地讲什么叫情绪的发泄、什么叫情绪的转移要好得多。

第二，要在论理形式上下功夫，将知识性、趣味性、生动性融为一体，不能简单生硬，强迫人家接受，也不能像一杯白开水，使人感到无味。

2. 心灵陶冶法

心灵陶冶法是指心理辅导工作者通过师爱和创造各种富有情感教育的因素以陶冶学生心灵的方法。在心理辅导过程中，学会运用心灵陶冶法是非常有益于心理辅导的效果的。运用心灵陶冶的方法，教师要发挥为人师表的人格感化力量，要用自己的修养、人品、对学生的挚爱和期望来陶冶学生的心灵，使学生的内心体验到进取的力量。也就是说，教师要以自己优良的个性心理品质和热爱学生的崇高情感为陶冶诱因。因为一个具有高素养、热爱学生而又为学生所爱的教师，他对学生的心灵感化作用，是任何书本、音像教材代替不了的。

除了教师的人格感化作用，创造心理辅导的环境，也是一种陶冶的方法。教师要对学生的生活环境进行"心理"加工，为学生创造一些富有感染性的教育环境和氛围，包括班级环境、班风、集体舆论建设、人际关系的协调等。良好的生活环境，可以使学生在身心愉悦中生活，产生陶冶功效。

运用艺术陶冶也是一种具有心灵陶冶作用的教育形式。人类精神文化中最有感染力的莫过于艺术。好的音乐、美术、舞蹈、诗歌、影视等，不仅给学生以美的感受，而且能熏陶他们的性情，净化学生的心灵。

总之，心理辅导教师要努力提高自身的艺术修养，培养善用陶冶教育的能力，并且要经常研究对学生实施心理陶冶教育的各种活动，为学生的心理健康提供更为有效的帮助。

3. 心理激励法

所谓心理激励法，是指教师用一个具体的奋斗目标鼓舞和激励学生，使之采取积极的行动，向期望的目标发展。这种方法强调的是建立心理目标并运用一些心理的促进力量使学生积极去达标。在心理健康教育中运用的这种方法，既可以对集体使用，也可以对个人使用。

激励集体的方式有以下几种：

第一，以教育者亲身体验激励，通过教师的成长历程、教师的人生追求以及取得的成就，给学生以启迪，激励学生向教师的行为"看齐"。

第二，不断设置新高度的方式，使受教育者不断"跳一跳摘果子"，促使其向预定的目标发展。但要注意，运用这种方式不可要求过高，也不可要求过低，怎么跳也摘不到"果子"或者不跳就能得到"果子"，都会失去激励的作用。

第三，唤起集体荣誉感的方式，如动员学生向优秀班集体挑战，为本班取得的成功开个"再攀高峰"的庆功会等。

激励个人的方式有以下几种：

第一，从失败中挖掘成功因素的方式，在学生的"短"中看其"长"，因势利导，促使学生扬长补短，不断进步。

第二，用名言警句开导的方式，根据学生的个性特点、行动表现，随时送上几句名言警句激励学生。教师也可以自己写一些精练的短语，给学生以激励。

第三，即景生情随机施教的方式，如对登山活动到达顶峰的同学，借景抒发教育之情，鼓励学生攀登人生高峰的志向，等等。

参考文献

[1] 吴俊宪，吴锦惠编．图解教育心理学 [M].北京：中国纺织出版社，2022：09.

[2] 庄国萍，王玲，孙慧英编．心理学原理与应用 [M].上海：华东师范大学出版社，2022：08.

[3] 杨峰，宋玉冰，郑珊珊．教育心理学 [M].北京：清华大学出版社，2022：07.

[4] 白雅娟主编．教育心理学 [M].北京师范大学出版社（集团）有限公司，2022：06.

[5][美] 罗伯特·斯莱文．教育心理学理论与实践第 12 版英文版 [M].北京：人民邮电出版社，2022：05.

[6] 王秀丽，王晓君，张桂敏编．教育心理学 [M].北京：科学出版社，2022：01.

[7][美] 安妮塔伍尔福克．教育心理学第 14 版上 [M].陈红兵，张春莉译．上海：华东师范大学出版社，2022：01.

[8] 刘钰，曹春梅．融合视域下的教育与发展心理学 [M].北京：冶金工业出版社，2021.12.

[9] 贺光明．心理学视域下大学生思想政治教育有效性研究 [M].湖南大学出版社有限责任公司，2021.12.

[10] 当代教育心理学第 3 版 [M].北京：北京师范大学出版社，2021.12.

[11] 廖全明，杨柯，张灏，晏祥辉，刘杨．心理学典型实验教学案例 [M].成都：西南交通大学出版社，2021.11.

[12] 常艺馨．教育心理学发展与教育心理学 [J].南国博览，2019，(9)：148.

[13] 张金瑞．浅谈教育心理学 [J].新课程，2019，(24)：52.

[14] 张秋艳．基于教育心理学的课堂教学改革 [J].中学政治教学参考，

2022，（14）：89.

[15] 戴耘. 教育心理学的危机：挑战和定位 [J]. 华东师范大学学报（教育科学版），2022，（11）：4-24.

[16] 陈卓，王雪梅，武琳，张晶淼. 教育心理学课程思政的探索与实践 [J]. 教育信息化论坛，2022，（9）：120-122.

[17] 毕爱仙. 教育心理学的运用与探析 [J]. 传奇故事（百家讲堂），2020，（9）：199.

[18] 王玉钦. 教育心理学的有效应用 [J]. 海风，2020，（2）：151-152.

[19] 石佳悦. 教育心理学视角下化学教学的优化——评《化学教育心理学》[J]. 化学教育（中英文），2022，（7）：129.

[20] 李素萍. 基于教育心理学的学习动机阐述 [J]. 人文之友，2021，（22）：181-182.

[21] 王冬娜. 当代教育心理学探究 [J]. 赤子，2019，（1）：73-74.

[22] 杨洁. 专业认证背景下"教育心理学"课程的改革实践 [J]. 教育教学论坛，2022，（30）：63-66.

[23] 于灏. 高等教育心理学在成人教育中的应用研究 [J]. 智库时代，2022，（27）：123-126.

[24] 黎雪琼. 教育心理学视域大学生自主学习能力培养 [J]. 中学政治教学参考，2022，（21）：86.

[25] 杨佳训. 教育心理学在高校学生管理中的应用 [J]. 山西青年，2023，（4）：178-180.

[26] 尹浩浩. 高职院校教育心理学的教学创新改革策略 [J]. 当代教育实践与教学研究（电子刊），2022，（16）：44-46.

[27] 李康. 高校教育心理学教学多元化研究 [J]. 才智，2022，（16）：107-110.

[28] 滕漳红. 教育心理学在课堂组织中的影响和作用 [J]. 公关世界，2022，（16）：147-149.

[29] 张皓. 高校教育心理学课程改革路径探析 [J]. 科教导刊，2023，（3）：59-61.

[30] 马骞. 教育心理学融入学生教育工作论析 [J]. 中学政治教学参考，2022，（11）：99.